朝日新書
Asahi Shinsho 501

名門校とは何か？

——人生を変える学舎の条件

おおたとしまさ

朝日新聞出版

はじめに

いい味噌《みそ》や醤油《しょうゆ》を造る昔ながらの蔵元には、「家付き酵母」が棲《す》み着いているという。長い年月をかけそこに棲み着き、味噌や醤油に、そこでしか再現できない独特の「風味」を加える。同じ材料、同じ製法で造っても、他の蔵元では同じ味は出せないのだそうだ。

学校にも似たところがある。生徒は毎年入れ替わるし、当然一人ひとり違うのだが、それでも同じ学校の生徒には共通する「らしさ」が宿る。

特に個性的な「らしさ」を醸し出す学校を、人々は「名門校」と呼ぶ。個性的な「らしさ」を身に付けた者同士は、お互いに「匂い」で分かる。ちょっと話してみるだけで、同じ学校の出身ではないかと直感的に感じるのだ。ただし、その「らしさ」とは何なのか、どうやってその「らしさ」が身に付くのかといわれると、「何となく」以外に答えがない。

しかし、名門校のクオリア（≒感覚質）は存在する。その証拠に、巷《ちまた》で学校を話題にする時、教育の専門家でなくても「あの学校は名門といっていいだろう」とか「いや、あの学校は名門校とは呼べない」などの一家言を持っている人が多い。人それぞれに「名門校」を規定する感覚があるのだ。

人には、いい味噌や醤油とそうでないものを判別する能力が備わっているのと同様に、名門校とそうでないものを峻別《しゅんべつ》する能力も備わっているのである。それが自分たちにとって本当にいいものであったり大事なものであったりということが、ほとんど本能的に分かるのだ。

では、名門校とは何か。それを少しでも浮き彫りにしようとするのが本書の狙いである。そのために私は全国有数の名門校を訪ねた。どんな生い立ちで、どんな歴史を積み重ね今があるのかを聞いた。教員の思いの丈を受けとった。分厚い学校史にも目を通した。学校名を見出しに立てて取り上げている国内の名門校にはすべて直接足を運び、その学舎に棲み着く家付き酵母を探した。

ひと言に名門校といっても様々だ。本書では、生い立ちによって学校を分類し、章に分けた。

第一章では巷での名門校のイメージを総括する。第二章では旧制中学としての生い立ちを持つ学校、第三章では江戸時代の藩校由来の学校、第四章では女学校として生まれた学校、第五章では専門学校や師範学校として歩んだ歴史を持つ学校、第六章では大正や昭和初期にできた学校、第七章では戦後生まれの学校、第八章では学校改革によって生まれ変わった事例をレポートする。第九章ではいよいよ名門校に棲み着く家付き酵母の正体に迫る。海外の名門校についても触れる。

どんな学校が登場するのだろうか。そのヒントとしてまず、この「はじめに」の後に、一九六〇年代以降五年おきの旧七帝大の合格者数に関する高校ランキングを掲載しておく。言わずもがな、大学進学実績の良い学校が必ずしも名門校であるわけではない。しかし、これを眺めるだけでも、それぞれの時代の「匂い」を感じられるのではないかと思う。

さらに巻末には、参考として、センター試験が始まった一九九〇年以降毎年の東大・京大・国公立大医学部への合格者ランキング（国公立大医学部は二〇〇五年以降）と、四七都道府県別の高校入試偏差値ランキングを掲載している。気になるあの学校あるいは我が母校は最近どうなっているのかを確かめたい時などに、使用してみてほしい。

繰り返す。名門校とは何か。それを少しでも浮き彫りにしようとするのが本書の狙いである。

単に名門校を並べて品評会をしたいのではない。名門校ガイドブックを作りたいわけでもない。押しも押されもしない名門校に共通する「何か」を見出《みいだ》し、さらには、「いい学校とはどんな学校なのか」「教育の本義とは何か」のような普遍的なテーマにまで踏み込みたいと考えている。それが、変化の激しい時代におけるこれからの教育のあり方を考える上での道標になるはずだと思うからだ。

本書を読み終えた時には、きっと「学校」とか「教育」などという言葉の響きに対しての感覚や認知が大きく変わっているはずだ。一度その視座に立ってしまったらもう元には戻れない。

また、それぞれの名門校に受け継がれる文脈の壮大さ奥深さそして人間臭さを知ってしまうと、偏差値や進学実績といった瞬間的かつ一面的な基準で学校を論ずる無意味さや、場当たり的な教育改革議論に対する違和感あるいは嫌悪感から逃れられなくなってしまうかもしれないので用心されたい。

旧七帝国大学 合格者数５年間平均ランキング表の見方

次ページより、東京大学、京都大学、北海道大学、東北大学、名古屋大学、大阪大学、九州大学の、5年間の平均合格者数を掲載する（東京大学は1964年～2014年、その他の大学は1983年～2014年）。

●各大学の合格者数は高校へのアンケート調査などによる。非公表や未集計など回答が無い高校は掲載していないことがある。校名は一部当時の名称を使用した。
●５年間平均合格者数は、東京大学については1990年～2014年は合格者数上位50校、1964～1989年は合格者数上位20校、その他の大学については各年上位20校のランキングデータをもとに本書編集部が独自に算出している。ランク外の場合は「合格者数０」として計算されてしまうため、ランク外の年がある学校は、実際の５年間平均合格者数とは異なる場合がある。
●※印は国立、◎印は私立、無印は公立を示す。

協力／大学通信・サンデー毎日

東京大学　合格者数5年間平均ランキング

■1975-1979年

順位	設置	学校名	所在地	平均合格者数
1	◎	灘	兵庫	116.8
2	※	東京教育大学附属駒場	東京	109.8
3	◎	開成	東京	106.8
4	◎	麻布	東京	94.4
5	※	東京学芸大学附属	東京	93.8
6	◎	ラ・サール	鹿児島	80.6
7	※	東京教育大学附属	東京	72
8	◎	武蔵	東京	69.8
9		湘南	神奈川	62.8
10	◎	栄光学園	神奈川	54.2
11		浦和（県立）	埼玉	51.8
12		西	東京	48.2
13		戸山	東京	37.6
14		富士	東京	37.4
15		青山	東京	30
16		千葉（県立）	千葉	28.6
17	◎	広島学院	広島	27
18	◎	甲陽学院	兵庫	21.6
19		旭丘	愛知	20.2
19	◎	愛光	愛媛	20.2

※東京教育大学附属駒場は、筑波大学附属駒場（1978年に改称）、東京教育大学附属は筑波大学附属（1978年に改称）の数を含む。

■1964-1968年

順位	設置	学校名	所在地	平均合格者数
1		日比谷	東京	153.4
2		西	東京	126.4
3		戸山	東京	100
4	◎	灘	兵庫	92.4
5		新宿	東京	79.6
6	◎	麻布	東京	78.2
7	※	東京教育大学附属	東京	78
8	※	東京教育大学附属駒場	東京	73
9		小石川	東京	64.2
10		湘南	神奈川	57.6
11	◎	開成	東京	55.2
12		旭丘	愛知	54.2
13		両国	東京	53.6
14		浦和（県立）	埼玉	42.2
15	◎	栄光学園	神奈川	38.8
16	◎	武蔵	東京	38.2
17		上野	東京	37
18		小山台	東京	31.6
19	◎	ラ・サール	鹿児島	22.6
20		高松	香川	18.8

※1969年、東京大学は入学試験中止。

■1980-1984年

順位	設置	学校名	所在地	平均合格者数
1	◎	開成	東京	132.2
2	◎	灘	兵庫	126.6
3	◎	麻布	東京	101
4	※	筑波大学附属駒場	東京	100.2
5	※	東京学芸大学附属	東京	98.8
6	◎	ラ・サール	鹿児島	97.6
7	◎	武蔵	東京	72.8
8	◎	栄光学園	神奈川	63.4
9	※	筑波大学附属	東京	62.8
10		浦和（県立）	埼玉	54.8
11		湘南	神奈川	51.6
12	◎	愛光	愛媛	43.8
13	◎	桐朋	東京	39.6
14	◎	久留米大学附設	福岡	35.6
15	◎	広島学院	広島	33.8
16	◎	駒場東邦	東京	31.4
16		千葉（県立）	千葉	31.4
18		西	東京	30.4
19		国立	東京	21
20		戸山	東京	20.8

■1970-1974年

順位	設置	学校名	所在地	平均合格者数
1	◎	灘	兵庫	127.6
2	※	東京教育大学附属駒場	東京	113.8
3	※	東京教育大学附属	東京	103.8
4	◎	開成	東京	83.6
5		西	東京	79.8
6	◎	麻布	東京	79
7	※	東京学芸大学附属	東京	78.8
8	◎	ラ・サール	鹿児島	73
9		戸山	東京	72.2
10		湘南	神奈川	70.6
11	◎	武蔵	東京	51.2
12	◎	栄光学園	神奈川	51
13		旭丘	愛知	50.2
14		浦和（県立）	埼玉	49.8
15		日比谷	東京	47.4
16		青山	東京	28.8
17	◎	愛光	愛媛	27.8
18		富士	東京	27.4
19		小石川	東京	26.4
20		新宿	東京	18

東京大学　合格者数5年間平均ランキング

■1995-1999年

順位	設置	学校名	所在地	平均合格者数
1	◎	開成	東京	177.2
2	◎	麻布	東京	101.4
3	◎	灘	兵庫	99.4
4	※	東京学芸大学附属	東京	99
5	※	筑波大学附属駒場	東京	91.8
6	◎	桐蔭学園	神奈川	86.8
7	◎	桜蔭	東京	74.4
8	◎	ラ・サール	鹿児島	74.2
9	◎	洛南	京都	60.2
10	◎	栄光学園	神奈川	59.6
11	◎	武蔵	東京	57.8
12	◎	巣鴨	東京	54
13	◎	海城	東京	52.8
14	◎	駒場東邦	東京	51.6
15	※	筑波大学附属	東京	43
16	◎	久留米大学附設	福岡	41.4
17	◎	桐朋	東京	38.6
18		千葉（県立）	千葉	37.6
19	◎	愛光	愛媛	37
20	◎	聖光学院	神奈川	36.8

■1985-1989年

順位	設置	学校名	所在地	平均合格者数
1	◎	開成	東京	157.8
2	◎	灘	兵庫	121.2
3	※	東京学芸大学附属	東京	105.2
4	◎	ラ・サール	鹿児島	101.4
5	◎	麻布	東京	84
6	※	筑波大学附属駒場	東京	79.8
7	◎	武蔵	東京	73
8	◎	栄光学園	神奈川	69.4
9	※	筑波大学附属	東京	59
10		浦和（県立）	埼玉	55.8
11		千葉（県立）	千葉	53.8
12	◎	桐蔭学園	神奈川	52
13	◎	桐朋	東京	50.6
14	◎	久留米大学附設	福岡	47.4
15	◎	愛光	愛媛	42
16	◎	駒場東邦	東京	41
17	◎	広島学院	広島	37.2
18	◎	甲陽学院	兵庫	31
19		湘南	神奈川	26.6
20	◎	洛星	京都	24.4

■2000-2004年

順位	設置	学校名	所在地	平均合格者数
1	◎	開成	東京	172.6
2	◎	灘	兵庫	93.6
3	※	筑波大学附属駒場	東京	93
4	◎	麻布	東京	90.4
5	※	東京学芸大学附属	東京	82.6
6	◎	桜蔭	東京	73.4
7	◎	ラ・サール	鹿児島	66.4
8	◎	駒場東邦	東京	55.4
9	◎	海城	東京	53.2
10	◎	栄光学園	神奈川	51.2
11	◎	巣鴨	東京	51
12	◎	桐蔭学園	神奈川	48.8
13	◎	洛南	京都	46
14	◎	武蔵	東京	40.2
15	◎	桐朋	東京	38.6
16	◎	聖光学院	神奈川	38.2
17	※	筑波大学附属	東京	36.8
18	◎	久留米大学附設	福岡	35
19		岡崎	愛知	33.2
20		土浦第一	茨城	31.4

■1990-1994年

順位	設置	学校名	所在地	平均合格者数
1	◎	開成	東京	183
2	◎	灘	兵庫	106.6
3	◎	麻布	東京	103.4
4	◎	桐蔭学園	神奈川	96.2
5	※	東京学芸大学附属	東京	95.6
6	◎	ラ・サール	鹿児島	87.6
7	※	筑波大学附属駒場	東京	80.6
8	◎	栄光学園	神奈川	65
8	◎	武蔵	東京	65
10		千葉（県立）	千葉	59.4
11	◎	駒場東邦	東京	56.6
12	◎	桜蔭	東京	55.4
13	◎	巣鴨	東京	54.6
14		浦和（県立）	埼玉	52.4
15	◎	桐朋	東京	46
16	※	筑波大学附属	東京	44.6
17	◎	東大寺学園	奈良	44.4
18	◎	愛光	愛媛	43.8
19	◎	海城	東京	39.8
20	◎	久留米大学附設	福岡	37.4

東京大学　合格者数5年間平均ランキング

■2005-2009年

順位	設置	学校名	所在地	平均合格者数
1	◎	開成	東京	165.2
2	◎	灘	兵庫	99.6
3	※	筑波大学附属駒場	東京	91.2
4	◎	麻布	東京	85.2
5	※	東京学芸大学附属	東京	75.6
6	◎	桜蔭	東京	65.6
7	◎	栄光学園	神奈川	54.2
8	◎	海城	東京	48.2
9	◎	ラ・サール	鹿児島	48
10	◎	聖光学院	神奈川	46.8
11	◎	駒場東邦	東京	45.8
12	※	筑波大学附属	東京	37
13	◎	東大寺学園	奈良	36.4
14		岡崎	愛知	34.4
15	◎	久留米大学附設	福岡	31.4
15	◎	渋谷教育学園幕張	千葉	31.4
17	◎	洛南	京都	29.8
18		浦和（県立）	埼玉	29
19	◎	東海	愛知	28.4
20	◎	巣鴨	東京	27.8
20	◎	桐朋	東京	27.8

■2010-2014年

順位	設置	学校名	所在地	平均合格者数
1	◎	開成	東京	174
2	◎	灘	兵庫	101.8
3	※	筑波大学附属駒場	東京	98.6
4	◎	麻布	東京	84.8
5	◎	桜蔭	東京	67
6	◎	駒場東邦	東京	65.6
7	◎	聖光学院	神奈川	64.6
8	◎	栄光学園	神奈川	61.8
9	※	東京学芸大学附属	東京	58.2
10	◎	渋谷教育学園幕張	千葉	47.8
11	◎	海城	東京	42
12		浦和（県立）	埼玉	35.6
13	◎	東大寺学園	奈良	35.4
14	◎	ラ・サール	鹿児島	35.2
15	※	筑波大学附属	東京	34.8
16		岡崎	愛知	33
17		日比谷	東京	32.4
18	◎	浅野	神奈川	31.6
19	◎	久留米大学附設	福岡	31.4
20		旭丘	愛知	28.6

京都大学　合格者数5年間平均ランキング

■1990-1994年

順位	設置	学校名	所在地	平均合格者数
1	◎	洛南	京都	132.8
2	◎	洛星	京都	101.2
3	◎	甲陽学院	兵庫	74.2
4	◎	東大寺学園	奈良	72.2
5		北野	大阪	71.2
6	◎	灘	兵庫	56
7	※	大阪教育大学附属池田	大阪	47.2
8		三国丘	大阪	45.8
9	◎	大阪星光学院	大阪	44.2
10		膳所	滋賀	41.6
11		四條畷	大阪	41.4
12		茨木	大阪	39.2
13		奈良	奈良	38.4
14	◎	清風南海	大阪	35
15		天王寺	大阪	28
16		旭丘	愛知	23
17	※	京都教育大学附属	京都	17.2
18	※	大阪教育大学附属天王寺	大阪	16.2
19		生野	大阪	12.2
20	◎	奈良学園	奈良	12
20		明和	愛知	12

■1995-1999年

順位	設置	学校名	所在地	平均合格者数
1	◎	洛南	京都	120.4
2	◎	洛星	京都	95.6
3	◎	東大寺学園	奈良	87
4	◎	甲陽学院	兵庫	83.6
5		北野	大阪	59.2
6	◎	大阪星光学院	大阪	57.4
7	※	大阪教育大学附属池田	大阪	43
8	◎	清風南海	大阪	42.6
9	◎	灘	兵庫	41.6
10		奈良	奈良	40.6
11		膳所	滋賀	39.2
12		茨木	大阪	36.8
13		旭丘	愛知	33.2
14		三国丘	大阪	32.4
15		四條畷	大阪	28.8
16	◎	西大和学園	奈良	24.6
16	◎	智辯学園和歌山	和歌山	24.6
18		長田	兵庫	24.2
19	◎	六甲	兵庫	22.4
20	◎	高槻	大阪	20.6

■1983-1984年

順位	設置	学校名	所在地	平均合格者数
1		北野	大阪	75
2	◎	甲陽学院	兵庫	69.5
3	◎	洛星	京都	67.5
4	◎	洛南	京都	56
5	※	大阪教育大学附属池田	大阪	49
6		大手前	大阪	48.5
7		茨木	大阪	47.5
8		天王寺	大阪	45.5
9		四條畷	大阪	45
10		三国丘	大阪	43.5
11	◎	東大寺学園	奈良	43
12		膳所	滋賀	38.5
13		千種	愛知	35
14		高津	大阪	34
15		奈良	奈良	29
16	◎	灘	兵庫	28.5
17	◎	大阪星光学院	大阪	27.5
18	※	大阪教育大学附属天王寺	大阪	14.5
19		豊中	大阪	13
20		神戸	兵庫	12

■1985-1989年

順位	設置	学校名	所在地	平均合格者数
1	◎	洛星	京都	94.8
2	◎	甲陽学院	兵庫	80.6
3	◎	洛南	京都	77.8
4	◎	灘	兵庫	64.8
5		北野	大阪	63.4
6	◎	東大寺学園	奈良	62.2
7		三国丘	大阪	47.4
8	※	大阪教育大学附属池田	大阪	47.2
9	◎	大阪星光学院	大阪	42.6
10		茨木	大阪	41.4
11		四條畷	大阪	39.4
12		天王寺	大阪	38
13		千種	愛知	32.2
14		膳所	滋賀	27.2
15		奈良	奈良	25.8
16	◎	開成	東京	25.4
17	◎	桐蔭学園	神奈川	22.8
18		高津	大阪	20.8
19	※	東京学芸大学附属	東京	18.4
20	◎	ラ・サール	鹿児島	16.4

京都大学　合格者数5年間平均ランキング

■2010-2014年

順位	設置	学校名	所在地	平均合格者数
1	◎	洛南	京都	84.6
2	◎	西大和学園	奈良	77.6
3	◎	東大寺学園	奈良	66.8
4	◎	甲陽学院	兵庫	62
5		北野	大阪	57.2
6	◎	洛星	京都	55.2
7	◎	大阪星光学院	大阪	51.6
8		天王寺	大阪	49.2
9	◎	大阪桐蔭	大阪	49
10		堀川	京都	48.4
11		膳所	滋賀	48
12	◎	灘	兵庫	37
13		大手前	大阪	36.4
14	◎	清風南海	大阪	35.6
15		奈良	奈良	32.2
16		旭丘	愛知	31.2
17		三国丘	大阪	21.6
18	◎	東海	愛知	17
19	◎	智辯学園和歌山	和歌山	12.4
20		長田	兵庫	12

■2000-2004年

順位	設置	学校名	所在地	平均合格者数
1	◎	洛南	京都	106.2
2	◎	洛星	京都	90
3	◎	東大寺学園	奈良	86.4
4	◎	甲陽学院	兵庫	70.8
5	◎	西大和学園	奈良	68.4
6	◎	大阪星光学院	大阪	55.2
7	◎	灘	兵庫	47.2
8		膳所	滋賀	45
9	◎	智辯学園和歌山	和歌山	41
10		北野	大阪	40.4
11	※	大阪教育大学附属池田	大阪	36.8
12	◎	清風南海	大阪	33.8
12		奈良	奈良	33.8
14	◎	高槻	大阪	29.2
15		茨木	大阪	29
16		旭丘	愛知	27.8
17	◎	四天王寺	大阪	26.2
18		天王寺	大阪	24.2
19	◎	清風	大阪	21.8
20		三国丘	大坂	12.6
20		長田	兵庫	12.6

■2005-2009年

順位	設置	学校名	所在地	平均合格者数
1	◎	洛南	京都	101
2	◎	西大和学園	奈良	84.6
3	◎	東大寺学園	奈良	78
4	◎	甲陽学院	兵庫	69.4
5	◎	洛星	京都	64.6
6	◎	大阪星光学院	大阪	53.6
7		北野	大阪	47.2
8		膳所	滋賀	45.4
9		奈良	奈良	43.2
10		天王寺	大阪	41
11	◎	灘	兵庫	39.6
11		堀川	京都	39.6
13	◎	清風南海	大阪	32.6
14	※	京都教育大学附属	京都	28.2
15	◎	四天王寺	大阪	24.8
16		長田	兵庫	24.6
17		茨木	大阪	24
18	◎	智辯学園和歌山	和歌山	23
19	◎	大阪桐蔭	大阪	19.6
20		大手前	大阪	18.8

北海道大学　合格者数5年間平均ランキング

■1990-1994年

順位	設置	学校名	所在地	平均合格者数
1		札幌北	北海道	168.8
2		札幌南	北海道	142
3		旭川東	北海道	79.2
4		札幌西	北海道	78.8
5		札幌旭丘	北海道	68.4
6		札幌東	北海道	63
7		小樽潮陵	北海道	52.8
8		札幌手稲	北海道	38
9		岩見沢東	北海道	37.8
10	◎	函館ラ・サール	北海道	36.4
11		札幌開成	北海道	35.6
12		室蘭栄	北海道	33.6
13		函館中部	北海道	27
14		北見北斗	北海道	23.8
15		釧路湖陵	北海道	22.8
16		帯広柏葉	北海道	19.8
17		札幌月寒	北海道	16
18		北広島	北海道	13.8
19		青森	青森	13.4
20		滝川	北海道	10.2

■1983-1984年

順位	設置	学校名	所在地	平均合格者数
1		札幌北	北海道	171
2		札幌南	北海道	147.5
3		札幌西	北海道	106
4		札幌旭丘	北海道	81.5
5		旭川東	北海道	65
6		岩見沢東	北海道	60
7		小樽潮陵	北海道	48
8		札幌東	北海道	47
9		札幌開成	北海道	45
10		室蘭栄	北海道	44
11	◎	函館ラ・サール	北海道	40
12		函館中部	北海道	33.5
13		釧路湖陵	北海道	30.5
13		帯広柏葉	北海道	30.5
15		滝川	北海道	17.5
16		苫小牧東	北海道	17
17		青森	青森	15
17		北見北斗	北海道	15
19		札幌手稲	北海道	9
19		秋田	秋田	9

■1995-1999年

順位	設置	学校名	所在地	平均合格者数
1		札幌北	北海道	157.4
2		札幌南	北海道	145.6
3		札幌西	北海道	78.6
4		札幌東	北海道	78
5		旭川東	北海道	73.6
6		札幌旭丘	北海道	47
7		小樽潮陵	北海道	37.4
8	◎	函館ラ・サール	北海道	34.4
9		北広島	北海道	34
10		室蘭栄	北海道	31.6
11		岩見沢東	北海道	30.8
12		札幌手稲	北海道	28
13		北見北斗	北海道	22.4
14		釧路湖陵	北海道	22.2
15		帯広柏葉	北海道	18.8
16		函館中部	北海道	17.6
17		札幌開成	北海道	16.8
18		青森	青森	13.8
19		札幌月寒	北海道	13.6
20		大麻	北海道	7.2

■1985-1989年

順位	設置	学校名	所在地	平均合格者数
1		札幌北	北海道	159.2
2		札幌南	北海道	148
3		札幌西	北海道	99.4
4		札幌旭丘	北海道	82.2
5		旭川東	北海道	65.8
6		札幌東	北海道	63.4
7		小樽潮陵	北海道	53.8
8		岩見沢東	北海道	52.2
9		室蘭栄	北海道	41.2
10	◎	函館ラ・サール	北海道	40.2
11		札幌開成	北海道	38
12		函館中部	北海道	36
13		釧路湖陵	北海道	29.4
13		帯広柏葉	北海道	29.4
15		滝川	北海道	25.8
16		札幌手稲	北海道	23.4
17		北見北斗	北海道	16
18	◎	清風	大阪	7.8
19		札幌月寒	北海道	7.6
19		豊中	大阪	7.6

北海道大学　合格者数5年間平均ランキング

■2010-2014年

順位	設置	学校名	所在地	平均合格者数
1		札幌北	北海道	129.6
2		札幌南	北海道	120.8
3		札幌西	北海道	102.4
4		札幌東	北海道	96.2
5		札幌旭丘	北海道	55.8
6		旭川東	北海道	44.8
7		札幌開成	北海道	43.8
8		帯広柏葉	北海道	36.6
9	◎	北嶺	北海道	30.6
10		小樽潮陵	北海道	28.8
11		北広島	北海道	28.2
12		岩見沢東	北海道	24.6
13	◎	札幌第一	北海道	21.2
14		大麻	北海道	18
15		室蘭栄	北海道	16.4
16	◎	立命館慶祥	北海道	15.4
17		北見北斗	北海道	15.2
18		札幌月寒	北海道	15
19		札幌手稲	北海道	14.8
20		札幌国際情報	北海道	10.6

■2000-2004年

順位	設置	学校名	所在地	平均合格者数
1		札幌北	北海道	131.6
2		札幌南	北海道	123.2
3		札幌西	北海道	96.6
4		札幌東	北海道	78.2
5		旭川東	北海道	59.4
6		北広島	北海道	38.4
7		札幌旭丘	北海道	36.8
8		帯広柏葉	北海道	35.6
9		小樽潮陵	北海道	33
10		札幌手稲	北海道	32.8
11		岩見沢東	北海道	26.2
12		札幌開成	北海道	25.8
13		室蘭栄	北海道	20.6
14	◎	函館ラ・サール	北海道	18.6
15		釧路湖陵	北海道	17
16		札幌月寒	北海道	16.6
17	◎	桐蔭学園	神奈川	14.2
18		北見北斗	北海道	12.6
19		函館中部	北海道	12
20		旭川北	北海道	11.2

■2005-2009年

順位	設置	学校名	所在地	平均合格者数
1		札幌北	北海道	150.4
2		札幌南	北海道	127.2
3		札幌西	北海道	113.6
4		札幌東	北海道	108.6
5		札幌旭丘	北海道	66.4
6		旭川東	北海道	57.2
7		帯広柏葉	北海道	42.8
8		札幌開成	北海道	42.4
9		北広島	北海道	41
10		小樽潮陵	北海道	34.4
11	◎	立命館慶祥	北海道	31.2
12		岩見沢東	北海道	28.4
13		北見北斗	北海道	25.6
14		札幌手稲	北海道	24.8
15	◎	北嶺	北海道	24
16		大麻	北海道	22.8
17		室蘭栄	北海道	22
18		釧路湖陵	北海道	19.2
19	◎	函館ラ・サール	北海道	16.4
20		函館中部	北海道	12.6

東北大学　合格者数5年間平均ランキング

■1990-1994年

順位	設置	学校名	所在地	平均合格者数
1		仙台第二	宮城	126.4
2		仙台第一	宮城	98
3		山形東	山形	86.6
4		盛岡第一	岩手	49.8
5		宮城第一	宮城	43.2
6		福島（県立）	福島	41.6
7		水戸第一	茨城	39.4
8		秋田	秋田	37.6
9		青森	青森	36.6
10		宇都宮	栃木	34.8
11		八戸	青森	33.2
12		新潟	新潟	29.6
13		仙台二華	宮城	24.2
14		安積	福島	22.2
15		仙台第三	宮城	21.8
16		土浦第一	茨城	19.4
17		富山中部	富山	16.4
18		弘前	青森	15.8
18		米沢興譲館	山形	15.8
20		栃木	栃木	15.6

■1995-1999年

順位	設置	学校名	所在地	平均合格者数
1		仙台第二	宮城	107.4
2		仙台第一	宮城	88
3		山形東	山形	82.6
4		盛岡第一	岩手	57.2
5		福島（県立）	福島	37.8
6		秋田	秋田	36
7		青森	青森	35.6
8		宇都宮	栃木	31.4
9		八戸	青森	29.8
10		安積	福島	29
10	◎	東北学院	宮城	29
12		新潟	新潟	28.6
13		仙台二華	宮城	27.2
14		宮城第一	宮城	24.8
15		弘前	青森	24.6
16		水戸第一	茨城	24.2
17		横手	秋田	22.4
18		仙台第三	宮城	19.4
19		高崎	群馬	16.4
20		前橋（県立）	群馬	15

■1983-1984年

順位	設置	学校名	所在地	平均合格者数
1		仙台第二	宮城	118.5
2		仙台第一	宮城	101
3		福島（県立）	福島	59.5
4		盛岡第一	岩手	51.5
5		水戸第一	茨城	49.5
6		山形東	山形	47
7		秋田	秋田	43
8		宮城第一	宮城	41.5
9		浦和（県立）	埼玉	34.5
10		安積	福島	34
11		新潟	新潟	28
12		八戸	青森	26
13		磐城	福島	25.5
14		宇都宮	栃木	25
15		千葉（県立）	千葉	23
16		仙台二華	宮城	14
17		湘南	神奈川	12.5
18		高崎	群馬	12
18		青森	青森	12
20		川越	埼玉	11.5

■1985-1989年

順位	設置	学校名	所在地	平均合格者数
1		仙台第二	宮城	110.8
2		仙台第一	宮城	93.6
3		山形東	山形	62
4		福島（県立）	福島	47.6
5		盛岡第一	岩手	44.2
6		水戸第一	茨城	39.4
7		秋田	秋田	34.4
8		宮城第一	宮城	34.2
9		宇都宮	栃木	29.4
10		新潟	新潟	26.4
11		仙台二華	宮城	23.2
12		高岡	富山	21.2
13		安積	福島	19.6
14		岡崎	愛知	17.2
14		八戸	青森	17.2
14		青森	青森	17.2
17		磐城	福島	15.4
18		弘前	青森	14
19		富山中部	富山	11.6
20		四條畷	大阪	10.8

東北大学　合格者数5年間平均ランキング

■2010-2014年

順位	設置	学校名	所在地	平均合格者数
1		仙台第二	宮城	110.2
2		仙台第一	宮城	61.8
3		山形東	山形	55
4		盛岡第一	岩手	52.4
5		秋田	秋田	52
6		宮城第一	宮城	37.2
7		宇都宮	栃木	36.8
8		八戸	青森	35.4
9		仙台第三	宮城	33.4
10		新潟	新潟	32.6
11		福島（県立）	福島	32.4
12		盛岡第三	岩手	31.6
13		弘前	青森	31.2
14		安積	福島	30.6
15		水戸第一	茨城	29.8
16		前橋（県立）	群馬	24.6
17		横手	秋田	22.4
18		高崎	群馬	20.8
19		浦和（県立）	埼玉	20.6
20		仙台二華	宮城	16

■2000-2004年

順位	設置	学校名	所在地	平均合格者数
1		仙台第二	宮城	89.8
2		仙台第一	宮城	57.6
3		宮城第一	宮城	49.2
4		盛岡第一	岩手	47.2
5		秋田	秋田	31
6		福島（県立）	福島	30.8
7		水戸第一	茨城	30
8		安積	福島	29.8
9	◎	東北学院	宮城	28.8
10		山形東	山形	28.2
11		弘前	青森	26
12		青森	青森	25.8
13		前橋（県立）	群馬	23.6
14		土浦第一	茨城	23.2
15		仙台二華	宮城	22.4
16		新潟	新潟	22
17		盛岡第三	岩手	21.2
18		仙台第三	宮城	20.6
19		宇都宮	栃木	19.8
20		栃木	栃木	18.8

■2005-2009年

順位	設置	学校名	所在地	平均合格者数
1		仙台第二	宮城	101.2
2		山形東	山形	65.2
3		仙台第一	宮城	62.6
4		盛岡第一	岩手	55.8
5		宮城第一	宮城	55
6		八戸	青森	46.4
7		福島（県立）	福島	41.6
8		宇都宮	栃木	36
9		秋田	秋田	35.4
10		弘前	青森	33.8
11		前橋（県立）	群馬	33.6
12		高崎	群馬	27.2
12		仙台二華	宮城	27.2
14		安積	福島	26.8
15		青森	青森	24.2
16		横手	秋田	23.2
16		盛岡第三	岩手	23.2
18		新潟	新潟	22.6
19		水戸第一	茨城	19.8
20		仙台第三	宮城	16.6

名古屋大学　合格者数5年間平均ランキング

■1990-1994年

順位	設置	学校名	所在地	平均合格者数
1		一宮	愛知	79.6
2		岡崎	愛知	76.8
3		岐阜	岐阜	76.4
4	◎	東海	愛知	64.4
5		五条	愛知	61.2
6		明和	愛知	60.8
7		千種	愛知	57.6
8		菊里	愛知	53
9		旭丘	愛知	52.2
10		一宮西	愛知	44.4
11	◎	滝	愛知	42.8
12		半田	愛知	39.8
13		岐阜北	岐阜	37.4
14		可児	岐阜	33.6
15		刈谷	愛知	33
16		大垣北	岐阜	32.4
17		時習館	愛知	30
18		豊田西	愛知	29.8
19		向陽	愛知	27
20		中村	愛知	26.2

■1983-1984年

順位	設置	学校名	所在地	平均合格者数
1		千種	愛知	79
2		菊里	愛知	62.5
3		一宮	愛知	59.5
4		中村	愛知	57
5		岡崎	愛知	54
6		旭丘	愛知	53.5
7	◎	東海	愛知	50.5
7		明和	愛知	50.5
9		岡崎北	愛知	46.5
10		向陽	愛知	45
11		一宮西	愛知	42
12	◎	滝	愛知	38
13		岐阜	岐阜	37
14		半田	愛知	36
15		加納	岐阜	35.5
16		五条	愛知	30
17		桜台	愛知	24
18		時習館	愛知	23
19		旭野	愛知	21.5
20		豊橋南	愛知	16

■1995-1999年

順位	設置	学校名	所在地	平均合格者数
1		一宮	愛知	91
2		岡崎	愛知	81.8
3		明和	愛知	78.6
4		刈谷	愛知	70.4
5	◎	東海	愛知	60.2
6		岐阜	岐阜	53
7	◎	滝	愛知	50.8
8		豊田西	愛知	45.4
9		時習館	愛知	44.8
10		五条	愛知	44.6
11		半田	愛知	40.8
12		菊里	愛知	33.6
13		一宮西	愛知	33
14		大垣北	岐阜	31
15		岐阜北	岐阜	29.8
16		向陽	愛知	25.6
17		可児	岐阜	24.2
18		千種	愛知	23.8
19		旭丘	愛知	21.6
20	◎	南山	愛知	21.2

■1985-1989年

順位	設置	学校名	所在地	平均合格者数
1		千種	愛知	94.2
2	◎	東海	愛知	69.4
3		菊里	愛知	65.2
4		岐阜	岐阜	64
5		岡崎	愛知	61
6		岡崎北	愛知	60.6
7		旭丘	愛知	58.6
8		一宮	愛知	55.2
9		五条	愛知	51.8
10		一宮西	愛知	50.4
11		中村	愛知	50
12		明和	愛知	47
13	◎	滝	愛知	44.8
14		向陽	愛知	38.6
15		時習館	愛知	32
15		豊橋南	愛知	32
17		可児	岐阜	31.4
18		大垣北	岐阜	30.8
19		半田	愛知	24.6
20		桑名	三重	13.2

名古屋大学　合格者数5年間平均ランキング

■2010-2014年

順位	設置	学校名	所在地	平均合格者数
1		一宮	愛知	79.6
2		刈谷	愛知	78
3		明和	愛知	62.4
4		岡崎	愛知	55.8
5	◎	東海	愛知	51.2
6		時習館	愛知	45.6
7		旭丘	愛知	44
8		菊里	愛知	43.8
8		半田	愛知	43.8
10		一宮西	愛知	42.4
11	◎	南山	愛知	41
12		豊田西	愛知	39.6
12		向陽	愛知	39.6
14		四日市	三重	35.8
15		大垣北	岐阜	35.2
16	◎	滝	愛知	34.8
17		岐阜北	岐阜	33.2
18		岐阜	岐阜	30.8
19		五条	愛知	24.2
20		西春	愛知	17.8

■2000-2004年

順位	設置	学校名	所在地	平均合格者数
1		一宮	愛知	84.8
2		岡崎	愛知	78.6
3		刈谷	愛知	76
4		明和	愛知	65.8
5		旭丘	愛知	48.2
6	◎	滝	愛知	47.2
7		時習館	愛知	45.4
8	◎	東海	愛知	44.8
9		豊田西	愛知	41.6
10		一宮西	愛知	41.4
11		半田	愛知	41.2
12	◎	南山	愛知	37
13		五条	愛知	35.2
14		向陽	愛知	34.8
15		大垣北	岐阜	33.8
16		多治見北	岐阜	23.4
17		菊里	愛知	21
18		四日市	三重	20.2
19		津	三重	19.6
19		岐阜	岐阜	19.6

■2005-2009年

順位	設置	学校名	所在地	平均合格者数
1		一宮	愛知	96
2		岡崎	愛知	81.4
3		刈谷	愛知	72.6
4		明和	愛知	61
5		旭丘	愛知	53.6
6	◎	東海	愛知	45.6
7		豊田西	愛知	44.8
8		時習館	愛知	44.6
9		向陽	愛知	42.8
10		岐阜	岐阜	42.4
11	◎	南山	愛知	41.2
12		岐阜北	岐阜	40.8
13		菊里	愛知	39.8
13	◎	滝	愛知	39.8
15		一宮西	愛知	38.2
15		四日市	三重	38.2
17		半田	愛知	26.6
17		五条	愛知	26.6
19		大垣北	岐阜	26.4
20		西春	愛知	21.6

大阪大学　合格者数5年間平均ランキング

■1990-1994年

順位	設置	学校名	所在地	平均合格者数
1		三国丘	大阪	87.2
2		北野	大阪	75.2
3		茨木	大阪	74.2
4		奈良	奈良	57.4
5		畝傍	奈良	53.2
6		天王寺	大阪	43
7	◎	清風南海	大阪	41
8	◎	清風	大阪	40.6
9		生野	大阪	40.4
9	◎	洛南	京都	40.4
11		四條畷	大阪	37
12		膳所	滋賀	36.2
13		高津	大阪	34
14		大手前	大阪	33
15		姫路西	兵庫	28.2
16		神戸	兵庫	28
17	◎	大阪星光学院	大阪	25
18		豊中	大阪	21
19		長田	兵庫	19.6
20	※	大阪教育大学附属池田	大阪	18.8

■1995-1999年

順位	設置	学校名	所在地	平均合格者数
1		三国丘	大阪	65.2
2		茨木	大阪	63.4
3	◎	清風	大阪	50.4
4	◎	洛南	京都	45.6
5		奈良	奈良	44
6	◎	清風南海	大阪	39.6
6		長田	兵庫	39.6
8		姫路西	兵庫	36.2
9		天王寺	大阪	35
10		畝傍	奈良	33
11	◎	明星	大阪	32
12		加古川東	兵庫	30
13		北野	大阪	29.6
14	◎	四天王寺	大阪	28.6
15		膳所	滋賀	28.4
16	◎	大阪星光学院	大阪	26.2
17	◎	西大和学園	奈良	24.8
17	◎	智辯学園和歌山	和歌山	24.8
19		四條畷	大阪	20.6
20		生野	大阪	19.8

■1983-1984年

順位	設置	学校名	所在地	平均合格者数
1		北野	大阪	60
2		天王寺	大阪	59.5
3		三国丘	大阪	54.5
4		生野	大阪	54
5		茨木	大阪	53.5
6		高津	大阪	52
7		四條畷	大阪	49.5
8		豊中	大阪	44.5
9		神戸	兵庫	39
10		奈良	奈良	38
11		長田	兵庫	33.5
12		大手前	大阪	32.5
13	◎	清風南海	大阪	32
14	◎	六甲	兵庫	27.5
15	◎	甲陽学院	兵庫	24.5
15		膳所	滋賀	24.5
17		畝傍	奈良	16.5
18	◎	修道	広島	15
19		岸和田	大阪	13.5
19	※	大阪教育大学附属平野	大阪	13.5

■1985-1989年

順位	設置	学校名	所在地	平均合格者数
1		北野	大阪	75.2
2		茨木	大阪	62.4
3		三国丘	大阪	60.6
4		天王寺	大阪	54.6
5		生野	大阪	49
6		四條畷	大阪	45.6
7		高津	大阪	43.8
8		大手前	大阪	43.4
9		豊中	大阪	41
10		長田	兵庫	38.2
11		奈良	奈良	37.8
12	◎	大阪星光学院	大阪	34.4
13		姫路西	兵庫	29.4
14		神戸	兵庫	28.2
15	◎	清風	大阪	27.4
16	◎	清風南海	大阪	26.2
17		畝傍	奈良	23.2
18		高松	香川	23
19	◎	甲陽学院	兵庫	21.6
20		膳所	滋賀	19.2

大阪大学　合格者数5年間平均ランキング

■2010-2014年

順位	設置	学校名	所在地	平均合格者数
1		北野	大阪	56.2
2		茨木	大阪	53.2
3		奈良	奈良	50
4		天王寺	大阪	48
5		大手前	大阪	45
6		三国丘	大阪	43.8
7		膳所	滋賀	42.4
8	◎	清風南海	大阪	37.2
9	◎	洛南	京都	35.4
10		長田	兵庫	34.8
11		神戸	兵庫	29.2
12		四條畷	大阪	27.2
13	◎	四天王寺	大阪	25.8
14	※	大阪教育大学附属池田	大阪	25.4
15	◎	甲陽学院	兵庫	23.4
16		姫路西	兵庫	22.6
17		豊中	大阪	21.8
18	◎	清風	大阪	21
19	◎	大阪星光学院	大阪	20.2
20	◎	明星	大阪	13.2

■2000-2004年

順位	設置	学校名	所在地	平均合格者数
1		茨木	大阪	48.6
2		三国丘	大阪	46.4
3		長田	兵庫	42
4		北野	大阪	40.6
5	◎	清風	大阪	38.8
5	◎	洛南	京都	38.8
7	◎	四天王寺	大阪	38.4
8		膳所	滋賀	33.2
9		姫路西	兵庫	32
10		奈良	奈良	31.6
11	◎	清風南海	大阪	30.8
12	◎	大阪星光学院	大阪	30.2
13		大手前	大阪	29.4
14	◎	明星	大阪	25.2
15	◎	智辯学園和歌山	和歌山	24
16	◎	西大和学園	奈良	20.2
17		天王寺	大阪	18.2
18	◎	高槻	大阪	17.2
18	※	大阪教育大学附属池田	大阪	17.2
20		四條畷	大阪	13.6

■2005-2009年

順位	設置	学校名	所在地	平均合格者数
1		北野	大阪	51.2
2		奈良	奈良	49.6
3		茨木	大阪	47.8
4		長田	兵庫	42.2
5	◎	洛南	京都	41.2
6		三国丘	大阪	40.4
7	◎	明星	大阪	36.2
8	◎	四天王寺	大阪	36
9		膳所	滋賀	35.4
10	◎	清風南海	大阪	34.8
11	◎	西大和学園	奈良	33.2
12		大手前	大阪	27.6
13		生野	大阪	26
14		姫路西	兵庫	25.8
15		神戸	兵庫	22.8
15	◎	大阪星光学院	大阪	22.8
17		畝傍	奈良	19.2
18		天王寺	大阪	19
19		加古川東	兵庫	18.4
20		四條畷	大阪	12.2

九州大学　合格者数5年間平均ランキング

■1990-1994年

順位	設置	学校名	所在地	平均合格者数
1		福岡	福岡	135.4
2		修猷館	福岡	130
3		筑紫丘	福岡	116.6
4		東筑	福岡	77.8
4		小倉	福岡	77.8
6		明善	福岡	65.6
7		熊本	熊本	63.2
8		甲南	鹿児島	52.2
9		鶴丸	鹿児島	47.8
10		佐賀西	佐賀	43.2
11		長崎南	長崎	42.4
12		済々黌	熊本	30.4
13	◎	福岡大学附属大濠	福岡	29.4
14	◎	西南学院	福岡	28
15	◎	久留米大学附設	福岡	26.8
16		筑紫	福岡	25.4
17	◎	青雲	長崎	23.8
18		長崎東	長崎	19.6
19		城南	福岡	13.4
20	◎	筑紫女学園	福岡	13.2

■1983-1984年

順位	設置	学校名	所在地	平均合格者数
1		修猷館	福岡	145
2		福岡	福岡	135
3		筑紫丘	福岡	127
4		東筑	福岡	94.5
5		小倉	福岡	75
6		甲南	鹿児島	53.5
7		明善	福岡	51.5
8		熊本	熊本	50.5
9		佐賀西	佐賀	40.5
10		鶴丸	鹿児島	40
11		城南	福岡	39
12		下関西	山口	36
13	◎	久留米大学附設	福岡	33
13	◎	福岡大学附属大濠	福岡	33
15		宮崎大宮	宮崎	29
16		長崎北陽台	長崎	27.5
17		宇部	山口	24.5
18		済々黌	熊本	13
18		長崎北	長崎	13
20		三池	福岡	12.5

■1995-1999年

順位	設置	学校名	所在地	平均合格者数
1		修猷館	福岡	127.4
2		福岡	福岡	113.2
3		筑紫丘	福岡	101.8
4		小倉	福岡	77.4
5		熊本	熊本	76
6		東筑	福岡	65
7		明善	福岡	64.2
8		鶴丸	鹿児島	46.2
9		佐賀西	佐賀	42.4
10	◎	西南学院	福岡	39
11		済々黌	熊本	38.2
12	◎	久留米大学附設	福岡	34.2
13		大分上野丘	大分	30.6
14		城南	福岡	28.8
15	◎	筑紫女学園	福岡	25.8
16		甲南	鹿児島	20.8
17	◎	青雲	長崎	19
18	◎	福岡大学附属大濠	福岡	18.6
19		長崎北	長崎	18.2
20		長崎南	長崎	17

■1985-1989年

順位	設置	学校名	所在地	平均合格者数
1		修猷館	福岡	151.6
2		福岡	福岡	147.4
3		筑紫丘	福岡	140.2
4		小倉	福岡	83.4
4		東筑	福岡	83.4
6		熊本	熊本	70.6
7		明善	福岡	67.6
8		甲南	鹿児島	62
9		鶴丸	鹿児島	53
10	◎	久留米大学附設	福岡	48.6
11	◎	福岡大学附属大濠	福岡	45.6
12		佐賀西	佐賀	43.8
13	◎	青雲	長崎	41.8
14		済々黌	熊本	31
15		城南	福岡	29.6
16		宮崎西	宮崎	27.4
17	◎	ラ・サール	鹿児島	23.8
17		下関西	山口	23.8
19		長崎南	長崎	21.2
20		長崎北陽台	長崎	16.2

九州大学　合格者数5年間平均ランキング

■2010-2014年

順位	設置	学校名	所在地	平均合格者数
1		福岡	福岡	125
2		修猷館	福岡	123.6
3		筑紫丘	福岡	123.4
4		東筑	福岡	74.6
5		明善	福岡	70.6
6		小倉	福岡	57.8
7		熊本	熊本	55.4
8	◎	西南学院	福岡	50.6
9		長崎西	長崎	46.6
10		大分上野丘	大分	42.8
11		佐賀西	佐賀	42.4
12	◎	福岡大学附属大濠	福岡	40.4
13	◎	久留米大学附設	福岡	40.2
14		城南	福岡	38.8
15		鶴丸	鹿児島	37.6
16		済々黌	熊本	28.8
17		甲南	鹿児島	26.8
18		長崎東	長崎	16.8
19		宮崎西	宮崎	10.8
20		香住丘	福岡	10.4

■2000-2004年

順位	設置	学校名	所在地	平均合格者数
1		福岡	福岡	122.8
2		筑紫丘	福岡	116.6
3		修猷館	福岡	111.6
4		小倉	福岡	82.8
5		東筑	福岡	65.8
6		明善	福岡	56.6
7		熊本	熊本	54.2
8		鶴丸	鹿児島	47
9	◎	久留米大学附設	福岡	43.6
10		済々黌	熊本	39.8
11	◎	西南学院	福岡	38.8
12		大分上野丘	大分	38
13		城南	福岡	35.6
14		佐賀西	佐賀	33.6
15	◎	筑紫女学園	福岡	30.4
16	◎	福岡大学附属大濠	福岡	26.8
17	◎	ラ・サール	鹿児島	22.2
18		宗像	福岡	16.8
19		甲南	鹿児島	15.8
20	◎	弘学館	佐賀	12.2

■2005-2009年

順位	設置	学校名	所在地	平均合格者数
1		福岡	福岡	135.2
2		修猷館	福岡	122.6
3		筑紫丘	福岡	121.2
4		東筑	福岡	75.2
5		小倉	福岡	67.8
6		明善	福岡	64
7		熊本	熊本	60.8
8	◎	西南学院	福岡	53
9		大分上野丘	大分	49.6
10	◎	福岡大学附属大濠	福岡	49.4
11		佐賀西	佐賀	44.4
12		鶴丸	鹿児島	43.6
13		城南	福岡	38
14	◎	久留米大学附設	福岡	37.8
15		宗像	福岡	33.6
16		長崎西	長崎	29.6
17		済々黌	熊本	29.2
18	◎	青雲	長崎	19.2
19		香住丘	福岡	18
20	◎	筑紫女学園	福岡	17.6

名門校とは何か？　目次

第二章　旧制中学からの系譜

第六章　大正・昭和初期生まれの学校

第七章　戦後生まれの星

第八章　学校改革という決断

第一章　日比谷高校の悲劇

「名門校」ほど「ガリ勉・スパルタ」ではない

「名門校」というといわゆる進学校であり、ガリ勉が多く、受験に特化した教育が行われているイメージを持つ人がいるかもしれないが、それは誤解だ。

開成にしても、灘にしても、筑駒にしても、校風は自由で、受験に特化した指導はほとんどしていない。生徒たちは部活や行事に熱心だし、教員たちはむしろ「ゆとり教育」を地でいくような授業を行っている。宿題は問題集よりもレポート中心。授業中はよく議論し、生徒が発表する機会も多い。「真のゆとり教育」と言える内容だ。

一九八二年以降東大合格者数一位を独占している開成の柳沢幸雄校長は、「生徒たち全員に東大に行けと指導したら、二五〇人だって合格させられる。しかしそんなことをして何の意味があるのか」と問う。東大合格者数上位校ほど、「何が何でも東大」とは考えていないのだ。

戦後の新学制移行以降一度も東大合格者数上位一〇位から外れたことのない唯一の学校である麻布の平秀明校長は、「最終学歴麻布でいいと思える教育をしている」とよく発言している。いい大学にたくさんの生徒を送り込むのが「名門校」だと思われがちだが、むしろ「大学に行かなくてもいい」と思える教育をしている学校こそ「名門校」と呼ぶにふさわしいという逆説が成り立つ。

それでも多くの生徒が東大をはじめとする難関大学に進学する。それも余力を残して。受験特化型の指導をしなくても何かが作用して、安定した進学実績を残し続けているのだ。

「名門校」は時間をかけて進化する

「もともと地頭のいい生徒が集まっているから、学校が何もしなくても生徒は勝手に東大に入っていくのだ」という見解もある。しかしそれでは、なぜそのような学校に地頭のいい生徒が集まってくるようになったのかが説明できない。

考えられるのは次のようなシナリオだ。いい教育をしている学校が評判になり、いい生徒が集まり、さらにレベルの高い教育を行えるようになる。その成果が大学進学実績という形で表れるとさらに評判は広まり、さらにいい生徒が集まるようになる。「名門校」は突然「名門校」になるのではない。長い時間をかけて進化するのである。

今でこそ「東大を目標にするなんて教育ではない」と豪語する、前出の開成や麻布もしくは灘であっても、実は受験に傾倒した教育を行っていた時期もあった。

開成は創立当初、「東大に合格するための学校」という分かりやすい新聞広告を出している。麻布には入学したばかりの中学1年生に対し、「帰宅したら机に墨で、東大絶対合格と書け」と指導する教員もいたという。灘も黎明期には、試験の結果でクラス分けをするどころか席順まで決めていたらしい。

普通の学校が大学入試を意識せざるを得ない理由

大学進学実績が学校の価値を物語るわけではないことは言うまでもない。しかし、現在の高校における大学進学実績は、一般企業における利益に似ていると言える。

一般企業は、どんなに崇高な理念や社会貢献的思想を掲げようとも、利益が上げられなければ存続できない。利益を上げていればこそ、社会貢献的な活動をする余裕もできるし、大胆な施策に打って出ることもできる。

学校も同様で、どんなに立派な教育理念を掲げようとも、実際にそれに基づいた教育をしようとも、大学進学実績もしくはそれに替わるなんらかの形で成果を証明しなければ、自己満足と見なされる。

大学進学実績が出せればこそ、より本質的な教育を実践する余裕が生まれる。それが前述の「真のゆとり教育」と言うことができる。

「名門校」に限らず、そもそも「受験勉強だけをさせればいい」と思っている学校はほとんどない。どんな学校でも基本的には教養主義や人格教育を旨としている。しかし大学進学実績を残さないと、優秀な生徒が集まらない現実があるので、大学受験対策もおろそかにはできない。

すでに実績が出ている学校はそこを強調しなくていいので、結果的に教養主義や人格教育を打ち出せる。より本質的な教育に力を入れられる。「大学受験なんて小さな目標ではなくて、もっと遠い将来の大きな夢を掲げろ」と生徒たちを鼓舞できる。生徒たちもその気になる。結果、「大きな夢を実現したいなら、目の前の大学受験なんて楽勝でクリアしなければ」という発想が、学校文化として無言のうちに浸透していくのだ。

つまり、受験重視か全人教育重視かの違いは、教育理念の違いではなく、学校としての成熟度の違いだと考えたほうがいい。

「名門校」の生徒たちは卒業するまでになんとなく理解する。先輩たちが積み上げてきた実績のおかげで、自分たちも目先の偏差値にとらわれない本質的な教育を享受できていることを。「自分たちだけそのメリットを享受して後輩に同じ環境を残してあげられないとしたらそれはかっこ悪い。先輩たちからの恩を後輩に返さなければ」と。なんとなく、いつの間にか、そういう意識が芽生えるのだ。

高校二年生までは親も教師も心配するほどにやんちゃやおてんばをするが、最後の一年

［図1］私立名門校としてイメージする学校

順位	学校名	人数
1	灘	212
2	ラ・サール	169
3	開成	168
4	麻布	90
5	慶應義塾	89
6	東大寺	51
7	桜蔭	48
7	早稲田	48
9	武蔵	37
10	洛南	31
11	女子学院	28
12	雙葉	24
13	東海	20
14	洛星	19
15	学習院	18
15	甲陽	18
17	早稲田実業	17
17	青山学院	17
19	大阪星光	16
19	神戸女学院	16
21	駒場東邦	14
21	大阪桐蔭	14
23	フェリス	13
24	同志社	12
25	立命館	11
26	聖光学院	10
27	渋谷教育学園幕張	9
27	海城	9
27	四天王寺	9
27	西大和	9

※インターネットによる調査。回答数429人。調査期間2014年10月8日〜11月7日。

間は死にものぐるいでがんばる。結果に納得がいかなければ浪人も辞さない。それが「名門校」の生徒に共通する意識だ。

そうやって先輩が後輩の環境を守る文化があるからこそ、「名門校」は学校として、大学受験にとらわれない本質的な教育を続けられる。大学進学と全人教育の両立が実現しているのだ。

進学校でない名門校はない

ところで、「名門校」という言葉からどんな学校を連想するだろうか。それを独自に調査した結果が図1、図2だ。進学校が必ずしも名門校であるわけではないが、伝統があるだけでこれ

[図2] 公立名門校としてイメージする学校

順位	学校名	人数
1	日比谷	67
2	北野	59
3	浦和	52
4	筑波大附属駒場	51
5	西	40
6	湘南	39
7	学芸大附属	30
8	神戸	26
8	天王寺	26
10	筑波大附属	25
11	旭丘	22
11	お茶の水女子大附属	22
13	戸山	21
13	横浜翠嵐	21
13	千葉	21
16	国立	20

順位	学校名	人数
17	膳所	18
18	岡崎	17
19	札幌南	16
20	鶴丸	13
20	長田	13
22	三国丘	12
23	船橋	11
23	堀川	11
25	四条畷	10
26	小石川	9
26	明和	9
26	修猷館	9
26	大手前	9
30	千種	8
30	水戸第一	8

※インターネットによる調査。回答数429人。調査期間2014年10月8日～11月7日。

といった進学実績を残していない学校は、やはり名門校とは認知されないようである。

「スポーツ名門校」などと言う場合を除いて、そもそも進学校でない「名門校」は現実的には存在しない。そして、全国区で名の知れている学校というとやはり東大合格者ランキングの常連校ということになる。

現在東大合格者数上位校には圧倒的に私立中高一貫校が多い。ゆえに「お金がかかる私立に通わせられないといい教育が受けられない。親の経済格差が子供の教育格差を生む」という指摘がある。

この指摘、間違いではないが、完全

に当たっているとも言えない。私立の高校が公立の高校よりも圧倒的に高い進学実績を残しているのは、ほぼ東京のみの傾向であるからだ。現在でも東京以外の多くの地域では公立高校がトップ校として君臨しているか、少なくとも公立と私立が互角に競っている。

そもそも一九六七年までは、東京都立日比谷高校が常に東大合格者数一位であった。それも圧倒的な一人勝ちであった。「名門校」としてのゆるぎない学校文化が確立していたのだ。

日比谷高校の東大合格者数最多記録は、一九六四年の一九三人。一九六七年の時点では一三四人。二位の東京都立西校との差は一四人、三位の灘との差は二二人だった。日比谷だけではない。一九六〇年代の前半までは、東大合格者数上位五校を都立高校がほぼ占めていた。上位二〇校までを見ても私立はわずか五校程度しかランクインしていない。

高校勢力図を塗り替えた「日比谷潰《つぶ》し」とは?

しかし一九六八年、潮目が変わった。兵庫県の灘高校が歴史上初めて首位を奪ったのだ。灘一三二人、日比谷一三一人。たった一人差だった。しかしそれ以降、日比谷高校は一度も首位に返り咲いていない。それどころか、一九七一年にはトップ一〇から外れ、一九八〇年には合格者数九人で三七位にまで落ちた。

［図3］東大合格者出身高校比率

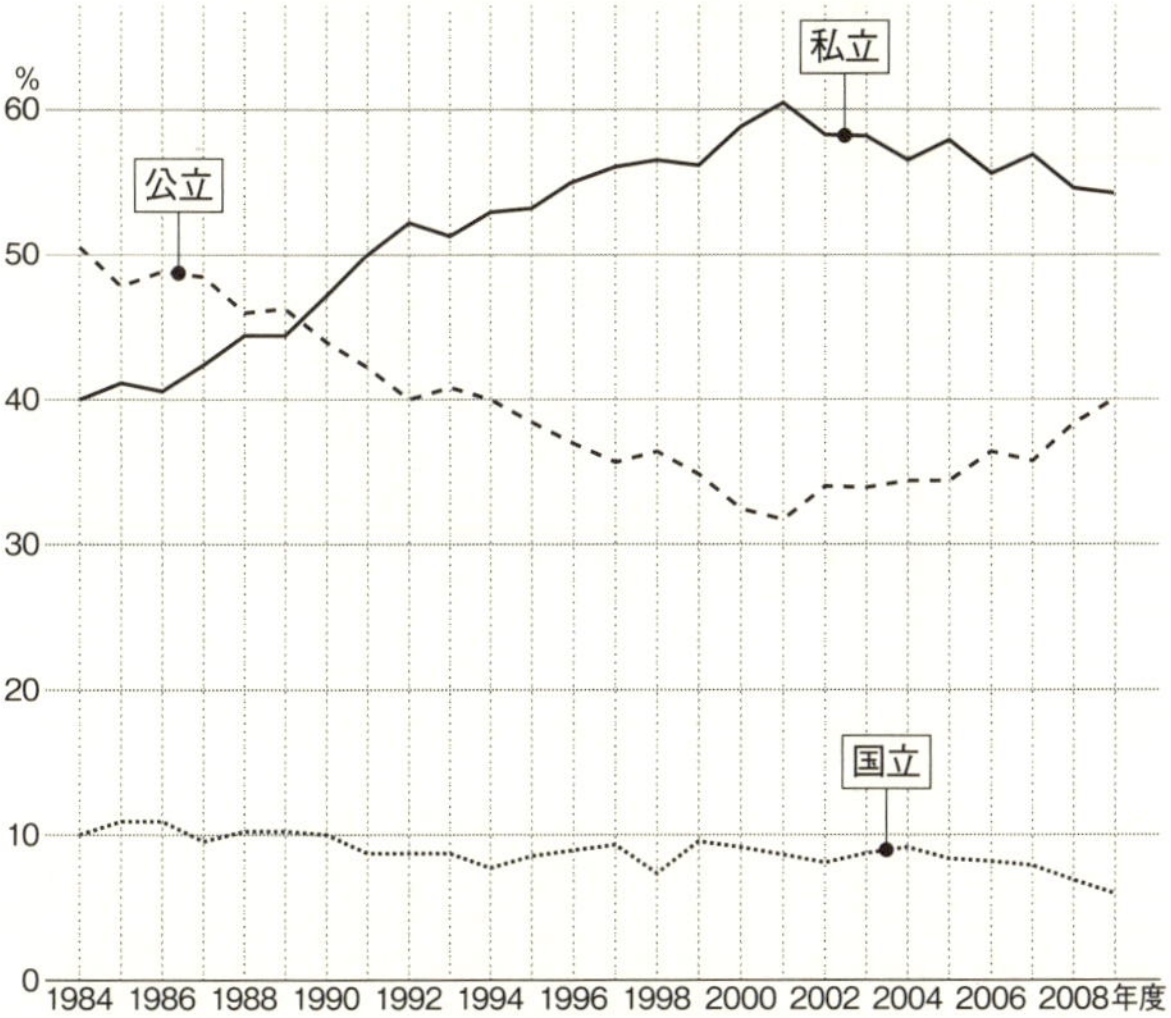

※『中学受験のひみつ』（安田賢治著、朝日出版社）より

一九八〇年代にはさらに私立中高一貫校人気が高まり、日比谷以外の都立高校もじりじりと進学実績を下げた。一九九〇年代にはついに、東大合格者数に占める私立高校出身者の割合が、公立高校のそれを上回り、その差をみるみる広げていった（図3）。東大のお膝元である東京で、私立が圧倒的優位な状態になってしまったため、いくら地方の秀才たちががんばっても、数的にはかなわないのだ。

二〇〇〇年代になると、日比谷高校をはじめとする一部の都立高校を進学指導重点校に指定するなどの施策が功を奏し、公立と私立の差は若干縮まる。しかしなかなか元には戻らない。今や「東大に行くなら私立中高一貫校が圧倒的に有利」というのが、東京では定説になってしまっている。

なぜ、絶対王者はあっけなく凋落《ちょうらく》したのだろうか。

理由は明快だ。「日比谷潰し」にあったからだ。一九六七年、東京都は都立高校入試に「学校群制度」を導入した。複数の学校から成る「学校群」を選んで受験させる仕組み。合格してもどこの学校に通えるのかは分からない。志望校を選べなくしたのだ。日比谷や西などの人気校に受験生が集中するのを避ける狙いがあった。特に絶対王者日比谷は目の敵にされ、門外不出の受験指導ノウハウを持っていた名物教師たちも異動させられた。

確かに過度な競争や学校間の不平等はあったのだろう。しかしだからといって文字通り「出る杭」を打つとは、施策として安易すぎた。

「学校群制度」をやめても「時すでに遅し」

日比谷は九段高校と三田高校と同じ群になった。日比谷は旧制一中からの伝統を持つ。「日比谷—東大」はエリート街道の王道であった。九段は市立高校が前身という珍しい存在。独特の校風を持っていた。三田はもともと高等女学校であったため女子の学校のイメージが強かった。それぞれまるで違う個性の学校だった。今風に例えれば、開成と筑波大附属と渋渋（渋谷教育学園渋谷）で群を構成するようなものだろうか。

日比谷に行きたいと思って猛勉強しても、三分の二の確率で九段や三田に割り振られてしまう。それを嫌う優秀な中学生は都立高校受験そのものを回避するようになった。優秀な中学生が私立高校を目指すようになった。小学生のうちに中学受験をして、私立の中高一貫校に進む子供も増えた。「自分の通う学校は自分で選びたい」という当たり前の感覚からである。

「日比谷潰し」はたしかに成功した。しかし「都立離れ」が起き、都立高校全体のレベルが下がった。

それぞれの学校には伝統や由緒、校風がある。それを無視して、子供たちが多感な時期を過ごす環境をお上が勝手に振り分ける横暴が許されるわけがなかったのだ。

旧制一中以来の伝統を持ち、多数のエリートを輩出してきた無敵の名門・日比谷が凋落した。それもお上からの圧力によって潰された。では、学校群制度をやめれば日比谷は復活するのだろうか。そうはならなかった。

都は、一九八二年に学校群制度を廃止しているが、私立優位の状況は変わらなかった。奇《く》しくも一九八二年以降現在まで三〇年以上、開成が首位の座を独占している。近年は公立中高一貫校の人気もあり、「都立復権」などと報道されることもあるが、少なくとも日比谷に、かつての威風や輝きは未《いま》だ戻っていない。

学校は無機質な「システム」ではない

このことは、「名門校とは何か」を少しでも浮き彫りにしようとする本書の狙いに対し、大きな示唆を与えてくれる。学校とは、生き物のようなものであるということだ。コンピュータやロボットのようなものであれば、プログラムミスをしてバグが発生しても、ミスを修正すれば再び正常に作動するようになる。しかし、生き物はそうはいかない。病気になったり怪我《けが》をしたりすれば、回復には一定の時間がかかる。あるいは再び味噌や醤油の蔵元に例えてもいい。建物が老朽化したからとすべてを取り壊し、まったく新しい建物を建ててしまったら、家付き酵母はいなくなってしまうのだ。

学校とは、校舎があって教師がいて生徒が集まればできる無機質なシステムなのではない。人の成長に時間が必要であるのと同じように、学校も時を経て成熟するものなのだ。それを一度リセットしてしまったら、もうコンティニューはできない。また一からやり直しである。

学校には、あるいは教育には、時間的な連続性や弾力性が欠かせないのだ。いかにも経済合理主義的な「スクラップ・アンド・ビルド」のような考え方は学校や教育にはそぐわない。

古い学校にはそれだけで価値がある

逆に言えば、古い学校は、それだけで価値がある。人間だって同じだろう。若い頃はふらふらしていた輩《やから》でも、歳《とし》を重ね人生経験を積めば、それなりに分別を身に付ける。人生も終わりに近づけばそれなりに悟り、若い人に感銘を与えるひと言を言えるようにもなる。時間がもたらす味わいがある。それが「名門校」にある味わいなのではないだろうか。

一九六七年、都立伝統校の多くは、時計のねじを巻き戻されてしまった。それまで培ってきた伝統や由緒や校風を踏みにじられてしまった。そこからの復活は並大抵では成し遂げられない。私立の学校であればすでに存続していないかもしれない。言い方は悪いが、現在の日比谷をはじめとする都立進学校は、学校の成熟度として、新興の人気私立進学校とさほど変わらない段階にあるように私には見える。

日比谷の完全復活にはあと数十年かかる!?

ここで改めて「名門」という言葉の意味を確かめておきたい。『広辞苑』によれば、名門とは、「由緒ある家柄。有名な家門。名家。名族」とある。では「由緒」とは何か。「物事の由来した端緒。いわれ。また、物事が行われる根拠。伝えてきた事由。来歴。ゆかり」などの説明が並ぶ。時間という洗練を受け、脈々と受け継がれる何かが存在することを示唆する表現だ。だから、いくら進学実績が良くても、まだ歴史の浅い学校が「名門校」と呼ばれることはない。

「名門日比谷完全復活」には、最大限の期待を込めてもまだ数十年の時間が必要だろう。

ここで言う「完全復活」とは、単に東大合格者数での復活を意味しているのではない。それであればもう少し早く実現可能かもしれない。しかし、伝統校としての威風と輝きと誇りを取り戻すには、少なくとも数十年単位の時間が必要だろうということだ。それほどに「名門校」の存在は掛け替えのないものなのだ。

実は私立のほうが「安上がり」なシステム

私立が勃興したのは一九七〇年代以降であり、もともと私立の学校が有利なわけではないことが分かっただろうか。実際、生徒一人当たりにかかる学校教育費を比べると、実は私立よりも公立のほうがお金がかかっていると分かる（図4）。

「義務教育は無料」と言われるが、これは税金によって学校教育費が賄われているという

［図4］高校生一人当たり学校教育費

公立全日制高校の生徒一人当たり学校教育費（平成24年度）

	全国（全日制）	東京都（全日制）	全国（全日制・定時制）
学校教育費総額	2兆4625億2898万3,000円	1588億1696万7000円	2兆6369億9999万0000円
生徒数	221万9103人	12万1544人	232万8102人
一人当たり学校教育費	**110万9696円**	**130万6662円**	**113万2682円**

※文部科学省「地方教育費調査報告書」および「学校基本調査」より。

私立高校の生徒一人当たり学校教育費（平成24年度）

生徒一人当たり助成金※全日制・定時制（国庫補助金および地方交付税）	31万258円	(私立高等学校生徒授業料軽減費分9100円を除く)
初年度納付金※全日制（授業料+入学料+施設整備費等）	70万9895円	(入学料16万901円を含む)
一人当たり学校教育費	**102万153円**	

※日本私立中学高等学校連合会「私学時報（平成24年2月29日発行号）および文部科学省「私立高等学校（全日制）の授業料等について」より。
(参考) 東京都の私立高校のうち任意の寄付金および学校債を募集する学校での平均額は、寄付金12万1977円、学校債13万1250円。

だけで、公立の学校であっても、教育に多額の費用がかかる事実に変わりはない。

保護者が学校に支払う学費が高いので、私立のほうが「お金がかかる」イメージがあるかもしれないが、社会全体として支払うトータルコストを考えれば、私立のほうが公立よりも「安上がり」な教育システムなのだ。私立学校に子供を通わせる保護者は、身銭を切って安いほうの学校に通わせているということもできる。

このようなデータだけで単純比較はできないものの、少なくとも世間一般が持つ「私立学校のほうが資金が豊富」というイメージは正しくないと分かるだろう。

であるにもかかわらず、現在私立の学校において優れた教育成果が認められるとすれば、それは財政的有利によるものでは決してないことになる。「私立はお金があるからいい教育ができる」というのは誤解なのだ。

では何が私立学校の教育の質を担保しているのか。少なくとも東京において、私立の学校が優位にあるのはなぜか。現場の努力はもちろんであるが、ここにこそ「時間」の作用があると私は考えている。

私立だからこそ鍛えられる「生きる力」

私立と公立の最大の違いは、「経営に失敗すれば私立は潰れる」ということである。逆に言えば、私立は常に経営努力を迫られている。建学の精神を礎にしつつ、常に生徒や保護者のニーズを汲《く》み取り、時代に即した教育を取り入れている私立学校のみが生き残る。長い歴史の中には危機もある。数々の修羅場を乗り越え、時間の洗練を受け、生き残った私立学校には「生きる力」が備わっているのだ。

学校そのものに「生きる力」があれば、そこで学ぶ子供たちにも「生きる力」は伝わる。それが教育の成果として表れているのではないだろうか。

一方公立は、やれ「ゆとり教育」だ、「脱ゆとり」だと右往左往させられたように、教育行政の影響を受けやすい状況にある。明治以降に官立としてできた学校には、基本的に

「富国強兵」「文明開化」以外の建学の精神がないので、学校としての軸が定めにくい。軸もなく流行だけを追いかけようとすると、学校文化や伝統が熟成されにくい。

東京において私立学校が力を持った最大の理由は、歴史ある私立が多いからだと私は思う。また、首都圏、近畿圏以外で突出して私立中学受験熱が高い広島および高知にも共通点がある（図5）。広島には三〇〇年近い歴史を持つ私立名門・修道があり、高知には一〇〇年を超える歴史を有する私立学校が複数ある。

時とともに成熟して、威風を放つ私立学校の存在があったからこそ、私立学校に一目置く文化が、これらの地域では育ったのではないだろうか。

なぜ世界の名門大学のほとんどは私立なのか

ちなみに、世界大学ランキング上位一〇位までのほとんどは私立大学である。世界大学ランキングは主なものだけでも数種類あり、種類により若干の順位差はあるが、上位の顔ぶれにはあまり変化がない。主要ランキングで上位一〇位以内に入っている公立の大学はアメリカのカリフォルニア州立大学バークレー校くらいである。

アメリカでいえば、ハーバード大学もスタンフォード大学もマサチューセッツ工科大学も私立。イギリスでは、ほとんどの大学が公立に分類されているが、それは補助金を受け

［図5］2013年度中学生生徒数

	公立+国立+私立（人）	私立（人）	私立の割合	国立（人）	私立+国立の割合
全国計	3,536,182	249,419	7.1%	31,437	7.9%
北海道	138,959	3,153	2.3%	1,441	3.3%
青森	38,452	385	1.0%	576	2.5%
岩手	36,764	175	0.5%	475	1.8%
宮城	64,862	1,572	2.4%	474	3.2%
秋田	27,154	32	0.1%	441	1.7%
山形	32,214	17	0.1%	478	1.5%
福島	57,446	752	1.3%	432	2.1%
茨城	84,604	3,873	4.6%	474	5.1%
栃木	56,101	1,396	2.5%	477	3.3%
群馬	57,732	1,409	2.4%	479	3.3%
埼玉	196,384	9,364	4.8%	516	5.0%
千葉	166,059	10,541	6.3%	496	6.6%
東京	312,764	76,597	24.5%	2,783	25.4%
神奈川	237,461	26,639	11.2%	899	11.6%
新潟	63,367	665	1.0%	1,076	2.7%
富山	30,372	329	1.1%	479	2.7%
石川	33,736	280	0.8%	466	2.2%
福井	23,816	383	1.6%	352	3.1%
山梨	24,798	1,007	4.1%	475	6.0%
長野	62,653	930	1.5%	1,081	3.2%
岐阜	61,996	1,677	2.7%	497	3.5%
静岡	106,781	4,958	4.6%	1,192	5.8%
愛知	221,212	10,225	4.6%	1,219	5.2%
三重	53,920	2,643	4.9%	425	5.7%
滋賀	43,237	1,659	3.8%	359	4.7%
京都	72,721	8,480	11.7%	759	12.7%
大阪	252,766	23,340	9.2%	1,321	9.8%
兵庫	161,171	13,174	8.2%	321	8.4%
奈良	40,921	4,757	11.6%	481	12.8%
和歌山	29,232	2,375	8.1%	452	9.7%
鳥取	16,418	239	1.5%	462	4.3%
島根	19,440	356	1.8%	417	4.0%
岡山	56,041	2,608	4.7%	592	5.7%
広島	80,667	8,125	10.1%	1,212	11.6%
山口	38,377	1,232	3.2%	735	5.1%
徳島	21,070	445	2.1%	472	4.4%
香川	28,779	944	3.3%	721	5.8%
愛媛	37,933	954	2.5%	481	3.8%
高知	19,881	3,494	17.6%	437	19.8%
福岡	141,952	7,191	5.1%	1,100	5.8%
佐賀	27,042	1,366	5.1%	473	6.8%
長崎	41,859	1,652	3.9%	427	5.0%
熊本	52,351	1,598	3.1%	474	4.0%
大分	32,293	668	2.1%	479	3.6%
宮崎	33,081	1,760	5.3%	489	6.8%
鹿児島	48,638	1,974	4.1%	597	5.3%
沖縄	50,705	2,026	4.0%	473	4.9%

※文部科学書「学校基本調査」（平成25年度）より。

ているからという制度上の理由であって、一二世紀から続くオックスフォード大学も一三世紀から続くケンブリッジ大学も、その生い立ちや歴史を考えれば実質的に私立大学といっていい。

先ほど、学校は生き物のようなものだと述べたが、大学も同じだ。国などの大きなシステムの一部として位置づけられるよりも、一つの自律した存在として時代や社会情勢に合わせた柔軟な変化ができるほうが成熟は進みやすい。常に存続の危機に瀕しながら、時代の洗練を受けてもなお生き残ってきた私立大学が、ランキング上位をほぼ独占しているのは、当然の帰結であると考えられる。

こうした観点から見れば、日本が誇る東京大学や京都大学をもってしてもなかなかランキング上位には食い込めないのは、仕方ないのかもしれないと思えるのではないだろうか。

教育格差は西高東低

ここでもう一つ、「関東の教育レベルは高い」という誤解についても述べておきたい。これは毎年目にする東大合格者ランキング上位校が東京周辺に集中しているために生じている誤解だと考えられる。しかしそもそも人口が違うのに、実数だけで見ても単純比較は

［図6］18歳人口1万人当たり東大合格者数

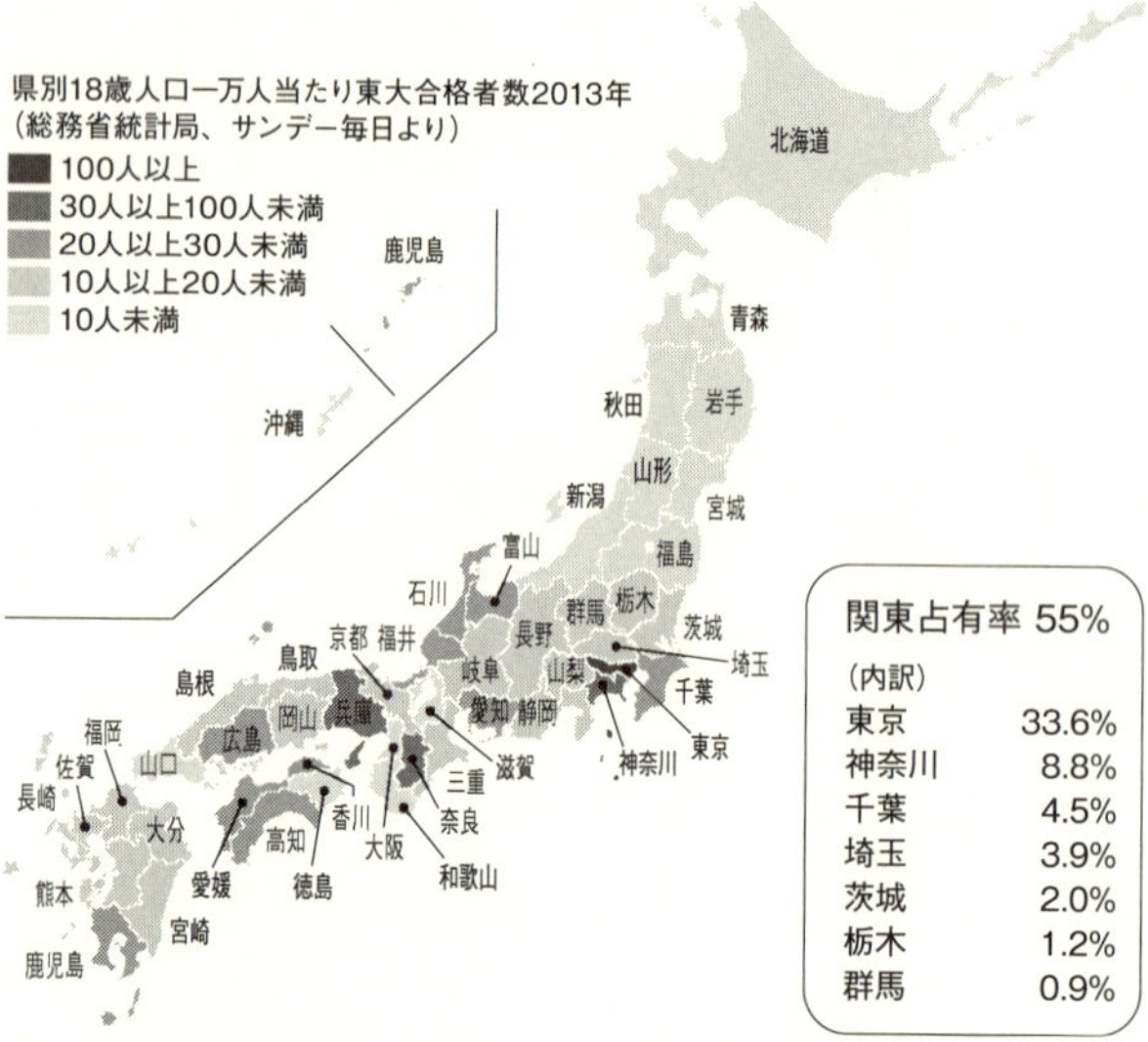

※データ提供：東京大学医科学研究所特任教授上昌広医学博士。
作成は岡田直己（慶應義塾大学）。

できない。

　興味深いデータがある。一八歳人口一万人当たりの東大合格者数を割り出して、白地図を色分けしたものだ（図6）。確かに東大のお膝元である東京出身の合格者は群を抜いて多い。しかしその次に多い神奈川県が、兵庫県や奈良県と同じくらい。それに次ぐ千葉県は、北陸や四国、愛知、広島、鹿児島とほぼ同じ。

　少なくとも東大合格者数で見る限り、「関東地方の教育レベルがその他地方より高い」とは一概に言えないの

［図7］18歳人口1万人当たり旧七帝大合格者数

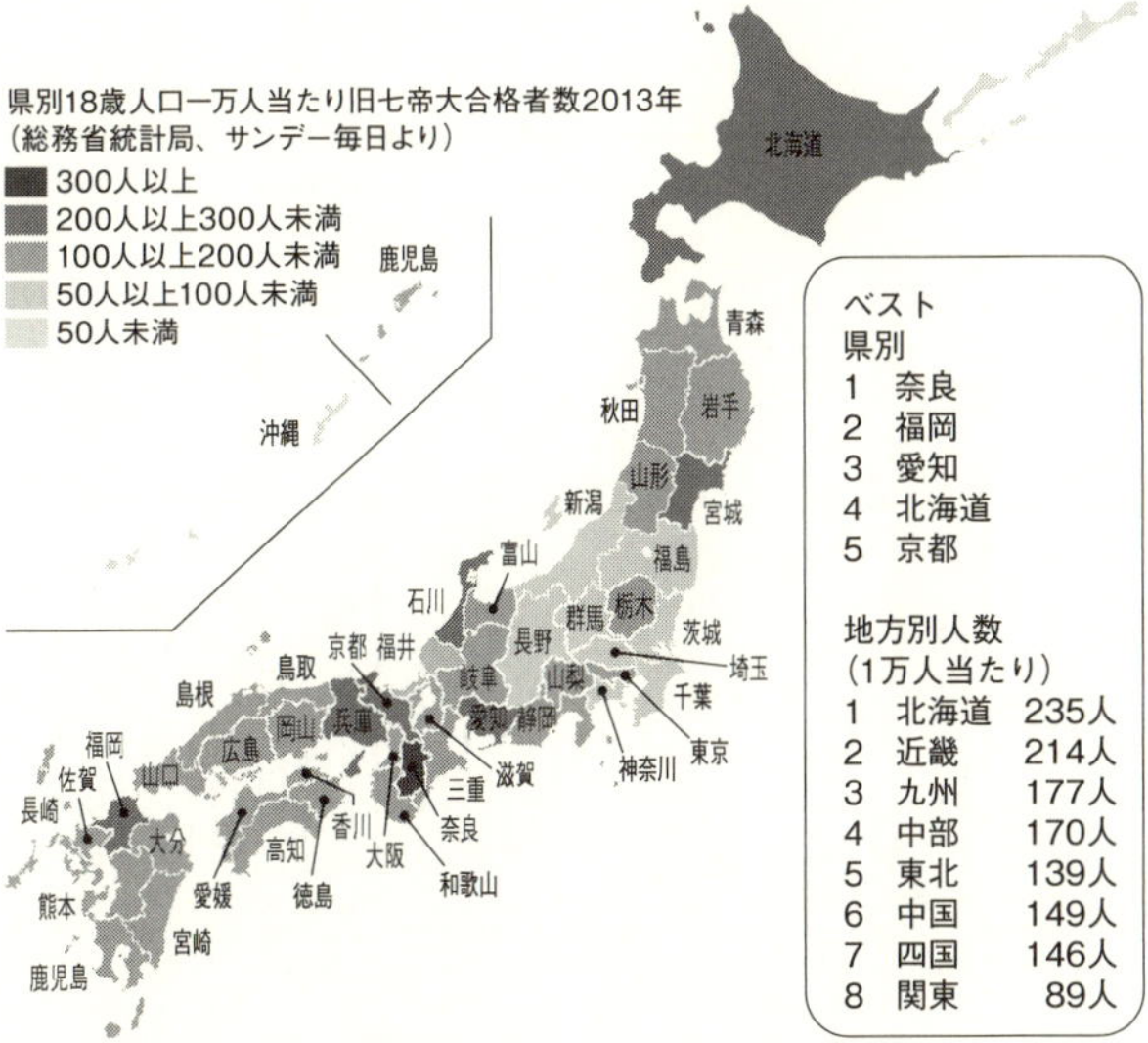

※データ提供：東京大学医科学研究所特任教授上昌広医学博士。
作成は岡田直己（慶應義塾大学）。

だ。

　この図でさらに興味深いのは、全体的に西高東低であることだ。これは何を意味するのか。

関東で私立人気のわけ

　旧七帝大（北海道大、東北大、東京大、名古屋大、京都大、大阪大、九州大）の合計合格者数についても同様の分析を行った図がある（図7）。関東甲信越地方だけが見事に低いのだ。東京を中心とする文化圏にいる人には意外だろう。

［図8］県民一人当たりの国立大学運営交付金

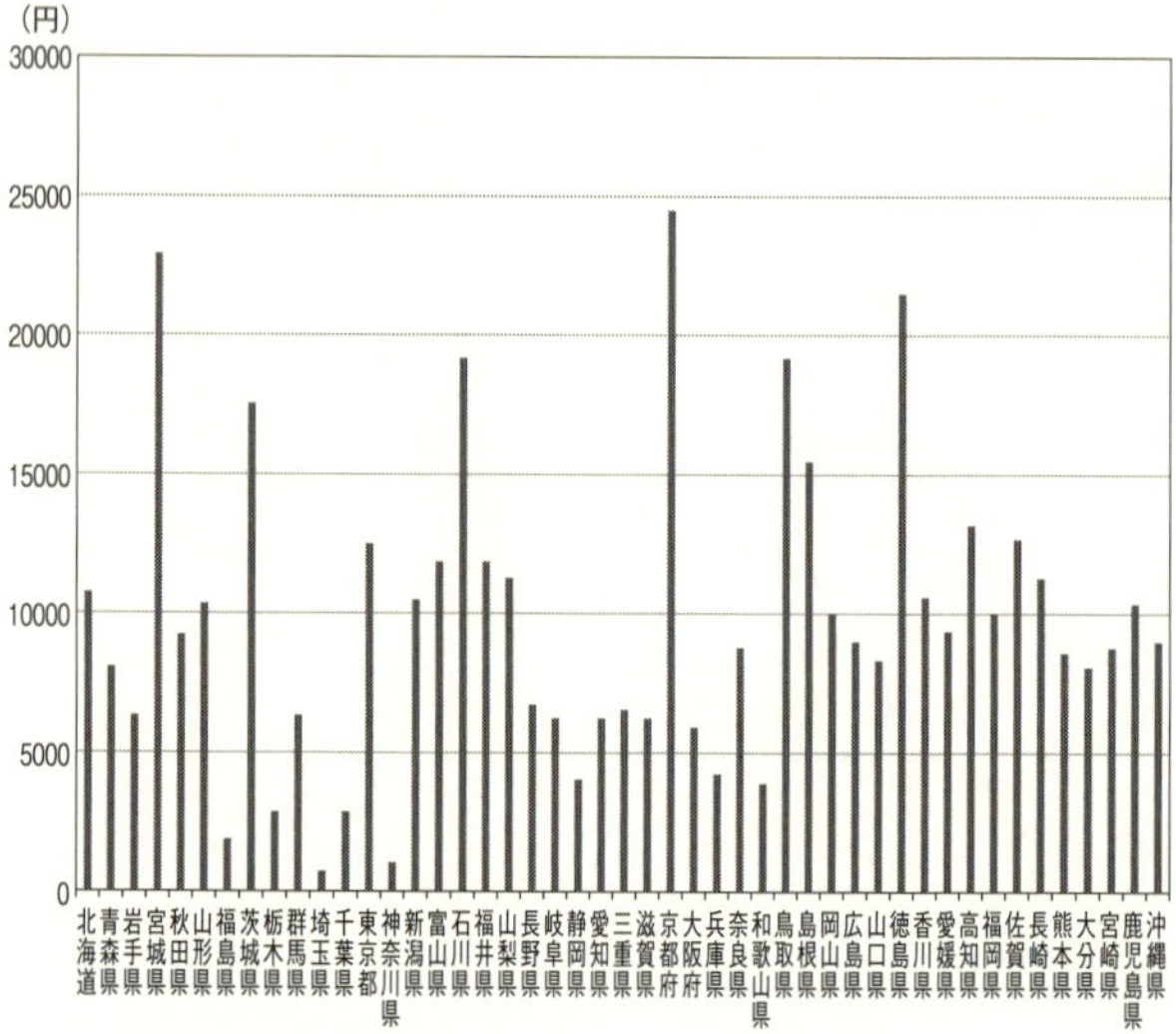

※データ提供：東京大学医科学研究所特任教授上昌広医学博士。

こちらの理由は単純。関東甲信越地方は最も人口が集中している地方なのに、旧七帝大が東大一つしかないからだ。関東甲信越地方の人口は約四八〇〇万人。近畿地方以西の総人口とほぼ同数。それなのに近畿地方以西には、京都大、大阪大、九州大の三つの旧七帝大がある。もともと不公平なのだ。

関東地方は教育環境に恵まれていると考えられがちだが、教育の機会平等という観点からすれば、むしろ不利な状況にあると言える。

旧七帝大は現在でも大学の中で別格の扱いを受けており、国からの助成金額は他大学をはるかに凌駕《りょうが》している。都道府県別の人口一人当たりの国立大学運営交付金を計算したものが図8だ。国として、どの地方にどれだけ教育投資をしているかが一目瞭然となる。東京に隣接する県で、著しく低い。茨城県だけ例外的なのは、筑波大があるからだ。

その代わり首都圏には有名私立大学がたくさんあるという反論があるだろう。その通りだ。しかしその分、関東の人たちは身銭を切らなければ高等教育（大学レベル）を受けられない。「日本は、他の先進国と比較して、特に高等教育における教育費の自己負担率が著しく高い」と言われるのにはこういう背景もあるのだ。

また、このような背景から「教育にはお金がかかる」という認識が特に関東各県で「常識化」し、私立高校人気を支える土壌になっているとも考えられる。

戊辰戦争が現在の教育機会にも影響!?

今回これらのデータを提供してくれた東京大学医科学研究所の上昌広博士は、「戊辰戦争」が影響していると分析している。

上博士は地域医療のあり方についての研究をしている。その中で、人口当たりの医師数には地域格差が大きいことに気付いた。そしてその原因が医学部の偏在に関係していることも分かった。さらによく調べてみると、医学部が多い地域と、戊辰戦争の勝ち組となった諸藩があった地域が重なることにも気が付いた。

明治維新以降大正時代までの政界では、戊辰戦争の勝ち組が脈々と力を持ち続けていた。高度成長期の有力政治家は地元に新幹線や高速道路を造ったものだが、大正時代までの有力政治家は地元に高等教育機関を、特に後に医学部になる医学校を盛んに作っていたのではないだろうかというのだ。

医学部誘致で地域が育つ

医学部の運営にはお金がかかる。一つの医学部にかかる運営費は、医学部のない小規模な総合大学のそれにほぼ匹敵すると言われている。

国立大医学部ができた地域は、国からの膨大な投資が受けられる。優秀な人材が集まり、優秀な人材が育つ。地域の生活レベルは上がる。さらにはそのような大学への進学を目指す高校（戦前は旧制中学）が育つ。地域の教育レベルが上がるのだ。

茨城県つくば市をイメージすれば分かりやすいだろう。筑波大学ができてから優秀な人材が集まり、育ち、地域が栄え、つくばエクスプレスまで開通した。教育レベルは茨城県の中で突出して高い。

あれと同じことが、明治時代以降、特に西日本の各地で生じたのだ。そしてその影響が現在にもおよんでいると考えられるのである。

教育に、地域性と歴史的背景が大きく影響しているのが分かるだろう。名門校の存在も、それらの文脈抜きには語れない。

教育における「不易」と「流行」は何か？

「時代は変化しているから教育も変化しなければいけない」というのは半分正しくて半分間違っている。時代の変化とともに、人々に求められる能力は確かに変化するが、人間の本質が変わるわけではない。

教育をいじるのであれば、どこを変えるべきで、どこを変えてはいけないのかを明確に区別しなければならない。「不易」と「流行」である。建学の精神や教育理念など、「不易」の部分を変えてしまったら、その学校はその学校でなくなる。

外圧によって「名門校」をいじり回すことは、樹齢数十年・数百年という大木をいじり回すこと。場合によっては切り倒すに等しい。例えば屋久島の屋久杉を切り倒すことを想像してみてほしい。その罪深さは誰でも直感できるだろう。それと同じ。やってしまってからでは取り返しがつかない。社会的な大損失を意味する。日比谷高校の悲劇を思い返せば痛いほどに分かるだろう。

また、「時代は変化しているから」と、歴史ある学校の伝統を否定して、教育を刷新することは、ビンテージワインを捨て、そのボトルにボジョレー・ヌーボーを詰め直すようなもの。絶対にしてはいけない。

翻って、我が国の教育。何が「不易」で何が「流行」か。巷の教育議論を聞いていると、「流行」の部分に関しては十分な議論がされているように思う。しかし「不易」の部分については十分な議論がされているようには思えない。

今この国に、本当に「教育危機」が存在するのであれば、それは子供たちの学力低下や教員の質の低下などではなく、本質的に、教育における「不易」が十分に議論・理解されていないことだと私は思う。「不易」の部分とは、「人はなぜ勉強するのか」「生きる力とは何ぞや」「教育の目的は何か」という類のこと。

第二章からは、日本全国の名門校を、それぞれの学校が設立された時代背景、土地柄、歩んできた歴史を踏まえながら紹介する。これでもかというほどに個性的な学校ばかりだ。しかし通底する何かが感じられるのではないかと思う。そこに、この国の教育を語る上でのヒントが見つかるはずである。

第二章　旧制中学からの系譜

学校群制度が、中学受験人気に火を付けた

一九七〇年代から東京で、中学受験熱が高まった。一九六七年の学校群制度導入がその一因であることは前述の通り。高校受験では志望校を自己決定できなくなってしまったため、中学受験によって自らの学ぶ場を選ぼうとする流れができたのだ。

戦後、日本の学校は基本的に受験指導をしなくなっていたので、中学受験をするには塾が必要だった。中学受験塾が多数生まれた。遊びたい盛りの小学生を夜遅くまで教室に詰め込み、厳しい勉強をさせるのは非人道的であるとして、中学受験塾やそこに子を通わせる保護者は世間の批判の的になった。塾に対するネガティブキャンペーンは「乱塾」なる言葉まで生み出した。一九七七年のことである。

それでも一九八〇年代一九九〇年代と、首都圏の中学受験熱は上がり続けた。団塊ジュニア世代による一二歳人口の増加の波が来たからだ。それに伴い、公立高校より私立中高一貫校のほうが、大学進学実績で優位に立つようになった。

ゆとり教育が中学受験熱を煽った

人口増加の波が過ぎ去れば熱は冷めるかと思われていた。しかしそこに二〇〇二年の学

習指導要領改訂。いわゆる「ゆとり教育」が、極端に推し進められた。「ゆとり教育」による学力低下を懸念した親たちは、子供を塾に通わせた。少子化の波がやってきても、首都圏の中学受験者数は増えた。

私立中学受験率が微減トレンドになったのは二〇〇八年のリーマンショック以降。景気の後退が原因だ。現在、首都圏の私立中学の総募集定員と中学受験者総数を比べると、ほぼ一対一。つまり中学受験も全入時代と言っていい。理論上は、選《え》り好みしなければ、どこかには入れる計算だ。

以上が高度成長期以降の中学受験事情の概略といったところ。では、それ以前はどうだったのだろう。中学受験という文化そのものが特異なものであったというイメージがあるのではないだろうか。しかし実は戦前の中学受験はもっと過酷だった。

戦前の中学受験は今よりも熱かった!?

中学が義務教育化されたのは戦後。それ以前、「中学校」に上がるためには中学入試を受けなければならなかった。ただし、この時の「中学校」が意味するものは、現在の中学校とはだいぶ違う。それがいわゆる明治以来の「旧制中学」である。

旧制中学の修業期間は基本的に一二歳から五年間。現在の中高六年一貫校の時期にほぼ重なる。また、現在の「高等学校」のようなものはなかった。当時の「高校」は、もともとはその名の通り「高等教育」つまり大学相当の教育を行うものとされていた。現実には「大学予科」つまり現在の大学の「教養学部」に相当する教育を行っていた。「高校」に入れれば、原則無試験で大学に入学できた。

要するにこうだ。一部の小学生は旧制中学を目指し受験勉強をした。それが現在の中学受験とほぼ同じ意味を持っていた。そして旧制中学生は、大学予科としての高校への進学を目指し受験勉強をした。それが現在の大学受験とほぼ同じ意味を持っていた。

戦前の学歴主義、立身出世主義は現在の比ではなかった。「勉強さえすれば、出自を超えて出世できる」と、多くの親が子供の教育に夢を託した。競争は激化した。特に全国的に教育熱が高まった大正時代には、小学生がノイローゼになる例が出るなど、社会問題化した。

一九二七年（昭和二年）には、中学入試における学科試験禁止の通達を文部省が発したほど。代わりに小学校からの報告書、人物考査、身体検査によって選抜を行うよう指示した。しかし情実の介入が見られるなどうまくはいかず、結局二年後には学科試験が復活した。

中学受験は、明治時代から続く、この国の教育文化の一部なのだ。

継ぎ接ぎだらけの中等教育

日本が国家として、学校教育制度を初めて公に定めたのが一八七二年（明治五年）の「学制」。

「富国強兵」と「文明開化」のかけ声の下、まず小学校の設置に重点が置かれた。国民に広く教育を施し、国の知的レベルを底上げする施策である。同時に国家の中枢を成すリーダー育成のための大学の整備が望まれた。そしてできたのが、原初の東京大学だ。一八七七（明治一〇年）年のことである。東京大学はその後、規模を拡大し帝国大学となる。

一方で、初等教育（小学校レベル）と高等教育（大学レベル）を結ぶ、中等教育（中学・高校レベル）の整備は後回しにされた。東京大学ができた直後に当たる一八七九年（明治一二年）時点、全国で、公立の中学校は一〇七校生徒数七七八六人、私立の中学校は七八四校生徒数三万二二四三人。中学校はごく一部のエリートが通うところであり、また圧倒的に私立が多かった。

その後、日本の中等教育は、紆余曲折の歴史を歩む。高等小学校、尋常中学校、高等中学校、高等学校高等科、高等学校尋常科、七年制高等学校など、時代によって様々な呼称が生まれては消えていった。初等教育と高等教育をつなぐ渡り廊下が、まるで幾度も増改築されたようなものだ。

この変遷はこの章以降のすべての話に関わるので、明治から大正にかけての中等教育を中心とした学校制度に関わる主な出来事を、年表にまとめてこの章の最後に掲載しておく。日本の中等教育整備の歴史は複雑きわまりないのだが、いずれにしても旧制中学は終戦まで、日本の中等教育の主流であった。

六・三・三制への移行で私立中高一貫校が誕生

終戦後、連合軍総司令部（以下ＧＨＱ）によって日本の学校制度、特に中等教育課程は大きな改革を迫られる。

まず六・三・三制の導入。小学校の六年間に加え、当初は中等教育までを義務教育にしようと目論んだものの、資金不足から、前期中等教育までを義務教育にしたというのが定説だ。

公立の旧制中学の多くは「新制の高等学校」に姿を変えた。例えば東京府立一中は日比谷高校になった。ということは、新ジャンルとも言うべき「新制の中学校」を全国に整備しなければならない。戦後の荒廃の中にもかかわらず、ＧＨＱは一九四七年四月からの新義務教育スタートを強く要請したために、各市町村による中学の設置は急ピッチで進められた。その混乱のせいで、当時全国で一七〇にも上る市町村長が引責辞任やリコールに追い込まれたと言われている。

困ったのは私立の旧制中学だった。自分たちは「中学」なのか、「高校」なのか。新制の高校にスライドする旧制中学もあったが、多くは中学と高校の両方を設置するに至った。主な理由は二つ考えられる。

新制の中学と高校は「中等教育分離校」!?

第一に、中学校を急いで作らなければならなかったために、市町村が私立旧制中学に、新制中学校の設置を委託した場合があった。しかし中学のみにスライドする選択はあり得ない。無試験で入れる無料の公立中学が全国に作られており、私立中学が競合過多による経営難に陥るのは目に見えていたからだ。

第二に、中等教育そのものへの愛着である。旧制五年制中学は一二歳から一七歳までの五年間を預かる教育であった。新制高校ではそれが一六歳から一八歳までの三年間となってしまう。まったく別の教育課程と言っても過言ではない。実際、公立の旧制中学はそのような変革を受け入れるほかなかったのだが、私立の旧制中学の多くは、中学と高校の両

［図9］戦前から戦後における学校制度変更の概略

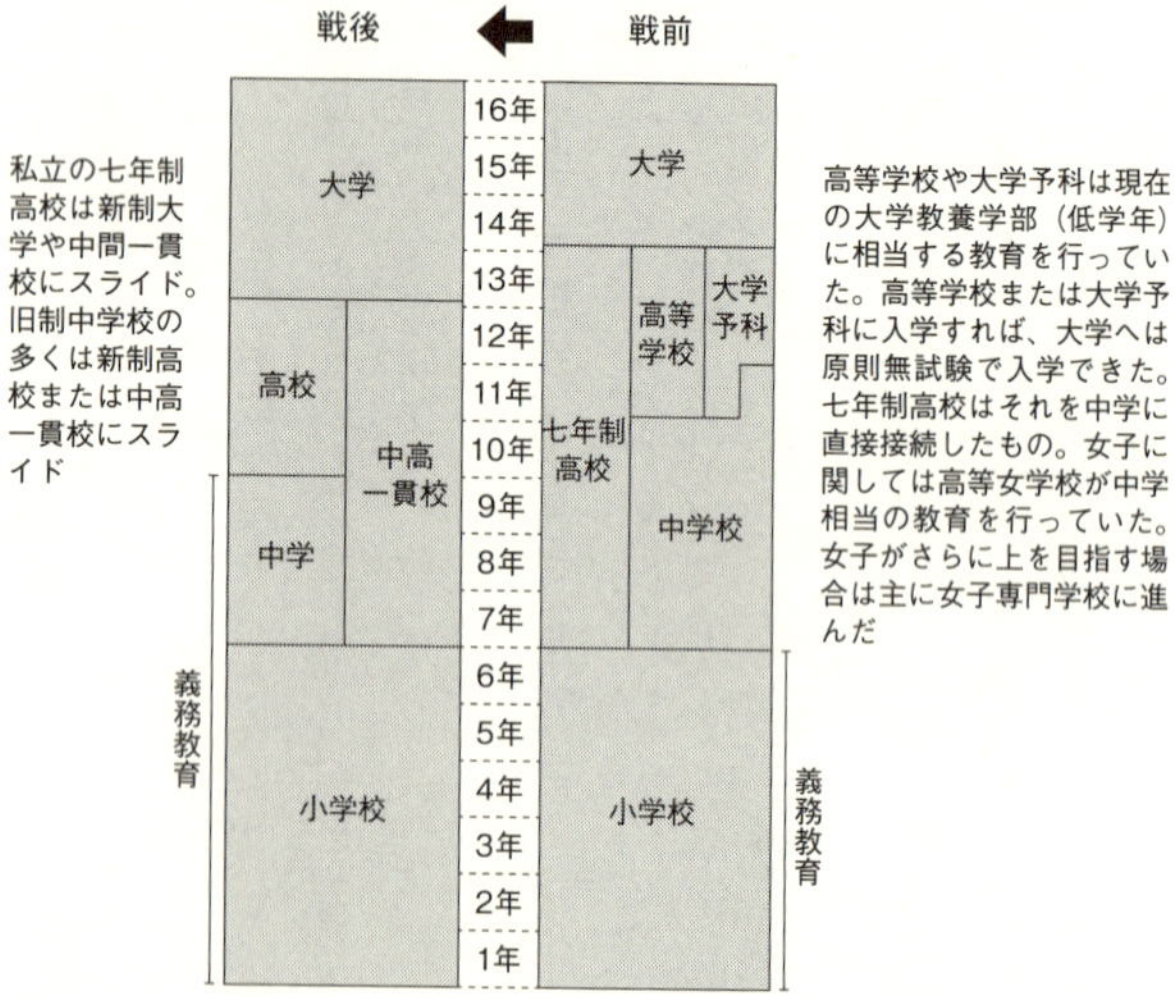
戦後
戦前
16年
15年
14年
13年
12年
11年
10年
9年
8年
7年
6年
5年
4年
3年
2年
1年
大学
高校
中高一貫校
中学
小学校
義務教育
大学
高等学校
大学予科
七年制高校
中学校
小学校
義務教育
私立の七年制高校は新制大学や中間一貫校にスライド。旧制中学校の多くは新制高校または中高一貫校にスライド
高等学校や大学予科は現在の大学教養学部（低学年）に相当する教育を行っていた。高等学校または大学予科に入学すれば、大学へは原則無試験で入学できた。七年制高校はそれを中学に直接接続したもの。女子に関しては高等女学校が中学相当の教育を行っていた。女子がさらに上を目指す場合は主に女子専門学校に進んだ

方を設置して、旧制五年制高校と同様の教育を続けたのだ（図9）。

「中高一貫校」というと、あたかも中学と高校を無理矢理接続したものだと認識されやすいが、もともとは一つの学校であったものを、後から中学と高校に切り分けただけなのだ。中高一貫校を「中高一貫校」と呼ぶよりは、現在の三年単位の中学と高校を「中等教育分離校」と呼ぶほうが、経緯としては正しいのである。

　中等教育とは、第二次性徴期に当たる多感な時期に対応する教育だ。その後の人格・価値観形成に大きな影響を与える。子供から大人への脱皮、さなぎの時期の教育と言っても

いい。その教育ノウハウが、旧制中学にはあった。私立の中高一貫校はそれを現代につないだ。多感な時期を取り巻く環境としての学校文化も維持された。これは掛け替えのない財産であったと私は思う。

男女共学化した公立、男女別学を続けた私立

戦後の学制改革のもう一つの目玉は男女共学化であった。逆に言えば、戦前までは男女別学が当たり前だったのだ。旧制中学は原則的にすべて男子校だった。女子は主に高等女学校で中等教育を受けていた。

戦後新設された公立の中学はほぼ例外なく共学としてスタートした。公立の旧制中学の多くも戦後、共学の公立高校になった。もともと男子校だった旧制中学に女子への入学を認めたケース、男子旧制中学と女子高等学校を統合したケースなどがある。公立の高校に男女別学校が少ないのはこのためだ。

しかし私立の伝統校には男女別学校が少なくない。私立校はGHQ指導の制約外に置かれていたからだ。公立の高校では共学化を巡って若干の混乱が生じたが、私立の中高一貫校ではそれを免れた。学校文化を損なわないという点において、このことは私立中高一貫校に有利に働いたと私は思う。

私立元旧制中学の多くは現在も男子校

さて、前置きが長くなったが、いよいよ旧制中学からの系譜を持つ名門校について、その生い立ち、歩み、校風などを中心にレポートする。

私立では、男子中高一貫校の多くが旧制中学からの流れを汲む。明治時代もしくはそれ以前に設立され、一〇〇年以上の伝統を持つ私立中高一貫校としては、開成、麻布、海城、芝、巣鴨、攻玉社、高輪、成城（以上いずれも東京）、東海（愛知）などが有名だ。いずれも未だに男子校である。これらの学校がそれぞれ独特の個性を放っているのは、男子校であるからという理由だけでなく、旧制中学時代からの個性的な学校文化を、今も大切にしているからであると私は思う。

その中でも特に明治時代からの旧制中学の薫りを今に残す代表として、開成と麻布を取り上げる。まったく異なる学校としての個性と、それでも共通する何かを感じ取ってもらえるのではないかと思う。

同じく旧制中学からの歴史を持っていても大正・昭和生まれの学校については、時代背景の説明を含めて第六章にまとめる。

公立高校で言えば、日比谷高校を筆頭に、全国各県の上位校が旧制中学の流れを汲んでいることが多い。日比谷高校が戦前は府立一中と呼ばれていたように、かつての公立旧制中学は一中、二中などと番号で呼ばれていた。これをいわゆるナンバースクールと言う。当然一中がその地域を代表する中学とされた。そしてその多くは戦後も県下トップ校もしくはそれに準ずる高校として君臨している。

二〇一四年東大合格者数ランキング上位から、旧制中学の流れを汲む公立高校を挙げれば、日比谷（東京）、浦和（埼玉）、西（東京）、岡崎（愛知）、旭丘（愛知）、国立（東京）、岡山朝日（岡山）などがある。

ここでは、その中でも、公立としては珍しく男子校を貫き、旧制中学の薫りを今に残す埼玉県立浦和高校と、私立の学校として始まりながら公立に転じた特異な歴史を持つ熊本県立済々黌《せいせい》を取り上げる。同じ公立高校でありながら、その生い立ちの違いゆえ、まるで違う個性を持っているのが分かるだろう。伝統ある公立高校には、やはりそれぞれの個性があるのだ。

旧制中学の系譜であっても、江戸時代の藩校に由来する超伝統校については、別途第三章で紹介する。

組織の中でも個性を発揮できる青年を育てる――開成（東京都・私立）

四月、真新しい詰め襟の制服を来た中学一年生たちが弁当を食べている昼休みの教室に、数人の高校三年生が突然入ってくる。中一は何事かと箸を止める。するとある高三は教卓を叩《たた》き、ある高三は黒板を叩き、「箸を置け！」と怒鳴る。中一は、震え上がる。四月のボートレースと五月の運動会に向けての熱血指導の始まりだ。そこから開成の教育が始まる。

開成と言えば運動会。運動会と言えば開成。開成の卒業生同士が出会うと、「何色でした？」と言うのが定番の挨拶である。運動会が教育の柱と言っても過言ではない。それほどに、開成生にとっての運動会の存在は大きい。

八色の組それぞれのトップを組責任者通称「組責」と呼ぶ。高三の組責を頂点に、中一までをも組み込んだピラミッド型の組織が構成される。体力に自信がある者は本番に向けて競技の練習をする。体力に自信のない者は、応援歌の作詞作曲を担当したり、「アーチ」と呼ばれる巨大なパネルに壮大な絵を描いたり。一人ひとりに何かしらの役割が割り振られる。

柳沢幸雄校長は開成を「個人としてだけでなく、集団の中でたくましさを発揮できる大人に育つ学校」と表現する。その最大の機会が運動会であるのだ。

そういう柳沢校長自身、開成の卒業生。東大やハーバード大学で教え、ハーバードではベストティーチャー賞にも輝いたことがある。メディアへの露出も多く、切れ味鋭いコメントで人気が高い。

柳沢校長が卒業式でよく言うセリフがある。「ハーバードで教えていた経験からすると、開成の卒業生は、一八歳の集団として世界一の達成度を示している。学力的にも人格的にも。しかし東大で教えていた経験からすると、四年後には君たちは必ずしも日本一ではない」。

前半は、卒業生とその保護者への惜しみない賛美である。開成の教員は生徒のことをとにかく褒める。教員が生徒のことを誇りに思っているのが、日々の会話の中から伝わってくる。しかし後半。柳沢校長は、開成生の才能を十分に伸ばせる環境が日本にはなく、出る杭は打たれるであろうことを警告しているのだ。それに抗《あらが》えとエールを送っているのだ。世界のトップクラスを見てきた校長の言葉には説得力がある。

創立者は佐野鼎《かなえ》。一八二九年駿河国に生まれ、砲術を学び、幕臣下曽根信敦の塾で塾頭を務め、その後加賀藩に招かれた。一八六〇年の遣米使節、一八六一年の遣欧使節に随行。洋式兵学の技術官僚として幕府に重用された。維新後一度は新政府に仕えるものの、主流派ではなかったため思い通りに実力を発揮できず、退職。一八七一年（明治四年）、神田の邸内に学校を創設する。校名は「共立学校」だった。

しかし五年後、佐野はコレラに罹《かか》り急逝。学校も存続の危機に立たされる。そこで校長を引き受けたのが当時二五歳の高橋是清。のちの内閣総理大臣である。

高橋は、幕府御用絵師の妾の子として生まれ、生後間もなく仙台藩の足軽に養子に出され、高橋を名乗るようになった。その後、横浜にて医師ヘボンに学び英語を身に付け、一八六七年一四歳でアメリカに留学した。そこでだまされ、奴隷として売り飛ばされる。江戸幕府が滅びたと聞いて自力で交渉を続け奴隷契約を解除してもらい帰国した苦労人である。「生きる力」の塊のような人物だ。

高橋の学校運営の方針はシンプルだった。一八七九年（明治一二年）の新聞には、「東京大学予備門の教員を招いて正則英語を教授し、同予備門への合格を目指す学校である」と明記している。今で言えば、東京大学教養学部の先生を連れてきて、東大への受験対策を行わせるようなものである。やや反則に近い。しかしこれが当たった。噂《うわさ》を聞きつけてわざわざ愛媛県の松山から上京して共立学校に通ったのが、『坂の上の雲』の秋山真之であり、正岡子規であったのだ。

しかし、一八八六年（明治一九年）に学校令が発布されると、地方にも中学校や高等中学校が整備されたため、上京してくる生徒が減った。しかも一八九〇年には高橋が、ペルーで鉱山を経営するために校長を辞めた。経営は行き詰まった。ついに一八九五年、共立学校は私立から府立に移管する願いを出した。つまり一度は公立の学校になったのだ。

この時「府立共立学校」ではつじつまが合わないというわけで、中国の古典『易経』の中にある「開物成務」から「開成」の字を取り、校名とした。「開物成務」とは「人としての知性・人間性を開発し、人の成すべき責務・事業を成し遂げる」という意味である。東京大学の前身である「開成所」とは関係ないが、そのブランドイメージを利用する意図もあったと考えられる。

ところが、府立では思い通りの教育ができない煩わしさがあった。そこで一九〇一年再び私立に復帰する。

一四〇年以上の歴史ある伝統校ではあるが、一九六〇年代までは東大合格者ランキングの上位一〇校に入ったり入らなかったりという位置にいた。急成長したのは一九七〇年代に入ってからである。三つの外的要因と一つの内的要因があったと考えられる。

外的要因の一つめは、一九六七年の学校群制度による都立離れ。さらに一九七四年には高校不足に陥っていた東京都の要請を受けて、高校から二クラスを募集することにした。優秀な受験生が入ってくるようになった。二つめは一九六九年から一九七〇年にかけて全国の高校で起こった高校紛争。荒廃する高校を嫌った受験生が、比較的混乱の少なかった開成に集まった。三つめは国鉄西日暮里駅の開設。一九六九年の千代田線の開通に合わせてできた。もともとは田端駅か日暮里駅から歩かなければならなかったが、期せずして、国鉄と地下鉄の二線が通る駅前の好立地を得たのである。これにより通学可能圏が一気に広がった。

内的要因としては、一九七〇年からの学校民主化が挙げられる。校長以外の管理職を置かず、意思決定は教員会での多数決によるものとした。教員の給与も上げた。教員の裁量が増し、モチベーションは向上し、さらに優秀な教員が集まるようになった。生徒に対しても坊主頭の強制をやめるなど、自由で伸びやかな学園生活を保証した。これにより生徒たちの自尊心と自主性が刺激された。

外的要因と内的要因がピタリと重なった。開成一〇〇周年でもあった。

そこから進学実績を急伸させ、一九八二年以降現在まで、東大合格者ランキングで一度も首位の座を他校に譲っていない。二〇〇人以上の合格者を出す年もある。そのため、ガリ勉ばかりの進学校だと誤解されやすいが、実際は違う。質実剛健かつ自由な校風の中で、たくましい青年が育っているのである。

柳沢校長が生徒たちによく言うセリフがある。「学問とはそれ自身が尊いものではない。

学べ、学べ。学んだすべてのものを世の人のために尽くしてこそ、価値があるのだ」。まさに「開物成務」の精神だ。ヨーロッパにおけるエリート教育の精神「ノブレス・オブリージュ（高貴なる義務）」とも通じる。

財界、中央省庁をはじめ、各界に卒業生を輩出しているが、特に有名なところでは、民俗学者の柳田國男、演出家の蜷川幸雄、読売グループの渡邊恒雄、マネックス証券の松本大などがよく挙げられる。

開成の同窓会は二〇一五年度から、学力はあるのに経済的理由で開成に通えそうにない高校受験生に対し、入学金、授業料などを免除する奨学金制度を設けた。採用候補者数は約一〇人を予定し、入試に合格すれば奨学金を給付する。開成ＯＢの気概を感じる制度であると私は思う。

開成のこれからについて柳沢校長は、「質実剛健、開物成務、ペンは剣よりも強しの精神、自由。これらを頂とする教育の根本は変えない。ただし、時代のニーズに合わせて頂に至るルートは柔軟に変えていきたい」と言う。

人生を自由に生きる術《すべ》を伝授する——麻布（東京都・私立）

制服はない。生徒手帳もない。校則もない。校則代わりにある不文律は三つ。「下駄ばき禁止」「麻雀《マージャン》禁止」「授業中の出前禁止」。麻布がいかに自由であるかを物語るネタの一つである。

下駄が禁止なのは床が傷むから。麻雀が禁止なのは、賭けにつながり友人関係を壊すから。授業中の出前が禁止なのは、皆が授業に集中できなくなるから。ちなみにこれらの禁止事項はすべて実際にそういうことが起きてから作られたものである。要するに、学校を傷付ける行為、友人関係を壊す行為、他人を邪魔する行為は、校則などなくても自重しろということだ。

頭髪に関する決まりもないので、特に文化祭や運動会の前になると、ピンクや緑に髪を染めた生徒たちが増える。当人たちにお洒落《しゃれ》の意識はない。お祭り騒ぎを盛り上げる一種の風物詩的なものである。

それだけはっちゃけた学校でありながら、実は戦後新学制に移行して以来、七〇年間近く一度も東大合格上位一〇位から外れたことのない唯一の学校でもある。それゆえ最近では「謎の進学校」などとも呼ばれる。ちなみに、七〇年近くも一〇位以内にいるのに、一度も一位になっていないという詰めの甘さも麻布らしい。

創立者は江原素六。一八四二年、江戸の下級武士の子・鋳三郎として生まれた。教育家の近藤眞琴の洋学塾（現在の攻玉社の源流）で蘭学や洋算を学び、幕臣として、長州征伐などにも加わるが、一八六八年には鳥羽・伏見の戦いで敗れ、銃撃の中を命からがら江戸に逃げ戻る。さらに新政府軍に追い詰められ、市川・船橋戦争では敵将に危うく殺されかける。朝敵となった鋳三郎は、銃弾三発を脚に受けながら、徳川幕府ゆかりの沼津まで逃げのび、水野泡三郎というダジャレのような偽名を名乗って潜伏する。すべてを失った。

明治になると、江原素六を名乗り、静岡藩少参事・軍事掛に任命され、沼津兵学校を統括。兵学校と言っても軍事教育のみでなく、英語、フランス語、万国地理、万国史、経済、天文、代数、幾何などを教える、当時の日本における最高水準の学校だったと言われている。

一八七一年（明治四年）には欧米視察団の一員として渡米。帰国後は沼津を拠点に殖産、教育、医療に力を注いだ。キリスト教に改宗もした。また、板垣退助と出会い、自由民権運動にも加わった。一八九〇年（明治二三年）初の衆議院選挙で当選し、それ以後永らく議員であり続けた。

一八九三年（明治二六年）、江原はカナダ・メソジスト教会の要請を受け、東洋英和学校の校長に就任する。しかし当時、同学校は各種学校に分類されており、卒業しても上級学校への進学資格が認められなかった。そのために生徒が集まらず、学校経営は窮地に陥っていた。そこで江原は決断する。一八九五年、江原は別個の学校として、尋常中学東洋英和を設け、自ら校長に就任した。さらに同年校名を麻布中学校に変えた。すぐさま当時の第一高等学校（帝国大学の予科）への推薦試験資格を得て、好成績を上げ、人気を集めた。

以上から、武士道とキリスト教と民主主義の精神の三要素が麻布の教育の根底にあることが分かる。

しかし一八九九年（明治三二年）、文部省は中学における宗教教育を禁じた。従わなければ上級学校への進学資格は得られなくなる。再び江原は苦渋の決断をする。通達を受けすでに学校廃止を決めたカナダ・メソジスト教会との関係を断ち、麻布中学を独立させた。資金はないが、そこは人徳のなせる業。江原の元に多額の寄付金が集まった。一九〇〇年、現校地に移転した。

江原はその後、文部大臣や外務大臣に推されたこともあったがすべて固辞した。東京女子大の学長就任を要請された時も、麻布を早稲田のような大学に発展させようという話が持ち上がった時も断った。生涯麻布の校長でいることにこだわった。中等教育こそ未来を作ることだと江原は考えていた。

江原が青年に向ける目は常に温かかった。すべてのやんちゃを見越して、温かく包み込んだ。生徒が投げ捨てたゴミを見つければ、自ら拾い何も言わずにゴミ箱へ捨てた。また寮生が当時品川にあった歓楽街で遊び、朝帰りして寮長につかまった時には、江原は「朝帰りをつかまってはさぞかし弱ったろうな」と笑うだけでそれ以上のお咎《とが》めはなかった。その器の大きさが生徒たちの手本となった。

江原は東京に家を持たず、生徒と同じ寮で暮らした。夜な夜な生徒と連れ立って銭湯に出かけ、戊辰戦争の思い出を語った。生徒たちもそんな江原を「江原さん」と呼んで慕った。権力にも財力にもおもねらず、自分の信念に従って自由に生きる術を、江原の背中から学んだ。

その後も麻布は経営母体のないまま学校を存続している。校舎の改築が必要となればその都度寄付を募った。卒業生たちの愛校心がほぼ唯一のよりどころなのである。

例えば二〇一二年麻布は卒業生に体育館新築のための寄付を呼びかけた。目標金額はなんと二億五〇〇〇万円。しかし二年も経たないうちにその全額が集まった。学校単体ではなく、卒業生の力までもが麻布の財産なのだ。

卒業生には、福田赳夫、谷垣禎一、与謝野馨など政治家が多い。元経済産業省の古賀茂明も卒業生。文芸界では吉行淳之介、なだいなだなど。芸能界では俳優のフランキー堺、ジャスピアニストの山下洋輔、脚本家の倉本聰、アナウンサーの桝太一が有名。卒業生の活躍の幅の広さが自慢だ。

そんな麻布にも危機があった。一九六九年から一九七一年にかけての学園紛争だ。この時期全国の高校で紛争が多発したが、麻布は特に重症だった。

紛争初期のどさくさに紛れて校長代行に就任した山内一郎は、生徒に対しても教員に対しても強硬姿勢をとった。まるで独裁者だった。気に食わない教員を解雇する一方で、勝手に縁故入学を認めるなど、学校を私物化した。

しかし江原素六の自由主義と民主主義の精神を引き継いでいる生徒も教員もそれに黙ってはいなかった。生徒たちだけでなく、教員の一部も労働組合を結成し、対抗した。

一九七一年の文化祭では、機動隊とデモ隊が学内で衝突した。その後無期限の臨時休校になった。いわゆる「ロックアウト」である。義務教育の中学までもがロックアウトしたのは全国でも麻布だけだった。

ロックアウトが解除されたのは三八日後。直後に開かれた全校集会で、山内校長代行は生徒たちから糾弾され、退任に追い込まれる。全国の高校紛争でも珍しい、生徒側の勝利だ。「麻布の自由は与えられたものではない。勝ち取ったものである」と言われる所以《ゆえん》だ。

蛇足になるが、山内校長代行が在任中に二億五〇〇〇万円もの業務上横領をしていたことが、後日発覚している。やはり筋金入りの悪人であったのだ。その山内も実は麻布の卒業生であったのだが。

学園紛争までの麻布の自治は、あくまでも学校の定めた規律に抵触しない範囲での自治であり、本当の自治ではなかった。学園紛争を経て「誰かに定められた規律によるのではなく、自ら定めた規律に従う時にのみ、自由である」という理念が生まれたのだ。生徒だけでなく、教員も自由を体現し享受する主体であることが、麻布関係者の共通理解となった。

校風に自由を標榜《ひょうぼう》する学校は多い。しかし中でもことさら麻布が自由な学校の代名詞であるとされるのには、こういった経緯がある。

麻布は単に自由な学校なのではない。江原素六が乱世を生き抜く中で身に付けた「人生を自由に生きる術」を伝授する学校なのだ。麻布で時々起こる不祥事は、自由という魅力的だが危険なものの取り扱いを間違えたがために起こってしまう事故である。それにどう対処するかも含めて、麻布の教育なのである。

少なくとも三兎《さんと》を追え――浦和（埼玉県・県立）

放課後の教室。生徒たちは自分の机の周りに大量の菓子パンや飲み物を並べ、問題集を解いている。問題集が入ったダンボール箱を足下に備えるなど、それぞれに工夫をして、自分の「勉強部屋」をカスタマイズしている。教室後ろの黒板を用いて、何やら難解な数学の問題を教え合っている生徒もいる。

広いグラウンドに出ればラグビー部が練習をしている。埼玉県の強豪で、二〇一三年には花園に出場した。他にも関東大会やインターハイ出場の成績を残している部活は多い。全生徒のうち約七割が運動部に所属している。

さらに、体力勝負の行事もいろいろある。五月の新入生歓迎マラソンでは全校生徒で一〇キロを走る。上位入賞者は当然三年。一年生は力の差を見せつけられる。七月には臨海学校で遠泳。一一月には約五〇キロを七時間以内に歩く強歩大会。一二月にはスキー教室を開催する。

県立浦和高校通称「浦高《うらこう》」と言えば、関東の公立高校では一、二を争う進学校。しかし生徒たちは勉強だけをしているわけではないのだ。ペーパーテストの成績だけでなく、体力テストの成績もいい。一五〇〇メートル走では、浦高生の平均は全国平均よりも約二〇秒もタイムが短いという。

教育理念は「尚文昌武」。「文武両道」とほぼ同じ意味。そして「少なくとも三兎を終え」が合言葉だ。三兎とは勉強、行事、部活。要するに、生徒にどんどん負荷をかけ、無理難題に挑戦させるのが浦高のやり方だ。

卒業生であり宇宙飛行士の若田光一さんは二〇〇九年、国際宇宙ステーションに「尚文昌武」の旗を持ち込んだ。卒業生には中央官庁で活躍する人物が多い。変わったところでは元外務省官僚の佐藤優、ミュージシャンのタケカワユキヒデ、タレントの愛川欽也、Jリーグチェアマンの村井満、心臓外科医の天野篤もOBだ。

尚文昌武の理念に鑑み、部活の時間を削って勉強をさせる発想は浦高にはない。補講の類を行う場合は、部活時間を避けて、早朝か昼休み、および部活後の一八時三〇分から二〇時などに設定する。そのために教員は本来の始業時間前に出勤したり、部活が終わる時間まで生徒を待っていたりする。部活が終わってからも勉強できるように、教室は二一時まで開放されている。

部活と補講を終えてから帰宅した時には、いくら育ち盛りの男子とはいえ体力の限界。そんな中で勉強しても効率が上がらないのは自明。そこで浦高では、しっかり睡眠を取ってから早朝に学校に来て勉強するように指導している。そのために朝は六時に開門する。

あるラグビー部の生徒は、一年の頃から毎朝一番で登校し、授業までの時間で予習復習を終わらせ、部活後に補習を受けて、帰宅したらすぐに寝る生活を繰り返し、見事現役で東大に合格した。

要するに、生徒たちは一日のほとんどの時間を学校の教室で過ごすのだ。自宅には、ほぼ寝に帰るだけ。「むしろ浦高に帰る三年間だった」と卒業生たちは振り返る。クラスメイトはまるで同じ釜の飯を食った仲間のような連帯感で結ばれる。

それだけやっていれば塾に通う時間などない。約七割は三年間、一切塾などに通わずに大学受験に臨む。

浦高では毎日の授業が勝負。「伝説のプリント」と呼ばれる秘蔵の教材の蓄積もある。特に英数国の三教科に関しては頻繁にテストを行い、基礎学力の定着を確認する。進度も速い。二年間でほぼ高校三年分の内容を終えてしまう。三年生ではほとんどの時間を演習に充てる。問題を解き、生徒が解法を発表する形式だ。夏休みには、一年生向けの基礎講座から三年生向けの東大対策講座まで、約六〇の講座を開講する。授業は教員たち自らが行い、しかも教材費以外はすべて無料である。

浦高生の辞書に「不可能」という文字はないようだ。実際、浦高では、部活にも行事にも最後まで積極的に参加した後受験勉強に取り組み、驚異的な伸びを見せて志望大学に合格する事例が毎年多発する。これを「浦高マジック」と呼ぶ。浦高生の美学を表した言葉でもある。

生い立ちを説明しておこう。公立には公立の、意外にどろどろしたドラマがある。

一八七二年（明治五年）に学制が発布されると、浦和を中心とする旧埼玉県はすぐに県立中学の設立に着手し、一八七五年（明治八年）にはこれができた。全国の中でも最も早かったと言える。さらにその後も私塾を変則中学として学制に組み込んだり、県立ではなく郡立の中学校を独自に作ったりして中学校の整備を進めたが、度重なる制度の変更、政治的なしがらみにより、ついに一八八六年（明治一九年）、県内の中学はすべて廃止されてしまった。

政治的なしがらみとは次のような事情だ。自由民権運動の高まりとともに、県内にも多数の民権結社ができた。特に大隈重信の立憲改進党の党員が県政をリードし、中学校の設置・維持に努めた。しかし、一八八二年（明治一五年）に明治政府から派遣された県令（県知事）は鹿児島県出身で、改進党を中心とする議会と対立を繰り返した。結果、県内の中学はすべて廃止されてしまったのだ。

それから一〇年間、埼玉県には中学校がなかった。派閥争いに巻き込まれ、埼玉県の子供たちは中等教育の機会を失ったのだ。

そもそも江戸時代、埼玉の文化や政治の中心は旧城下町である川越であったはず。しかし、あえて浦和に県庁を構えたのは、明治政府の思惑だろう。福島県で、会津若松ではなく福島に、新潟県で、長岡ではなく新潟に県庁を置いたのも同じ理由。どちらも戊辰戦争で官軍を手こずらせた場所。そこには県庁機能を置きたくなかったのだ。そのために教育機会にもなかなか恵まれなかったのだ。

一〇年後の一八九六年（明治二九年）、県民の期待を背負って開校したのが、埼玉県第一尋常中学校、現在の浦和高校である。

初代校長は弱冠二八歳の石川一。水戸の藩校として有名な弘道館にも勤めた水戸藩士・石川強の長男として、一八六八年に生まれた。江戸幕府の御三家由来の人物、つまり新政府にとってはもともと敵方の血筋を引く者が、干されていた地域にできた学校の初代校長になったのも何か因縁があったに違いない。

しかし、石川はたった一年半で校長の職を辞している。「あるいは埼玉県で政治的、あるいは教育的理念を巡っての確執があったのか。判断すべき一切の手がかりも資料もない」と、浦和高校の百年誌『銀杏樹』には書かれている。

一九〇一年には校名が浦和中学校となる。戦後、浦和中学は浦和高校に改組された。ところで、戦後の教育改革で、公立高校のほとんどは共学になったはずなのに、なぜ浦高は旧制中学時代と同じ男子校のままなのか。実は浦高以外にも、熊谷高校、春日部高校など、埼玉県には男子校がいくつか残っている。

GHQの地方軍政府担当官の方針によって、共学化が厳しく徹底された地域とそうでなかった地域に温度差があったのだ。そのため埼玉県、栃木県、群馬県などの北関東では、特に学力上位校については男子校、女子校のままを維持した。

男女別学がいいかどうかは別として、このことは、学校文化を守るという意味ではプラスに作用したであろう。私立男子校ではよく見られる強歩大会や遠泳などの行事が未だに続いているのも、公立高校では珍しい。

学校文化に含まれるものは、行事だけではない。県トップ校としての誇りや、先輩たちが積み重ねてきた成功体験すべてがそのまま引き継がれる。それが学校の底力になる。

一九七〇年代以降、関東の公立高校が軒並み人気を落としていく中で、浦高が公立王国埼玉の大黒柱として君臨し続けられたのは、その底力が大きかったからではないかと私は思う。

二〇〇一年、浦高は「新世紀構想」を立ち上げた。一〇〇年以上続く全人教育と、進学実績の向上を両立させる施策である。さらに二〇一四年にはスーパーグローバルハイスクールにも指定された。

また、日本の公立学校で唯一イギリスのパブリックスクールであるウィットギフト校と姉妹校提携を結び、交換留学制度などを設けている。ケンブリッジ大学やロンドン・インペリアル大学に合格者を出すなど、その成果が目に見える形でも出ている。

さらにグローバルな世界に生徒および卒業生を送り出すため、浦高同窓会は在校生や卒業生等を対象にした奨学財団を設立した。海外研修のための助成金や海外留学のための奨学金の給付の他、家計が厳しい生徒に対しても在学中の修学資金の助成や大学進学のための費用の給付を行っている。当初資金七千万円を目標に寄付を募る。私立学校に負けない同窓会組織が機能しているのだ。

進学実績が落ちても人気が落ちなかった強烈な校風――済々黌《せいせいこう》（熊本・県立）

二〇一三年春、甲子園のアルプススタンドを黄色い集団が埋め尽くした。黄色いメガホンはもちろん、詰め襟を着た応援団がかぶる校帽にも黄色い線が一周している。済々黌の象徴「キナセン（黄色い線）」だ。熱気に溢れつつも統率の取れた応援に対して、応援団賞の優秀賞が贈られた。二〇一二年夏の優勝校・大阪桐蔭の監督は、三回戦で済々黌と当たった後、「まるでアウェイで戦っているようだった」と讃《たた》えた。一九五八年の第三〇回選抜大会では、初めて優勝旗を熊本に持ち帰った。地元での優勝パレードは、銀座での巨人優勝パレード以上の人だかりとなった。まさに県民の誇りである。

熱血で、元気があり、それでいて一癖ある。熊本県の県民性を表す言葉に「肥後もっこす」というのがあるが、まさにそれが校風といえるような学校だ。

卒業生の絆の強さも有名で、日本各地に同窓会がある。野球に限らず何かの種目で全国大会に出場が決まるとすぐに遠征費用などの寄付が集まるのも自慢だ。政治学者の姜尚中、お笑いコンビくりぃむしちゅーの上田晋也、有田哲平なども同校出身。

済々黌の精神は創立以来語り継がれる三綱領に集約されている。「第一条　倫理を正しうし大義を明らかにす」。つまり徳育が教育の第一に来る。現在では、祖国を愛し、同胞を守り、さらに進んで国際信義を重んじることを意味すると解釈されている。「第二条　廉恥を重んじ元気を振るう」。体育である。「元気」とは為すべきは猛然として為し、為すべかざるは断乎として為さざる「勇気」のこと。「勇気」は、恥を知る心から生まれる。「第三条　知識を磨き文明を進む」。知育。これらの三育併進によって、文武両道の評価も県民の誇りも卒業生たちの活躍もある。

しかしこの三綱領を、制定当時の世相に照らし合わせると、別の意味も見えてくる。大義とは天皇への忠誠を意味していたとも考えられている。急速に西洋化が進み、自由民権運動が盛り上がる中で、日本古来の伝統を軽んじてはいけないと創立者は考えていたのだ。済々黌の存在そのものが、当時の世相に対するアンチテーゼであったのだ。

創立者は佐々友房。佐々は西南戦争において、熊本隊を組織して参戦したが破れた。一〇年の刑を言い渡され、宮崎の牢獄に入れられた。維新の主流派に乗り遅れたのを挽回する目的で薩摩軍に加担したのだが、もはや武力による政権奪取は不可能と獄中で悟った。たまたま体を壊し、自宅療養が許された時に、友人の高橋長秋に学校を作ろうと持ちかける。「国家救済の道はいろいろあるが、国家有用の人物をつくるには教育の効果が最も大きい」。熱っぽく語った。佐々二五歳、高橋二〇歳。これが済々黌の起源となる。

一八七九年、二人は寄付を募りまず「同心学舎」なる学校を作る。しかし三年で廃校。この時、佐々は政治結社「紫溟会」を作り、自由民権思想への対抗を画策していた。佐々の強烈な皇室中心国家主義思想に対して、時代逆行のレッテルを貼る者は少なくなかったが、佐々はさらにその思想を、教育を通じて広めようと、一八八二年（明治一五年）の紀元節二月一一日に済々黌を興す。

つまり済々黌は、もともと特定の政治思想を背景として作られた私立学校だったのだ。

校名は中国の古典『詩経』の「済々たる多士、文王以て寧し」から取った。優秀な人がたくさんいる様子を表す。「黌」とは「学校」を意味する旧字。済々黌では校長を「黌長」、卒業生を「多士」と呼ぶ。初代黌長は、佐々の叔父の飯田熊太。熊本の藩校時習館の出身だった。毎日五里以上の遠足を課し、夏は遊泳、冬は兎狩りを教えた。眼鏡、襟巻き、日傘、手袋さえ禁止し、徹底した質素倹約、鍛錬によって質実剛健の校風を築いた。本物のスパルタ教育である。

一八八三年（明治一六年）五月には宮内省から金五〇〇円が贈られている。皇室中心主義を標榜する教育を視察した参議がそれを陛下に報告したところ、陛下がいたく感激したのだ。これを記念して、済々黌では毎年五月に「恩賜記念大運動会」を開催するのが現在にも続く伝統になった。

天皇のお墨付きを得た。さらに旧藩主・細川護久などからも寄付が集まり、学校経営は安定した。強烈に個性的な教育はたちまち話題となった。

一八八七年（明治二〇年）来校した森有礼文部大臣は佐々と意気投合し、済々黌を絶賛した。九州に一校だけ作る高等学校（五高）の立地には熊本を選んだ。済々黌のおかげで熊本は教育県と知られるようになったのである。また、熊本出身者が中心となって作った教育勅語は済々黌の三綱領を参考にしているという説もある。

一方で熊本には、公立の熊本中学校もあった。紫溟会と対立する九州改進党を後ろ盾にしていた。済々黌とは対照的に欧米信仰とも呼ぶべき教育を行っていた。これが済々黌のライバルになるはずであったのだが、紫溟会はなんと、県議会における数の力を利用して廃校に追いやってしまう。一八八八年のことだった。

これは珍しいケースである。せっかく私立の学校が育っているところに官立の学校が作られ、私立の学校が駆逐されてしまうケースはよくある。しかし済々黌は先手を打って、官立中学を潰してしまったのだ。実質的に済々黌が熊本における「一中」の扱いを受けることになった。

一八九九年（明治三二年）、中学校令が改正された。済々黌は新規定の定員を大幅に超えてしまっているために、第一済々黌と第二済々黌とに分割せざるを得なくなった。さらに、「私立でありながら公立と同等の補助を受ける」という特例が認められなくなったため、一九〇〇年、済々黌は私立から県立に移管された。第一済々黌は熊本県中学済々黌、第二は熊本県熊本中学校になった。そしてこの時にできた熊本中学校こそ現在の県立熊本高校、通称「熊高《くまたか》」である（一八八八年に廃校になった熊本中学とは無関係）。

熊本中学校の初代校長・野田寛はモットーとして「士君子」を掲げた。イギリス風のジェントルマンのニュアンスである。純和風でバンカラな済々黌との差別化を図るためだ。この校風の違いが今でも熊高と済々黌の違いとなって脈々と受け継がれている。

分割されても、済々黌の人気は磐石だった。評判は全国に轟《とどろ》き、東郷平八郎は息子をわざわざ済々黌に通わせた。一九一三年（大正二年）には中国の革命家孫文まで来校した。

戦後、学校名も三綱領も破棄の危機にさらされた。GHQは国家主義的思想を厳しく取り締まったからだ。なんとかそれは免れたものの、共学化は免れなかった。「あのバンカラな済々黌に女子が通うのか」と、大変な反発があったようだが、さすがの済々黌もこの時代の流れには逆らえなかった。

一九七〇年代、済々黌は進学実績で熊高に水をあけられていた時期もあったが、校風の違いからか、済々黌の人気は落ちなかった。これぞ名門校が名門校たる所以の一つではないだろうか。進学実績以上の価値を、地域の人々が認めているのである。

現在熊本の進学校と言えば、熊高と済々黌がツートップ。両校は激しいライバル関係にあるのかと思いきや、そこはもともとは同じ学校。今でも「一幹両枝」というほど親近感があるらしい。

ちなみに一九九〇年前後に、済々黌を私立に戻そうという気運が、同窓会メンバーの一部で盛り上がったという。買い取りにいくらかかるか、実際に県に問い合わせたところ十数億という額を提示され、諦めた。

しかしもし今後、教育行政がおかしくなり、済々黌の伝統を否定する施策が押し付けられるような事態が起こったなら、済々黌の多士は黙ってはいないだろう。寄付金を集めて本当に学校を買い取ってしまうのではないかと、私は思う。

江戸時代から大正時代までの学校年表

江戸時代	**幕府や諸藩が設けた学校（いわゆる藩校など）と寺子屋私塾等** 明治以降の学校制度化・近代化の基盤。ただし、教育や文化の面における各地域の異質性や独自性およびそれらの間の格差は著しかった
１８６７年（慶應３年）	**大政奉還。王政復古の大号令**
１８６８年（慶應４年／明治元年）	**戊辰戦争。五箇条の誓文**
１８６８年（慶應４年／明治元年）	**日本初の「小学校」の名称を用いた「沼津兵学校附属小学校」設立**
１８６９年（明治２年）	**東京遷都。版籍奉還**
１８６９年（明治２年）	**京都府が市内に64の「番組小学校」を設立**
１８７０年（明治３年）	**「大学規則」および「中小学規則」** 欧米の学校制度をモデルとした。「大学本校（旧昌平坂学問所跡の本部と国漢学校を合併したもの）」を閉鎖。「大学南校（旧開成学校〈洋学校〉）」と「大学東校（旧医学校）」のみを「大学」とした
１８７１年（明治４年）	**廃藩置県** そのわずか４日後に文部省設置、欧米の学校制度をモデルとしてただちに学校制度構想の立案に着手
１８７２年（明治５年）	**「学制」** 基礎的な学校教育を全ての人々に付与しようとする制度構想。個人主義、実学主義を標榜。民衆の自発的参加と教育費の受益者負担を原則とする。行政区とは別に教育区を全国に設置することを構想。全国を8の大学区、２５６の中学区、５万３７６０の小学区に分け、区ごとに各1校を設置する計画を規定（翌年7大学区に改正）。中でもまず小学校の設置に注力。明治8年には現在とほぼ同数の2万４０００校以上が設立されたが、それでも目標の半分にも満たなかった。実質的な就学率は26%程度だったと推測されている。「中学」については、工業学校、商業学校、農学校や中学私塾も含まれていた。初等教育と高等教育に重点が置かれており、中等教育については地域民衆の自主性にゆだねる方策だった。公立の中学校は、明治7年11校、10年31校、12年１０７校生徒数７７８６人。私立の中学校は、明治7年21校、10年３５８校、12年７８４校生徒数３万２２４３人。うち約７割は１学校１教員だった。中等程度の外国語学校は、明治８年に公立８校私立86校を数える。女子のみの中学校および外国語学校は明治９年７校、11年15校
１８７７年（明治10年）	**西南戦争**

1877年（明治10年）	**東京開成学校（旧大学南校）および東京医学校（旧大学東校）を合併し、東京大学設立**
1879年（明治12年）	**「教育令」** アメリカにならい教育の地方分権化を推進。行政的規制を緩和。学区制を廃止、町村を基礎に小学校設置。ただし中学校の設置は不十分だった。小学校の他は男女別学が原則とされた
1880年（明治13年）	**「改正教育令（第二次教育令）」** 文部省および府県当局の権限強化。「中学校」の規定が厳格化。約630の私立中学校が「各種学校」とされた。この後「実業学校」や「高等女学校」が出現
1885年（明治18年）	**内閣制度創設** 初代文部大臣・森有礼。教育制度の大改革が始まる
1886年（明治19年）	**「教育令」を廃止。「帝国大学令」「師範学校令」「小学校令」「中学校令」** 学校制度の基礎が確立。東京大学を軸とし他の官省設立の専門教育機関を統合した帝国大学を設置し、それへの入学者を育成する高等中学校を全国に5校設け、各府県に1校の公立尋常中学校と、各群に1～2校の高等小学校と、各町村の尋常小学校を配す。教員養成制度については高等師範学校（全国に官立1校）と尋常師範学校（各府県に府県立1校）の2段階から成る師範学校制度を設立
1889年（明治22年）	**大日本帝国憲法発布**
1890年（明治23年）	**帝国議会開会**
1890年（明治23年）	**「教育勅語」** 軍内部の思想統一に貢献した「軍人勅諭」に倣って徳育方針として策定
1890年（明治23年）	**「第二次小学校令」**
1891年（明治24年）	**「中学校令」改正** 府県立中学校の1府県1校の制限を撤廃。高等女学校が中学校の一種とされる
1894年（明治27年）	**日清戦争**
1894年（明治27年）	**「高等学校令」** 実質的に帝国大学への進学者の基礎教育機関となっていた従来の「高等中学校」を、「高等学校」として「中学校令」から分離独立
1895年（明治28年）	**「高等女学校規程」** 高等女学校としての条件について初めて明文化
1897年（明治30年）	**京都帝国大学設立。旧帝国大学は東京帝国大学に改称**

1899年（明治32年）	**「中学校令」「高等女学校令」「実業学校令」公布** 第2次世界大戦終了まで続く中等学校制度の基本型が成立。「高等中学校」がすでに「高等学校」と呼ばれるようになっていたので、「尋常中学校」が「中学校」とされた。「高等女学校」が「中学校令」から独立。入学資格は年齢12歳以上高等小学校2年修了、修業年限は4年を原則とし、土地の事情により1年の伸縮を認めた。私立の高等女学校も認められた
1900年（明治33年）	**「第三次小学校令」** 4年制の無償制を原則とする義務教育制度が確立。明治35年には就学率が9割を超える
1903年（明治36年）	**「専門学校令」** 地方大学として考案された高等学校が予期に反して帝国大学への進学準備教育としての大学予科主体の教育機関となってしまったために、帝国大学以外のすでに成立している専門教育機関を学校制度体系に組み込んだ。これにより数多くの官公私立の専門学校が出現した。一定の基準を満たした専門学校は「大学」を名乗ることも許された
1904年（明治37年）	**日露戦争**
1907年（明治40年）	**義務教育年限を6年に延長。小学校教科書、文部省編纂による全国統一化**
1911年（明治44年）	**「高等中学校令」** 高等学校を高等中学校に改め、大学予科としての機能を消滅させる目的であったが実施されず
1914年（大正3年）	**第一次世界大戦開戦**
1918年（大正7年）	**第一次世界大戦終戦**
1918年（大正7年）	**「大学令」** 官立の帝国大学の他に公立、私立の大学を認めた。初の公立大学は、大正8年の大阪府立大阪医科大学。9年に愛知県立愛知医科大学、10年に京都府立医科大学、11年に熊本医科大学などが相次いで設立される。大正9年に慶應義塾大学と早稲田大学が初の私立大学として認可。同年、明治大学、法政大学、中央大学、日本大学、國學院大学、同志社大学も認可。大正中期から昭和10年代にかけて専門学校を含めた高等教育機関は、学校数で約2.5倍、生徒数で約3・7倍に増加した。
1918年（大正7年）	**「改正高等学校令」** 従来の大学予科ではない7年制の新たな高等学校が制度化される。高等科3年、尋常科4年。高等科3年のみの学校も認められた
1919年（大正8年）	**「改正帝国大学令」** 昭和6年に大阪帝国大学、14年に名古屋帝国大学が設置される

第三章　藩校からの系譜

現在の学習塾と同じくらいの寺子屋があった

明治以降、欧米の学校を模した学校が日本全国に作られるようになった。しかしそもそも「学校」などというものを見たこともない人たちが学校を作らなければいけなかった。しかも大急ぎで。さてどうするか。何かしら、似ているものを探して加工するのが手っ取り早いと考えるのが自然だろう。乱暴な例えだが、使われなくなった寺を教会に改築するようなものだ。

江戸時代からあった教育機関として有名なのは寺子屋だ。江戸末期、全国には約一万の寺子屋があったとも言われている。江戸末期の日本の人口は三〇〇〇万人弱と言われているので、人口約三〇〇〇人に一つの割合で寺子屋が存在した計算だ。これはちょうど現在の日本の人口約一億三〇〇〇万人と学習塾の数約五万の割合に近いと考えると、当時の様子がイメージしやすいだろう。

麻布の創立者江原素六は、学問に理解のない下級武士の家に育ち、幼い頃は寺子屋にも通わせてもらえなかった。しかし伯父が江原の才能に気付き、寺子屋に連れて行かれた時には「涙が出るほど嬉《うれ》しかった。今でも何とも言いしれぬ感にうたれる」と後に回想している。

またある寺子屋の教師は江原の才能に惚《ほ》れ「教材は貸す、月謝も要らない、だからこの子を教えさせてほしい」と江原の父に懇願したという。江原の父親に怒鳴られても引かず、ついには江原を預かることになる。その時のことを江原は後年「私は長らく教育に従事している経験中にそういうような小言を言われても悪口を言われても謝りつつ人の子を教えるというようなえらい親切な熱心な人の事を思い出して、自分のさほど親切ではないことを嘆くのであります」と自著の中で振り返っている。

寺子屋から小学校へ引き継がれたものとは?

学びたいという意欲に溢れている子供と、教えたいという意欲に溢れている教師が出会う場所。それが日本の民間教育の祖・寺子屋だったのだ。江戸時代には寺子屋以外にも、私塾、寺の学校、教諭所、心学講舎、郷校、報徳教などと呼ばれる様々な教育機関ができていた。当時の日本の識字率は世界トップレベルであったとか実はそうではなかったとか諸説あるが、庶民のレベルにまで学びの意欲が浸透していたことは間違いがないだろう。

これを利用しない手はなかった。

これらの多くは、多少は学問のある者が自宅で近所の子供たちを集めて『論語』を読ませたりそろばんをやってみたりする程度のものだったから、そのままで近代的な学校になるわけではない。しかし逆に学校とは、壁と屋根があって、子供と教師がいればできるというものでもない。黒板と机と椅子を用意しても足りないものがある。学びたい意欲と教えたい意欲だ。

寺子屋などの教育機関が、近代的な小学校に引き継いだものは、施設や設備や教育内容ではなく、学ぶ側と教える側の意欲であったと考えられる。まるで小さなろうそくの火が持つその熱量を、大きなたいまつに移し替えるようなものである。

一八七五年（明治八年）時点で、全国の小学校の数は約二万四五〇〇。そのうち約四割は寺院の借用、約三割は民家の借用だった。

初期の中学校の約七割は一学校一教員

寺子屋などでの修業を終えた庶民の子供たち。男子は若者組や若衆宿、女子は娘組や娘宿などと呼ばれる地域の共同体の中で、一人前の大人になるための訓練をした。地域の青年会のような集団の中で青年同士、先輩が後輩を指導したのである。

一方武士の子は、藩校で学んだ。藩校は一七世紀頃から、塾のような形で始まったと言われている。一八世紀には大規模な学校形式のものが増え、一九世紀にはほぼ全国に普及した。主に、支配者階級としての学識と徳を教える目的であった。その多くは儒教思想に基づいていた。有名な藩校としては、会津の日新館、水戸の弘道館、長州の明倫館、佐賀の弘道館、熊本の時習館、鹿児島の造士館などが挙げられる。

学制発布後、藩校の一部は旧制の公立中学校に姿を変えたと言われている。寺子屋や私塾、そして藩校が明治以降の学校の基盤となったというのが定説だ。

ただし、一八七一年（明治四年）には廃藩置県があり、その時に原則的には藩校も制度上一度廃止されているはず。さらに、藩校として教えていたものは基本的に儒学思想に基づくものであり、明治以降に求められた欧米式の学校の教育内容とは異なる。それなのになぜ藩校の系譜を引き継ぐ学校が存在するのだろうか。

これも前述の寺子屋が小学校に変わるのと同じ、ろうそくの火をたいまつに移し替えるようなものだっただろうと私は推測する。

一八七八年（明治一一年）の時点で、公立中学校のうち約七割は一学校一教員だった。いきなり今のような学校ができたわけではなく、初期はほとんどがごく小規模なものだったのだ。

藩校の「ノブレス・オブリージュ」

先ほどから「藩校」という言葉を幾度も使用しているが、そもそも「藩」という制度は実は江戸時代にはなかった。各大名が治めていた土地は「領分」であり、一般には「藩」という呼び方はされていなかった。

「藩」という呼び名が定着するのは実は明治に入ってから。一八六九年（明治二年）の版籍奉還以降のことである。版籍奉還によって、土地と人民が朝廷のものとなり、各大名領は「藩」と呼ばれるようになり、朝廷による統治機構の一部に位置づけられた。

そしてそのたった二年後、一八七一年の廃藩置県によって「藩」が廃止され、「県」になるのであるから、「藩」という呼称が公に使われたのは日本の歴史の中でたった二年間であったことになる。

つまり「藩校」という呼び名も、後から付されたもの。制度や教育内容としても地域による差違が大きく、共通して言えるのは、各大名領に、支配階級としての学問を修める「場」があったということだけである。西洋風に言えば、「ノブレス・オブリージュ（高貴なる義務）」を身に付ける場所であった。

しかしこれが良かったと私は思う。もし藩校が、画一的な制度によって全国的にその枠組みが規定される、自立的ではない組織だったとしたら、廃藩置県とともにすべての藩校が消滅していたであろう。引き継がれるものも何もなかったはずだ。ところが、藩校の実質は、各土地の文化や状況に応じた単なる「学びの場」であった。「藩校」という枠組みは消えても、ノブレス・オブリージュを受け継ぐ、「学びの場の空気」は消えなかったのであろう。いや、消さなかったのであろう。

むしろ、維新の嵐の中で、地域の誇りや自己同一性を求める意識は高まっていたに違いない。藩校は、そのよりどころとしての機能を果たしたはずだ。学制が発布され、中学校を作る段になって、積極的に藩校にあった「場」の空気こそを再利用したに違いない。

廃藩置県を生き延びた藩校の「志」

表面的に捉えれば、廃藩置県で藩校は途絶えたはずである。しかしそのような捉え方では教育は語れない。教育という営みが、世代を超えて何を受け継いでいるのかは見えてこない。

社会の仕組みが変わっても、変わらないものがある。革命によってすべての財産を奪われても、決して奪われないものがある。教育とはそういうものを後世に引き継いでいく営みではないだろうか。どこかの国で新しい国境が引かれても、民族の自己同一性が消えてなくならないのと同じである。

儒学を学ぶのか国学を学ぶのか洋学を学ぶのかはさしたる問題ではない。世代を超えて受け継がれてきた「学びの場」に蓄積された「志」こそが財産なのだ。噛《か》み砕いて言えば、

「なぜ勉強するのか」という目的意識、「やればできる」という成功体験、「自分は何者なのか」という自己同一性など。これらが共有された「場」にある「共同体意識」こそが、学校の正体であり、教育力の源泉であろうと私はほぼ確信する。

例えば戊辰戦争で辛酸をなめた会津の人々が、それでも会津を誇りに思い、日新館の威風を語り継ぐのは、会津藩や日新館というブランドにあやかりたいからではない。仮に負け組と呼ばれ、貶《おとし》められようとも、決して奪えない、奪われてはならないものがあるという「誇り」こそを引き継ごうとしているのだ。それこそが人にとっての財産であるからだ。

そして、そのようなことが理解できる視野と認知と感性を持ち合わせた人を育てることこそが教育の究極的な目的の一つなのではないだろうか。人々が「名門校」に感じる一種独特の匂いとは、こういうところから発せられているのではないだろうか。

藩校以来約三五〇年の歴史を誇る高校も

藩校からの系譜を今に受け継ぐ学校を紹介する。

多くの藩校が明治に官立の中学へと姿を変えた。戦後は高校に改組した。代表的なところでは、会津の日新館の流れを汲む会津高校（福島県）、岡山の仮学館の流れを汲む岡山朝日高校（岡山県）、松山の明教館の流れを汲む松山東高校（愛媛県）、佐賀の弘道館の流れを汲む佐賀西高校（佐賀県）などがある。それぞれ各県を代表する高校として今も特別な存在である。

岡山の仮学館は一六六六年に始まったとされているから、その頃から数えれば、約三五〇年の歴史を持つということになる。

松山東は、第二章の開成の紹介の中でも触れた、『坂の上の雲』の主人公・秋山真之や正岡子規が通った学校。二人は当時の松山中学（現在の松山東）に入学後これを中退、上京し共立学校（現在の開成）に学ぶのである。ちなみに開成と松山東は、全国高校俳句選手権大会通称「俳句甲子園」で競うライバル同士。言わずもがな正岡子規が結んだ縁である。そのようなところでも「志」は受け継がれていくのだ。

さてここから、数ある公立伝統校の中からその代表として、藩校の名称をそのまま受け継ぐ福岡県立修猷館高校と、藩の城の愛称を受け継いだ鹿児島県立鶴丸高校を紹介する。さらに、藩校の系譜でありながら、公立ではなく私立に転じたユニークなケースである広島県の修道も紹介する。

修猷を誇るな、修猷が誇る人になれ——修猷館（福岡県・県立）

入学すると直後に、応援団が新入生に応援歌と館歌（校歌）を教え込む。「これが修猷館入学のイニシエーション（儀式）」と小山潤教頭は言う。

高三の秋の運動会が修猷館での集大成。運動会は生徒たちの完全自治によるのが伝統だ。「夏休みの間も多くの生徒が運動会の準備に追われる。でも運動会がなければ多分大学受験もうまくいかなくなると思う」と進路部長の境智毅教諭は言う。自分たちだけでやりきった自信が修猷館での三年間の総仕上げとなる。

校則や校訓のようなものはない。例えばスマホの扱いに関しても、禁止もしなければ認めもしない。自分で正しく判断しろというメッセージである。

授業においても自治を求める。予習は大前提。いちいち指示することはない。「いい意味で不親切」と小山教頭。しかし一方で、例えば定期試験の結果が悪ければ、何度でも再試験を行うという徹底した一面もある。

創立は一七八四年。黒田藩の藩校・東学問稽古所修猷館として開校した。開校の際に掲げられた孔子聖像は、今も受け継がれている。実に二三〇年以上の歴史を有する伝統校であり、卒業生には第三二代内閣総理大臣広田弘毅がいる。

廃藩置県で一度は廃校になる。県立中学として再興されようとした時、藩校名を引き継ぐのはふさわしくないので別名にせよと言う文部大臣に対して旧藩士が猛反発。旧藩主・黒田長溥は「学校経費は全額黒田家が出すから館名を残せ」と押し通した。以来、「世のため人のために尽くす」気概と、「質朴剛健」「不羈独立」「自由闊達」の気風が続いている。

明治の初代館長（校長）隈本有尚は、東大予備門教諭をしていた人物で、教え子には夏目漱石、正岡子規、秋山眞之、南方熊楠らがいた。夏目漱石の『坊ちゃん』に出てくる、正義感の強い数学教師・山嵐のモデルとも言われている。隈本が、現在にも続く校章の「六光星」を制定した。六光星は北極星を模ったもの。永遠に揺るがぬ人生の指針、つまり「不易」を表す。

押しも押されもしない福岡県のトップ校である。それをたしなめるかのように、「修猷を誇るな、修猷が誇る人になれ」という言葉がある。これなどは名門校らしいと私は感じる。ブランドにすがる人間ではなく、ブランドにふさわしい人間になれという意味だ。

冒頭の「イニシエーション」からも想像が付く通り、上下関係が厳しいのも校風の一つ。単に厳しいのではない。先輩から後輩へ受け継ぐべきものがそれだけたくさんあると言ったほうがより正確だろう。

一月に行われる「予餞会」は、大学受験と卒業を目前に控えた三年生と後輩の間でお互いにメッセージをぶつけ合う儀式。二〇一四年一月の予餞会にて、三年生の代表が「修猷館では、手を挙げれば必ずみんながフォローしてくれる。まず自分が手を挙げる人間になれ！」と呼びかけた。これは大変優れた二重の意味を持つメッセージだと私は思う。「自ら手を挙げろ」は第一のメッセージである。同時に、「必ずみんながフォローしてくれる」が、「誰かが勇気を持って手を挙げたなら、必ずフォローしてやるんだぞ」という第二のメッセージになっている。

これを小山教頭は「修猷らしい」と言う。修猷館には、リーダーシップはもちろんフォロワーシップも大切にする文化があるのだ。それを学ぶ機会が、例えば運動会であったりする。

二年生の八月には、東大、中央省庁などを訪問する「東京研修」が希望者を募って行われる。選抜された生徒十数人で行く「アメリカ研修旅行」もある。どちらも各地の同窓会が全面的に支援してくれる。九州を飛び出し、日本を飛び出し、世界で活躍する先輩を見て、「いつか自分もああなれるのかも」との思いを抱く。

バブル崩壊後の一九九〇年代半ば、地元志向が強まった時期があった。ちょうど全国的に地元志向が強まった時期ではあったのだが、修猷館でも東大志望者が減ったのだ。

それはそれで悪くはないのだが、生徒の可能性を広げるため、修猷館では二年生以上の文系・理系に、それぞれ一クラス「英数クラス」を設置した。東大の二次試験の記述問題対策をする時間を捻出するため、英数二教科に関して通常よりも速く進めるクラスだ。

「医進クラス」もある。こちらは九大医学部進学に対応したクラス。通常のクラスでは理系でも理科は二科目履修であるが、九大医学部を受験するには理科三科目をこなさなければならない。そのために別カリキュラムを組んでいる。九大付属病院での医療ボランティアや、ホスピスでの研修なども行い、医療に従事する意味もしっかりと考えさせる。

「英数」も「医進」も、いわゆる習熟度別クラスではなく、本人が希望する進路別のクラスであると境教諭は強調する。それが「修猷文化」だというのだ。

「修猷文化」とは何か。例えば「教育課程が美しいこと」と小山教頭は言う。「教育課程が美しい」とはどういう意味か。「大学受験特化ではなく、全人教育としてバランスの取れた教育課程」のことだと言う。芸術や体育の時間も確保する。「総合的な学習の時間」では、「情報」の授業とも連携し、クリティカルシンキングや情報活用の原理などを教えている。国語や英語の教材にしても、受験対策として優れているものよりも、生徒の中に内在化してほしいものを選ぶ。地に足の着いた教育を行うのが「修猷文化」ということであろう。

浪人も少なくない。しかし「浪人してでも第一志望」と思う強い意志こそ大切だという価値観が修猷館にはある。校章の「六光星」が表すように、揺るがぬ目標を定めよということである。

他者のために、勉強するところである――鶴丸（鹿児島県・県立）

校舎の裏手にある駐輪場に鶴丸らしさが表れている。ずらり数百はあるだろう自転車の後輪の先がピタリと整列しているのだ。それでも私が訪れた時の状態は「ん、今日はちょっと甘い」と大脇俊朗教頭は苦笑い。

昼休み、昼食を食べ終わった生徒たちは一斉に掃除に取りかかる。もちろん便所掃除も生徒の仕事。慣れた手つきで隅々までピカピカに磨き上げていく。教員たちも総出。まるで年に一度の大掃除かと思うほどだが、これが鶴丸の日常。

鶴丸には、一九六六年に制定された「生活規範第一二箇条」通称「ミニマム・エッセンシャルズ」がある。出だしは「一、万事質実剛健を旨として生活し、身のまわりのことはすべて自分の手できちんと整理整頓すること」「二、服装規定をよく守り、いささかの乱れも見せないこと」といった具合。折り目正しい生活のあり方を具体的に示している。

後半になるとこんな項目も。「一一、感情のたかぶりやいらだちを可能な限り抑えるように努力し、紳士淑女をめざして寛容な徳を積み重ねていくこと（後略）」「一二、三年間のうちに、数は少なくてもいいから、生涯かけて喜びも悲しみも共にし得る親友をつくること（後略）」。中等教育ならではである。

私立ではないのに「建学の理念」もある。「好学愛知　自律敬愛　質実剛健」。先のミニマム・エッセンシャルズはこれを噛み砕いたものと言える。ここで言う「建学」の主体者は誰か、聞いてみたがはっきりしない。少なくとも薩摩藩の藩校・造士館に由来するものではなく、戦後新制高校への改組に伴って制定されたもののようだ。

合言葉は「鶴丸は勉強するところである」。机上の勉強のみならず、スポーツや交友関係をも含み、自らを磨き高める場であるという宣言である。建学の理念の「好学愛知」と近い意味だ。校是は「For Others」。磨き上げた力を他者のため、社会のために還元せよという教えである。これら二つをつなげれば、「鶴丸は、他者のために、勉強するところである」になろうか。

鶴丸の祖は表向き、一八九四年（明治二七年）開校の鹿児島県尋常中学（一中）と一九〇二年（明治三五年）に開校した鹿児島県立高等女学校（一高女）ということになっている。二校が戦後の新学制による改組に伴って統合され、一九四九年、鹿児島県鶴丸高等学校となった。

しかし「鶴丸」の名称は島津氏の居城鹿児島城の愛称に由来し、造士館とのつながりを示唆している。

造士館は、薩摩藩藩主であり学問を重んじたことで知られる島津家によって作られた。

廃藩置県によって藩校としては廃止されたものの、形を変えてその精神を引き継いだ中学相当の学校と小学校が残された。一八八四年（明治一七年）島津家の寄付により鹿児島県立中学造士館として復活。直系は現在の鹿児島大学へと引き継がれているのだが、その紆余曲折の中に、鶴丸も登場する。鶴丸も造士館の精神を受け継いでいると見てほぼ間違いない。

造士館との関係は普段はあまり意識しないと教員たちは言うが、それでも鹿児島県をリードする高校としての誇りと愛校心は強い。「生徒一人ひとりを大切に」をモットーに受験指導にも力を入れ、今の地位がある。

毎学期、校内作成の実力考査を行う。その過去問を蓄積しながら改訂を重ねて受け継がれているのが鶴丸秘伝のオリジナルテキストだ。英国数の三教科分。塾に通わなくても難関大学に合格できるだけの受験指導ノウハウが蓄積されているのだ。実際、塾に通うのは三年生でも少数。塾や予備校に頼らず、大都市との情報格差を言い訳にせず、地方の公立高校として、正統派の大学受験指導を行っているのが自慢だ。

全国各地に同窓会組織がある。毎年夏に地元で行われる同窓会は一〇〇〇人規模となる。進取の精神があり、地元にとどまらず、日本全国そして世界へと目を向ける卒業生が多いのには、県民性も影響しているかもしれない。

名物は九月の体育祭の出し物「ドリーム」。三年生による仮装行列だ。傍目には意味がない。しかしやっている本人たちは真剣にバカをやる。それを見た後輩たちも、いつか自分があの場に立つことを目標にする。ドリームが終わると三年生は気持ちを大学受験モードに切り替える。

ラストスパートが間に合わないこともある。それでも妥協せず、第一志望にこだわるのが鶴丸生。大概の場合、一浪すれば第一志望に合格できるという。

「時々浪人生が学校に遊びに来てくれる。すると現役時代には見たこともなかったほどいい顔をしていることがある。長い人生を考えれば浪人経験も決して無駄ではない」と、進路指導課主任の大倉秀心教諭は言う。

かっこいい男になれ！——修道（広島県・私立）

正門を入ると右手に土蔵がある。旧広島城郭内にあった歴史的建造物。明治時代に東区愛宕に移築され、原爆をも生き延びた。人知れず残っていたこの蔵は、一九九六年に発見された。修道の淵源でもある「学問所」にあった可能性が高いとのことで、修道の校地内に移築・保存されることが決まった。

二〇一五年、修道は創立二九〇年を迎える。江戸時代の藩校から続き、しかも私立である、全国でも稀有《けう》な学校だ。広島では、バンカラで自由な学校として知られている。

校則のようなものはほとんどない。スマホの扱いも各自で判断。遠足は現地集合現地解散の場合もある。お小遣いの額や持ち物も規定しない。保護者との話し合いの上で各自決めるのが修道流だ。ちなみに修学旅行は豪華客船「にっぽん丸」を借り切って船中泊する三泊四日屋久島・奄美大島への旅。修道の名物となっている。

制服に関するルールもユニークだ。中一・中二では、制服を、上から下まで規定通りに着る決まり。中三・高一になると、指定のシャツのバリエーションが増え、ネクタイと靴は自分でコーディネートしてよい。高二・高三では、私服が許される。徐々に自分で判断する範囲を広げていくのだ。

「本当は学校がすべてを決めてしまったほうが楽。しかしそれでは失敗のチャンスや自ら考えるチャンスを奪ってしまう。『待つ勇気』が修道の教員には必要」と田原俊典校長は言う。

男子校らしい「お約束」もいろいろある。例えば卒業式。司会者が式次第通りに式を終えようとすると、「ちょっと待った！」の声がかかる。そこから先は卒業生自らが式を仕切る。余興あり、感動のスピーチあり、担任教師の胴上げあり。二〇年以上続く伝統と言う。

県下屈指の進学校であるが、スポーツも盛ん。ロンドン五輪短距離走日本代表として、一〇〇メートル準決勝進出、四〇〇メートルリレーで五位入賞の快挙を成し遂げた山縣亮太は同校の卒業生。サッカーは校技とされ、国体優勝四回、選手権優勝二回の実績を持つ。登山競技では近年、四回の全国制覇を成し遂げた。「勉強もがんばり、部活もがんばり、こちらが頭を下げたくなるような生徒がたくさんいる」と田原校長。

一七二五年、広島藩五代藩主・浅野吉長が「講学所」を作ったのが始まり。その後「講学館」となり、財政難から三九年のブランクをおいて、広島城内に「学問所」として復活。明治維新の混乱を避けるため、一八七〇年（明治三年）、一二代藩主・浅野長勲が「学問所」を城中八丁馬場に移して「修道館」とした。中国の古典『中庸』の「天の命これを性といい、性に率うこれを道といい、道を修むるこれを教えという」から取った。

一八七一年（明治四年）廃藩置県により廃校を命じられるものの、県下の教育が荒廃していくのを見た旧藩主・浅野長勲は、一八七八年「浅野学校」を設立。藩校時代に塾頭を務めていた山田十竹を校長とした。一八八一年これを「修道学校」と改めた。

他県では官立の中学に藩校の伝統を引き継ぐ場合が多かったが、浅野家はそうはしなかったのだ。

しかし一八八六年（明治一九年）、突如浅野家が修道学校の経営から手を引かなければいけなくなった。「中学校令」が制定され、官立の広島中学校が広島尋常中学校に改められた。県としてその繁栄を後押しする上で、未だ地域に大きな影響力を持つ浅野家が私立学校を経営していては差し支えるとされたのだ。要するに、官からの圧力だ。

やむなく校長の山田十竹は修道学校を自ら経営することにした。ここから私学修道としての新たな歩みが始まる。十竹の死後、水山烈がこれを引き継ぎ、五年制の旧制中学としての体裁を整え、一九〇五年（明治三八年）「私立修道中学校」とした。一八九〇年（明治二三年）の教育勅語以降、政府による教育統制への反発から、私立中学校の興隆が求められていた背景もあった。

それから四〇年後、原爆。爆心地からわずか二キロ。校舎はほとんど消滅した。「修道は終わった」。誰もが思った。しかし生徒保護者や同窓生を中心にすぐに「修道中学校復興後援会」が組織され、修道はまたも復活した。

一九六九年には、「東の麻布、西の修道」と呼ばれるほど、学園紛争が激化した。バリケード解除のため機動隊が動員され、高校が一〇日間休校になった時期もあった。卒業式が中止されたこともあった。しかし生徒と教員が対話を続けた末、「責任ある自由」という概念が生まれた。それが今の修道の自由な校風に受け継がれている。

幾度もの危機に直面しながらも、修道は不死鳥のように蘇《よみがえ》り、歴史はつながれた。「学問所」時代から聖廟《せいびょう》に祀《まつ》られていた木主が、今も修道に残っている。

教育方針は「知徳併進」。実践綱領は「尊親敬師　至誠勤勉　質実剛健」。難しい四字熟語が並ぶのも、藩校以来の伝統か。しかしこれをひっくるめて、田原校長は、「かっこいい男になれ！」と生徒たちに伝えている。「たまたま思いついて何かのスピーチで言ってみたら、生徒たちのウケが良かった」と田原校長は笑う。今ではそれがあたかも修道の校是のように浸透している。

「かっこいい」とはどういうことか。「まず見た目に最低限きちっとしていること。忘れがちだが、できる男に、見た目がだらしない男はいない。そして頭が切れること。同時に愛があって思いやりがあること。所作、言動がかっこいいこと……。そして何より、自分なりのかっこ良さを追求し続け、そのこと自体が自己肯定感につながること。それが一番大事」と田原校長。ざっくりと大枠だけを示し、細部は後から各自埋めさせるのは、いかにも男子校らしいコミュニケーションだ。

実は一九九〇年代後半、修道にも荒れていた時期があった。進学実績も落ち込んだ。その危機感の中、二〇〇一年に教頭に、二〇〇六年に校長に抜擢されたのが田原校長だった。田原校長自身は修道の出身ではない。しかし、校歌に歌われる「修道魂」を体現する存在として、同窓会からの信頼も厚い。豪快な人柄といかつい風貌から生徒たちからは「組長」と呼ばれ、親しまれている。

田原校長は大胆な学校改革を推し進めてきた。例えば二〇〇六年、「東大シフト」を宣言した。修道らしくないとの批判もあった。しかしそれでも最高学府を目指すという方針を打ち出すことで、「学力あってのバンカラ」を明確に示したのだ。ショック療法だった。「時限立法みたいなもの。学力が上がれば、こんなことをわざわざ言わなくて良くなる」というのが田原校長の考えだ。

低学年のうちの基礎学力の定着には特に力を入れている。「デイ・バイ・デイ」と呼ばれる毎日のノートチェックがある。土曜日には必要に応じて「土曜学習会」という補習を行う。つまずきの見られる生徒には個別指導や放課後指導を頻繁に行う。放課後は自習室を開放する。予備校の映像授業も校内で受講できるようにした。

特にユニークな取り組みとして、八月の「セミナー合宿」がある。中一・中二を対象に、一学期の成績が振るわなかった者を指名し、二泊三日の勉強合宿を行うのだ。しかも山奥の寺で。人数は「バス一台分」。成績の下から順に、バスの席が埋まる分だけ指名される。

不名誉に思えるかもしれないが、そこは男子校。バスに乗る生徒たちに漂うのは悲壮感ではなくあっけらかんといったムードである。そして合宿中は、普段の授業ではスポットライトが当たりにくい生徒にスポットライトが当たるので、それをきっかけに自信をつけたり、教員との信頼関係を深めたりできる。「自由な校風はいいが、なんとしても学力はつけてやらなければいけないから」と田原校長。

学年が上がると成績上位者のためのセミナーもある。高一で「東大見学ツアー」に行く。成績上位の生徒を対象に、バス一台分の席が埋まるまで参加者を募る。高二では「東大・京大セミナー」を行う。こちらは成績上位の生徒を対象に、バス二台分の席が埋まるまで参加希望を募り、合格対策合宿をを行う。

通常の授業でも、教科や学年によって、様々な形で到達度別クラス編成も取り入れている。

一方で、試みたもののやめた施策もたくさんある。その一つが教員の人事考課制度だ。A~Cの三段階で評価して、賞与に反映するなどしたが、デメリットのほうが大きいと判断した。

「伝統を守り続けるためには変わり続けなければいけない。ただし根本だけは変えない。修道には三〇〇年近い歴史の中で培われたスピリット（精神）がある。その根っこの部分さえ変えなければ、表面的なことを変えて仮に失敗したとしても、修道が修道でなくなることなどない。修道の伝統はそんなに柔なものではない。だから安心して見守ってほしい」と田原校長は関係者に説明する。ただし、いわゆる「保護者のニーズ」におもねるつもりはないとも言う。

「教育は何のためにするのか。教育の受益者は、将来の社会であるはずだ。将来の社会のためになる教育改革ならどんどん進めるが、我が子のことしか考えないわがままなニーズには応えるつもりはない」ときっぱり。「世のため、人のためになる人材を育成する」という藩校以来の「修道魂」は不変なのだ。

第四章　女学校からの系譜

男子校より女子校のほうが多い

人気漫画『はいからさんが通る』は、大正時代の女学校育ちのおてんば娘が繰り広げるラブ・コメディ。大正時代には文化の大衆化が進み、女子教育も急速に普及した。実際、いわゆる山の手のお嬢様が通ったかつての女学校文化は、個性的で華やかなものだったようだ。一九一三年（大正二年）、全国の男子中学校三一七校に対し、それと同等の教育を行う高等女学校は三三〇校。大正初期の時点で、すでに高等女学校のほうが多かった。

また現在、全国に高等学校は約五〇〇〇。そのうち女子校の数は三二四（図10）。たった六・五〇％である。しかしそれでも男子校の一二五校、二・五一％よりはだいぶ多い。戦前は男女別学が原則であったが、戦後GHQの指導により、ほとんどの学校は共学になった。その生き残りがほぼ、これらの女子校、男子校であることになる。戦後生まれの学校で、男女別学の学校もあるが、数は限られている。女子校のほうが多く残ったわけだ。

戦前、女子中等教育の整備が常に後回しにされたのは事実だし、日本では多くの制度が男子優先に設計されてきたから、「戦前も戦後も女子校は意外に多かった」という事実にはやや驚くかもしれない。しかし逆説的に考えれば理由は分かる。国による規制が緩かったからこそ、学校の自由度が高まり、多様で個性的な女学校文化が花開いたのである。

[図10]　全国の高等学校のうち「男子のみ」「女子のみ」の学校の割合

	国立		公立		私立		計	
	計	割合	計	割合	計	割合	計	割合
計	15		3,646		1,320		4,981	
男のみの学校	1	6.67%	15	0.41%	109	8.26%	125	**2.51%**
女のみの学校	1	6.67%	39	1.07%	284	21.52%	324	**6.50%**

※この表は，男子校あるいは女子校という分類ではなく，現実に在学している生徒の状況により分類して集計してある。文部科学省「学校基本調査」（平成25年度）より。

女子校にミッション系が多いわけ

男子中等教育には藩校という原形があったので、それを活用できた。しかし女子教育には礎にすべきものがなかった。

そこにちょうど良く、キリスト教各派の宣教師たちが多数来日するようになった。「キリシタン禁令」が有名無実化しつつあったのだ。彼らは学校を作るノウハウを持っていた。横浜や神戸などの港町には特に多くのミッション系の女学校ができた。

東京の私立・女子学院は、一八六九年（明治二年）、アメリカ人宣教師の妻が、築地の居留地の中に作った英語塾がその祖だ。横浜のフェリスも一八七〇年にアメリカ人女性宣教師によって開かれた私塾「ミス・キダーの学校」が始まりだ。一八七一年横浜共立の前身である「アメリカン・ミッション・ホーム」が作られる。横浜雙葉は一八七二年にはその基礎ができたとされている。神戸女学院は、一八七三年にできた私塾にまでルーツを求められる。東京・四谷の雙葉は一八七五年にできた寄宿学校が源流。立教女学院は一八七七年から続く。

その他、北の港町函館に一八七四年遺愛女学校の祖が、南の港町長崎に一八九七年活水学院の祖が、それぞれできている。

海外からやってきた女子ミッションスクールが、日本の女子教育の先鞭《せんべん》を着けたのである。男尊女卑の風潮が強かった当時において、彼らはそれに抗うように、日本の女性の解放や自立を目標に掲げていた。

幻に終わった官立東京女学校の先進的女子教育

ミッション系以外の私立女学校としては、一八七五年設立の跡見が草分け的存在だ。冒頭『はいからさんが通る』の主人公が通っていた女学校は跡見がモデルだと言われている。

明治政府も実は一八七二年（明治五年）には官立の女学校を設立していた。官立東京女学校である。そこでは従来の伝統的な女性観ではなく、開明的な女性観が採用された。女性にも男性と同様な学問が必要であることを前提とし、英語の教授には外国人女性教師が迎えられるなど、ミッション系の女学校を模した部分もあった。しかし、西南戦争に伴う財政難で、一八七七年（明治一〇年）廃校になってしまう。

府県立の女学校としては、京都府の新英学校および女紅場が一八七二年（明治五年）に設けられ、一八七四年には英女学校、一八八二年に京都府女学校となった。県立としては、栃木県の栃木女学校が最も古く、一八七五年（明治八年）創立である。

一八八二年（明治一五年）には東京女子師範学校附属高等女学校が作られる。これが現在のお茶の水女子大学附属高等学校の源流である。ただしこの頃には、明治政府発足以来の急速な欧米化に対する揺り戻しから、教育の中にも復古的な思想が強く反映されるようになっていた。

一八七七年（明治一〇年）くらいから「良妻賢母」思想が流行しはじめた。百歩譲って好意的に解釈すれば、「良い妻がいなければ、男性は活躍できない。母親が賢くなければ、賢い次世代は育めない」という論理を用いることで、女子教育の必要性を訴えたかったと考えられなくもない。しかし逆に言えば、それ一点の理由でしか女子教育の必要性は認められなかったのである。それが復古的思想と結びつき、旧来の男尊女卑思想を強化・固定化した。

一八八二年（明治一五年）に文部省が出した訓告「女学校の教育方針」は、法的な効力はないものの、当時の政府が女子教育に対して抱く思想を如実に表していた。「家庭婦人」の養成を訴えており、女子が男子と同等の教育を受けることをほぼ否定するかのような内容になっている。

東京女子師範学校附属高等女学校は、かろうじて官立東京女学校の系譜を引き継ぐ部分もあったのだが、すでにそのもともとの精神は薄まっていた。東京女学校が示した開明的女子教育は幻に終わり、国による女子教育思想は、今見ればむしろ後退したのである。

ほったらかしにされた女学校

一八八〇年代にはさらに多くの女学校が設立されるようになる。男子の「中学校」に相当する女子のための学校として、「高等女学校」という言葉も使われはじめた。

しかし、男子の中学校がすでに厳しい制約下で国に管理されていたのに対し、この頃の女学校は、それほど厳しい管理を受けなかった。すなわち、入学資格、就学年限などを自由に決められた。それだけ教育政策における優先順位が低かったということ。要するに「ほったらかし」に近い状態であった。それで結果的に、女学校は独自の教育を行えた。

明治時代にその祖が設立され今に続く女子校としては、例えば、白百合（一八八一年）、実践女子（一八八二年）、頌栄（一八八四年）、東洋英和（一八八四年）、学習院女子（一八八五年）、共立女子（一八八六年）、香蘭（一八八七年）、三輪田（一八八七年）、東京女学館（一八八八年）、豊島岡（一八九二年）、日本女子大附属（一九〇一年）、山脇（一九〇三年）、大妻（一九〇八年）、聖心（一九〇八年）などが挙げられる。

「良妻賢母主義」に対して私立女学校がとった姿勢とは?

一八九五年(明治二八年)「高等女学校規程」制定。一八九九年(明治三二年)「高等女学校令」公布。高等女学校に関する独立の法令がはじめて整備された。以後、各府県に公立の高等女学校が多数作られるようになった。

またこの時、私立でも基準を満たせば正式に高等女学校を名乗れるようになった。そうなれば、私立の女学校からでも女子高等師範学校に進めるようになる。女子高等師範学校は、女子にとってほぼ唯一の、国が認める高等教育機関であった。これは大変魅力的な制度であった。

しかし、うまい話には裏がある。当時の文部大臣樺山資紀は、高等女学校の役割を「良妻賢母タラシムルノ素養ヲ為スに在リ」と説明した。高等女学校は良妻賢母を育てるための教育機関であるという宣言だ。特にミッション系の女学校が掲げる「女性の自立」とは相反する部分がある。さらに、国が正式に認めた高等女学校となることは、キリスト教教育ができなくなることを意味した。

そこで、例えば女子学院が一九一七年まであえて各種学校であり続けたように、国の枠組みに縛られない選択をした女学校も少なくなかった。

なぜ多様な女子校文化が育ったのか

一九〇三年（明治三六年）の「専門学校令」に前後して、日本女子大学校、津田英学塾、東京女子医学専門学校などの女子専門学校が作られた。法令上は「専門学校」という扱いであったのだが、専門学校令によって、「大学」を名乗ることも正式に許された。

それまで日本で「大学」と言えば、帝国大学のみだった。しかも帝国大学は、男子のみに入学を許していた。しかし結果的に、女学校文化の成熟という意味では、それが良かったのかもしれない。

男子には、中学校の後は帝国大学を目指すという王道があった。そのために、男子が通う中学校は常に国が定める規程に則り、上級学校への進学資格を得られるようにしなければならなかった。

しかし私立女子校には、そのような王道がなかったから、逆に独自路線を歩み続けることができた。そしてようやく女子専門学校という進路が開かれた時には、それぞれの個性を保持したまま高等教育への接続を得たのである。

さて、ここからは具体的に個別の学校の歩みと現在の教育について詳しく述べる。ミッション系の女子校の代表として、女子学院、雙葉、神戸女学院。それ以外の代表としては、もともとは埼玉女学校という私立から県立に転じた埼玉県立浦和第一女子を紹介する。

なお、お茶の水女子大学附属高等学校については、第五章の「専門学校・師範学校からの系譜」の中で紹介する。女子学院、雙葉と並んで「女子御三家」と称される私立の桜蔭については、第六章の「大正・昭和初期生まれの学校」の中で詳しく述べることとする。

生徒たちの本質的な自由さを引き出す――女子学院（東京都・私立）

女子校には珍しく制服がない。普段の通学はもちろんのこと、入学式や卒業式も生徒は思い思いの服装を選んで登校する。自由な女子校として知られている。

アメリカ長老派宣教師の妻ジュリア・カロゾルスが一八七〇年（明治三年）に築地居留地内で女子生徒たちに英語の手ほどきをしたのがその始まりとされている。その後その小さな私塾が学校となり、同じ長老派の学校との合併を繰り返すなどして、一八九〇年（明治二三年）、女子学院が誕生する。その時の中心メンバーがミセス・ツルーと矢嶋楫子であり、女子学院の基礎を築いたキーパーソンとされている。ミセス・ツルーは、多くの日本人女性教師を育て全国に送り出したことから「種蒔《ま》く人」とも呼ばれている。矢嶋楫子は女子学院の初代院長に就任した。

ツルーは講演で次のように生徒たちに語りかけている。「あなた方は女としていかなる理想をもって生きるか。世俗的幸福だけを求めるのではなく、高尚なる志を活《い》かす真の力を養成しなさい。自分のつとめを怠ったり、自分に力があるのに他を助けなかったとき、苦痛を感じるような女性になりなさい。一人ひとり、活かされる道や与えられた器は違うが、他人や社会のために働くようになりなさい」。矢嶋は校則を一条も作らなかった。その代わり「あなた方は聖書を持っています。だから自分で自分を治めなさい」と生徒を諭した。

これらの精神は今も女子学院の教育の核になっている。

一八九一年（明治二四年）、中学校令が改正され、その中で初めて公式に高等女学校についても触れられるが、女子学院のような私立女学校は各種学校のまま制約を受けなかった。一八九九年（明治三二年）に高等女学校令が公布され、私立でも申請をすれば法的に高等女学校として認められる制度が整うが、女子学院は各種学校のままであり続けた。国による制約を受けずに独自の教育を行い続けることを選んだのだ。

ただしそれでは高等教育機関への入学資格が得られない。そこで女子学院は、五年間の「本科」の上に「高等科」を設置する。もっと学びたい生徒のために、大学相当の教育を自前で用意したのだ。さらにそれを母体として、一九一八年（大正七年）、同じプロテスタント系の青山学院、東洋英和と合同で東京女子大学が設立された。一九一七年に女子学院がようやく高等女学校の認可を受けたのは、東京女子大学設立に合わせたのだと推測できる。

個性的な教育が評判になる一方で、ミッションからの補助金は少なく、経営は苦しかった。授業料も高かった。そんな中、女子学院中興の祖として活躍したのが、一九二七年(昭和二年)に院長に就任した三谷民子である。女子学院の一期生でもある。

三谷は当時「ここは良妻賢母を養成するなんて型にはまらないでね、もっと広い自由な立場でね、どこへ行っても役に立つ人を育てたいと思っているのよ」と語った。内村鑑三とも交流があり、大きな影響を受け、教派にとらわれない自由な福音信仰を貫いた。それで女子学院は、「日本化されたミッションスクール」と評されるようになった。

一九三三年(昭和八年)、アメリカ長老派から財政的に独立する。今、女子学院は財政的にはどこの宗派にも属していない。ただしキリスト教の精神は今も変わらない。毎日が一五分の「礼拝」から始まる。六年間を通して「聖書」の授業が必修だ。

「聖書」の時間では、単に聖書の言葉を解釈するだけでなく、広く西洋史や西洋哲学および世界の宗教について学ぶ。世界のどこへ行っても一般教養として通じる高度なレベルだ。一方で、「礼拝」の時間には、自分と向き合う。「聖書」と「礼拝」が女子学院の教育の両輪とされている。

中二の夏休みには「ごてんば教室」という合宿がある。テーマを決めて、講演を聞いたりディスカッションを重ねたりする。これを経験すると「女子学院生としての最低限の素養」すなわち他者の意見を受け入れながら自分なりの意見を堂々と話す力が身に付く。そのため「ごてんば教室が女子学院の入口」と言われる。

普段の授業でも、よく聞きよく話し、よく読みよく書く訓練をする。宿題は問題集よりもレポート形式が圧倒的に多い。

高三の夏休みには「修養会」がある。いわば「ごてんば教室」の上級編。中二の頃と比べるとレベルは格段に向上している。これが「女子学院の出口」と言われる。

「修養会」は、大学受験勉強の天王山である夏休み中に二泊三日で実施される。そこでこそ、「自分はどこに向かっているのか」「なぜ勉強しなくちゃいけないのか」を見つめ直すのだ。生徒たちは、「将来勝ち組になるためというような功利的な論理は目的にはならない。恵まれた環境を活かし、力を蓄え、人の役に立つ存在になることは、恵まれた者の使命である」というようなことに気付く。それがツルー以来、女子学院に伝わる哲学だ。そして、気持ちが定まる。

卒業生には「日本初」が多い。日本で初めて正式に国際結婚をした女性も、男性として初めて育休を取得した人の妻も、女子学院ＯＧだ。戦後初の女性弁護士、女性初の航空工場整備士、朝日新聞での初の女性記者・女性カメラマン、日本航空で初の女性チーフパーサー、女性として初めてマッターホルンやアイガーを制覇した登山家……。フロンティア精神も女子学院生の特徴だ。

高校紛争の頃、女子校としては極めて珍しく、女子学院でもバリケード騒ぎがあった。それもあって、冒頭の通り、制服が廃止された。当時の大島孝一院長が保護者に示した所信には次のようにあった。「あるいは、人によっては思い切って派手な服装をしてくることもあるかも知れません。そして、ある種の流行になるという心配もあります。しかし、そのような浮いた空気があるとするならば、すでに女子学院の教育に何か大きな欠陥があることを示すにすぎません。そのときは、服装よりも教育のありかたそのものを反省すべきであって、またそれに耐えられなくなって服装にうき身をやつす生徒の弱さは、別に解決すべきだとおもいます」。女子学院の教育に対する姿勢がよく表れている言葉だと私は思う。教育者としての矜持《きょうじ》を感じる。

生徒への価値観押し付けは一切しない。受験に特化した授業や補講は行わない。校内での模試も行わない。「全教科の目標である『社会で通用する力』を身に付けていれば、大学入試はクリアできる」というのが学校としての考えだ。徹底的にリベラルアーツなのである。

風間晴子院長はそれを「生徒たちが持っている本質的な自由さを引き出すための教育」

と表現する。ここまで骨太な学校は男子校を含めてもなかなかない。

時代の空気を読みしたたかに生きる――雙葉（東京都・私立）

お嬢様学校の代名詞的存在。田園調布と横浜に姉妹校もある。共通するのは「徳においては純真に、義務においては堅実に」の教訓。神と人の前に素直で裏表がなく、爽やかな品性を備え、人間としてやるべきことは最後まで責任をもって果たす強さを持つという意味である。

キリスト教に基づく精神には「独自性、自由性、相互性」がある。雙葉では特に「独自性」が強調されることが多い。

例えば一九三六年（昭和一一年）に校長に就任したエリザベット・デーズは、「汝の役割を果たせ」という文章で生徒たちに次のように呼びかけている。一部新漢字に替えて抜粋する。

「皆さんは真の人格、神聖にして永遠なる個性をお持ちであります。皆さんが時々刻々役割を果たさるるのに、お友達の技能や地位や美徳を羨《うらや》んでなさるのではなくて、御神のお望みになる楽器を以《もっ》て職務を完全に尽くさるることであります。人生の演奏会の調和を乱さぬ様に、与えられた役割の理解に努めながら拍子を誤らないように演奏しなさい。之が広い意味の天職というものであります」

また、和田紀代子校長は、「神様は一人ひとりにその人らしい使命を与えてくださっている。それに気付き、それをどう活かすかが人の生き方。独自性の中には、女性であることの特徴も含まれる。思春期のうちに、女性にしかできないことに気付き、それを活かす生き方を選択することは、とても大切なこと」と語る。

学校の起源は一七世紀のフランスにまで遡ることができる。当時のフランスは混乱し、教育は見捨てられていた。その状況を見かねた、カトリック系修道会のミニム会に所属するニコラ・バレ神父は、一般民衆のための教育施設を開設した。最初は男女共学だった。しかし男女の教育には自《おの》ずと違いがあると気付き、自身は女子教育を優先する。その時にできたのが現在の雙葉の経営母体でもある「幼きイエス会」である。ちなみに男子教育は弟弟子に委ねた。それがラ・サールである。

一八七二年（明治五年）、四人の修道女が横浜の地に降り立った。孤児院や寄宿学校を作った。それが現在の横浜雙葉の祖とされている。一八七五年、彼女たちは東京の築地居留地にも同様の施設を作る。これが現在の雙葉の祖となる。その後、校名を変え、校地を変え、一八九七年には赤坂の葵町に語学のお稽古所として「雙葉会」が創設される。

一八九九（明治三二）年私立学校令ができて、雙葉会は私立女子語学校として認可される。一九〇三年、メール・セン・テレーズ来日。私立女学校校長に就任したメールは悩む。当時「教育宗教分離令」の下、高等女学校を名乗るのであれば宗教教育を行えず、宗教教育を行うのであれば「各種学校」の立場に甘んじなければならなかったからだ。

そこでメールは当時の女子高等師範学校（現在のお茶の水女子大学）の校長であった高嶺秀夫に相談する。高嶺は「長い目で見れば高等女学校として設立し、新しい発展を考えたほうが良いのではないか」と助言した。メールは苦渋の決断を下す。私財を擲って現在の校地を購入し、高等女学校としての設立認可を求めたのだ。こうして一九〇九年（明治四二年）、私立雙葉高等女学校が認められた。公式にはこの時が雙葉の創立年とされている。

当時作られた煉瓦の塀は、現在もそのまま残っている。建物は震災や戦災によってたびたび消失したが、煉瓦の塀だけは生き延び、学校を守り続けてきた。

高等女学校として歩むことを決断したからには、国の方針とも歩を合わせなければならない。一九三〇年代後半になると日本は戦争へと向かい始める。国家神道に基づく天皇崇拝や国体思想が強まる中、雙葉は、敵国フランスの修道会を母体としながら、日本の帝国主義にも従わなければならない板挟みの苦しみにさいなまれる。

一九四一年（昭和一六年）、いよいよ太平洋戦争が始まると、弱冠二八歳であった高嶺信子が校長に就任する。初の日本人校長だ。前述の高嶺秀夫の孫に当たる人物でもある。この時、雙葉は『学校要覧』の中で、「本校の主義」を発表する。

「本校は権威尊重主義（目上を敬ひ服従を教える主義）を奉ずるカトリック系修道会に属する財団法人私立新栄女子学院の経営で君主の大権を尊重する我国体に最も適合するものであります。その教育の方針は高等女学校令の示す所により教育勅語の御聖旨に則り道徳堅固なる淑女を養成せんとするもので『徳に於いては純真に、義務に於いては堅実に』とは本校の標語であります」

今読めば、かなりの無理をしているのが分かる。フランス人教師は学校を離れざるを得ず、経験の浅い日本人教師だけで切り盛りしなければならなかった。辛抱の時だった。雙葉は時代の空気を読みながら、本音と建前を使い分け、いわゆる「大人の対応」でしたたかに生き延びた。

現在、週一回の「宗教」の時間と奉仕活動が雙葉の教育の根源を成す。児童養護施設や老人福祉施設、障害者用施設などとの交流も六〇年以上続けている。クリスマスに様々な施設へ募金・物品寄付をするのも戦争直後から続く伝統だ。

幼稚園と小学校を併設し、そこからの内部進学生も多いので、なおさらにお嬢様学校のイメージが強い。だが意外にも、校則は大枠でしか決めていない。違反が目にとまれば注意はするが、即罰則というわけではない。基本は、自分で考え判断し責任を取ることを教える方針だ。

「どうしても似たバックグラウンドを持つ家庭の子供が集まるので、社会に対する視野が狭くならないように気は付けている。グローバル化が進む現代において、世界に目を向け視野を広げ、今自分が置かれている場をしっかりと認識するように導いている。実際は、活発で前向きな生徒が多い。力仕事でも大工仕事でも自分たちでやるたくましさがある」

と言って、和田校長は明るく笑う。

和田校長の屈託のない笑顔からは、上品でありながらそれでいて肝っ玉母さんのような懐の深さも併せ持つ人柄であることがうかがえる。和田校長も雙葉の卒業生である。

自由を守るために、じっと我慢する強さ——神戸女学院（兵庫県・私立）

小高い丘の上、緑深い環境に、中世ヨーロッパの荘園を思わせる建物が並ぶ。シェイクスピアガーデンという庭園まである。まるで海外旅行に来ているかのような錯覚を味わう。

「真に芸術的な建築・学習空間は優れた人格を形成する」という思想に基づき、キャンパス全体がこだわり抜いて設計された。実際、日本一美しいキャンパスの一つではないかと私は思う。神戸女学院の校舎群は国の重要文化財に指定されている。毎朝礼拝があり、壮厳な講堂でパイプオルガンの音色に耳を傾けることから一日が始まる。まさに別世界にあるような学校なのだ。

歴史は一八七三年（明治六年）にまで遡る。アメリカ・プロテスタント教会の一教派、会衆派教会の海外宣教組織であるアメリカン・ボードから派遣された女性宣教師イライザ・タルカットとジュリア・ダッドレーが、神戸の宣教師団の支援の下、神戸に私塾を開いた。

一八七五年それを移転拡大し、「女学校」という寄宿学校を設立する。「神戸ホーム」とも呼ばれていた。この時、旧三田藩主・九鬼隆義が資金を援助した。ミッションと旧藩主のコラボレーションにより、神戸女学院は発展したのである。

その後、校名は「神戸英和女学校」を経て、一八九四年（明治二七年）「神戸女学院（Kobe College）」となる。

一八九九年（明治三二年）の高等女学校令公布においては、一度はこれに従った。国の定める高等女学校として認可を得る。しかしその結果、キリスト教主義でありながら、式日には教育勅語を読まなければいけなくなった。さらに、キリスト教教育をやめるよう、圧力もかかった。

そこで当時のソール院長は本国アメリカの伝道会に書状を送り、「学院は政府から何も特典を与えられようとは思わないから学院の宗教教育についても政府の干渉を何も受けたくない」という決意を示した。伝道会側もそれを認めた。

そこからソール院長はウルトラCをやってのける。圧力に屈せず、着実に生徒数を増やし、目立たぬように着々と学校改革を進め、時を待った。

一九〇三年（明治三六年）、専門学校令が公布される。専門学校は国の法令の規定するところの学校には該当せず、宗教教育も許されていた。

一九〇九年（明治四二年）、ソールは神戸女学院の高等科を「専門部」として専門学校の認可を得た。これにより国の定める「高等女学校」の立場からついに脱却したのだ。高等女学校に相当する課程は「普通部」として、専門学校に附属するものとした。

自分たちの信念そしてそれを貫く自由を守るために、周囲の雑音に惑わされずじっと我慢し、つらい時期を耐え抜いたのだ。

一方で、専門部の入学案内には「本校はキリスト教の道徳に基づき、女子に須要なる教育を施し、もって教育勅語の趣旨にかないたる淑良有用なる婦徳を要請することをもって目的とす」などと書いている。教育勅語を受け入れる従順な態度を表向きは示して外部からの圧力や批判をかわし、本来のキリスト教教育を守る、したたかな作戦だったのだろう。

こうした苦難の中で、神戸女学院のキリスト教主義は守られた。

一九三三年（昭和八年）、現在地に移転する。戦時中もキリスト教教育は危機にさらされるが、ついにこれを堅持した。

「愛神愛隣」が永久標語として掲げられている。「心を尽くし、精神を尽くし、思いを尽くして、あなたの神である主を愛しなさい」そして「隣人を自分のように愛しなさい」という聖書の教え。「それはすなわち自分を愛すること」という意味も込められている。

プロテスタント系であることや、その歴史的歩みからも想像できる通り、自由を重んじる校風。制服はない。自治会活動および各行事の企画・運営は生徒自らの手により行われる。一般的にはお嬢様学校と見られているが、実際は気が強くて、はっきりと自分を表現できる生徒が多いとある教員は言う。体育祭の学年対抗パフォーマンスでは、クラスの約三分の一の生徒がリーダーに立候補するほど。

生徒たちには、「あれか、これか」ではなく「あれも、これも」の精神で物事に挑戦する気質があると、林真理子中高部部長は言う。

普段の授業にも学校の伝統や文化が存分に活かされている。六〇年以上前から続く実践的な英語教育は名物的。ユニークな英語教授法「クルー・メソッド」は同校の外国人教員の考案による。海外研修や留学制度も充実している。「総合的な学習の時間」を利用して問題発見・解決能力の育成を目指す「探究」の授業も特徴的だ。さらに、近隣の施設の子供をキャンパスに招待しての子供会や、釜ケ崎での炊き出しなど、地域活動にも学校として積極的に参加する。

神戸女学院大学への内部進学制度もあるが、それにとらわれずそれぞれに進路は決める。関西の女子校では随一の進学実績を出しているはずと言われながら、その実態は定かではない。大学合格実績・進学実績の類を一切発表しないからだ。「進学実績で学校を評価しないでほしい」という無言のメッセージであるが、ここまで頑《かたく》なに一切の情報を発信しない学校は今時珍しい。

でもそれも、「自分たちの信念、そしてそれを貫く自由を守るために、周囲の雑音に惑わされず、じっと我慢する真の強さ」の表れのように私には思える。

すべてにおいて一流であることが当たり前——浦和第一女子（埼玉県・県立）

四月、新入生には「対面式」という式典が待っている。新入生と先輩が初めて対面するのだ。三年生からは、浦和一女の伝統やしきたりが書かれた「一女の手引き」が一人ひとり手渡される。二年生からは、学校のシンボルであるアヒルを模った手作りの「あひるバッジ」を一人ひとり胸に着けてもらう。こうして「一女」の伝統の一端を担うことを正式に認められるのだ。

一八九七年（明治三〇年）の時点で、埼玉県の就学率は、北海道と沖縄を除く全国の府県の中で下から三位という不名誉なものだった。特に女子の就学率は著しく低かった。東京には女学校が多数存在していたので、上級学校を目指す埼玉県の女子は東京に遊学するのが習わしだった。

しかし、一八九五年（明治二八年）に文部省が高等女学校規程を発すると、埼玉県でも高等女学校設立の気運が高まった。しかし県は動かない。そこで、埼玉私立教育会なる民間団体が、私立埼玉女学校を設立した。事務所の建物の一角に、襖で仕切られた四坪と一二坪の教室があるだけの簡素なものではあったのだが、これが浦和一女のルーツである。

その後、一八九九年（明治三二年）に高等女学校令が公布される。各府県に高等女学校の設置が義務付けられたため、一九〇〇年県は、私立埼玉女学校を引き継ぐ形で県立の埼玉県高等女学校を発足させた。

一九〇一年（明治三四年）、県立の女子師範学校が高等女学校に併設される。この時高等女学校は「埼玉県立浦和高等女学校」に改称する。同年、寄宿舎も造られた。当時は高等女学校に限らず中等教育を行う学校の数が少なく、また、交通網も十分に発展していなかったため、中等教育以上の学校に通う場合には寄宿舎に寝泊まりするのが一般的であった。

女子師範学校と高等女学校の同居は、お互いに居心地のいいものではなかった。女子師範学校に通う生徒は、将来職業人として生きていこうとする女性である。一方、高等女学校の生徒は基本的に良妻賢母を目指す女性で、良縁を得るために卒業資格を得ようとする者も少なくなかった。そりが合わなかった。自然の成り行きで分離独立の気運が高まり、一九一〇年（明治四三年）浦和高等女学校は独立して現校地に移転する。

大正に入ると、自由主義的な価値観が世間に広まった。いわゆる「大正デモクラシー」の気運である。その影響を受けて、女子教育においても「良妻賢母」の捉え方に幅が生まれるようになった。

「家のため、夫のため、舅姑《きゅうこ》のため、子女のため、身を献げ骨を粉にして内助の功を尽くす」タイプの良妻賢母を掲げる高等女学校が、県立においては大半であったが、浦和高等女学校は単なる良妻賢母ではなく「学理的の者に重きを置く方針」を掲げた。

一九二五年（大正一四年）、県の財政難から、全部で五校あった高等女学校のうち、浦和を除く四校の修学年限を四年に短縮することになった。つまり浦和だけが五年制の高等女学校となった。これにより、将来上級学校への進学を望む者は浦和に入学しなければいけない状況になった。つまり県下の才女がこぞって浦和を受験するようになるのである。

受験は極端に激化した。そのため浦和一女は大正時代以来一度も入試の際に定員を割ったことがない。

一九三一年（昭和六年）、上級学校への進学者が増えたのを受けて、一学年四学級あったうちの一つを「受験組」にした。今で言う「特進クラス」の先駆けである。これによりさらに進学実績は伸び、埼玉県における浦和高等女学校の絶対的な地位が築かれる。

校名を「県立浦和第一高等女学校」に改めたのは一九四一年（昭和一六年）。浦和高等学校（現在の埼玉大学文理学部）、浦和市立高等女学校（現在のさいたま市立浦和高校）、浦和第二高等女学校など紛らわしい校名がたくさんあったからという理由。ちょうどその頃、日本は太平洋戦争へと突き進んで行く。

戦後、新制の高校に改組する。この時、全国的に公立高校は共学が原則とされたが、一方では「男子も女子も教育上は機会が均等であるという根本原則が守られれば、必ずしも男女共学にしなくてもよい。地方の実情、地域の教育的意見を尊重して」という解釈も加えられていたため、浦和一女をはじめとする埼玉県の公立高校の多くでは男女別学が存続した。埼玉県以北ではGHQの担当官が、「原則」よりも「地域の意向」を尊重したケースが多かったようである。

しかし、共学化の波は忘れた頃にやってきた。一九九九年に男女共同参画社会基本法ができ、二〇〇〇年には埼玉県において全国に先駆けて男女共同参画推進条例が制定・施行された影響もあったのだろう。二〇〇一年に、埼玉県の県立高校を一律共学化しようとする議論が湧き起こったのだ。このとき浦和一女の関係者が中心となって男女別学校存続を訴えた。二年にわたる議論の末、浦和一女をはじめとする男女別学校の存続が認められた。それほどまでに、浦和一女は女子校であることに誇りを持っているのである。

二〇〇四年度からは県の進学指導重点推進校。二〇一三年度からはリーダー育成・進学指導重点推進校。県の期待を一身に背負っていると言っても過言ではない。女子の進学実績ではもちろん県下トップである。

二期制六五分授業で授業時間を最大限に確保しつつ、早朝や放課後、土曜日長期休暇中にも「実力養成講座」を実施する。「学習の手引き」で自学自習を促し、「進路ガイダンスノート」で将来について考えさせる。

二〇〇四年からスーパーサイエンスハイスクール。国際学生科学技術フェアで上位に入賞、学生科学賞・中央審査で文部科学大臣賞を受賞し世界大会に出場するなどの目覚ましい実績を残す「リケジョ」の園でもある。

一女が凄《すご》いのは、勉強だけではない。部活においても、運動部系、文化部系それぞれで全国レベルの活躍を見せている。

生徒たちは文化祭や体育祭運営にも熱中する。クラスごとのオリジナルTシャツ通称「クラティー」を作って連帯感を高めるのも伝統だ。時に友人同士ぶつかり合いながらもコミュニケーション能力や自主自律の精神を身に付ける。リーダーシップもフォロワーシップも学ぶ。

すべてにおいて一流であろうとする。それが「一女」流。どうしてそこまで意識を高く保てるのか。「それが当たり前という伝統があるから」だそうだ。

第五章　専門学校・師範学校からの系譜

一八九七年まで、日本に大学は一つだけ

毎年三月中旬になると、週刊誌がこぞって「東大合格者数ランキング」を掲載する。春の風物詩だ。なぜ日本人は東大がそんなに好きなのか。他にもいい大学はたくさんあるのになぜ東大だけ別格の扱いなのか。これも歴史を紐《ひも》解けば理解できる。

一八六九年(明治二年)、政府は旧昌平坂学問所を大学本校、旧開成所を大学南校、旧医学所を大学東校として、これらを総称して「大学」と呼んだ。本校は国学と漢学、南校は語学、東校は医学を取り扱った。しかし学派間の対立から、一八七〇年には本校が閉鎖される。これにより日本の大学は西洋的なものになることが方向付けられた。

諸々の法令発布に伴い幾度かの名称変更を経て、南校は東京開成学校、東校は東京医学校に。各校はそれぞれに機能を拡充。一八七七年(明治一〇年)二校を合併して東京大学が作られた。

戦前の入試最難関は東大入試ではなかった!?

東京大学に進学すべき生徒のために東京大学予備門も設置された。そこで東京大学で学ぶための予備知識、特に英語を身に付けておかなければならなかった。当時の東大の授業

は外国人教師によって執り行われていたからだ。

つまり東京大学に入学するためには、東京大学予備門を通過しなければならなかった。そして東京大学予備門の入試こそが最難関だった。この入試対策を前面に打ち出し有名になったのが当時高橋是清を校長に擁した共立学校、現在の開成である。

一八八六年(明治一九年)、一連の学校令とともに帝国大学令発布。このとき東京大学は帝国大学に名称を変えた。同時に東京大学予備門は、中学校令の定める高等中学校の範疇《はんちゅう》として扱われることが決まり、第一高等中学校と呼ばれるようになる。

「東大信仰」が全国に広まったきっかけとは?

第一高等中学校を含め、中学校令は全国に合計五つの高等中学校を設置すると定めていた。それに従い、第三(京都)、第二(仙台)、第四(金沢)、第五(熊本)の高等中学校が設置された。不思議なことに、高等中学校は山口と鹿児島にも設置され、合計七つになった。政府内の薩長出身有力者の力が働いたものと考えられる。

これらの高等中学校はのちに地方大学に昇格される構想であった。しかし結局のところ、帝国大学への予備門としての機能に偏るようになる。これにより、全国に七つ、日本で唯一の大学である帝国大学に入学するための入口が張りめぐらされたのだ。全国の優秀な子供が唯一無二の帝国大学を目指す「受験競争ネットワーク」あるいは「東大信仰」がこのときできたのである。

構想六七年でついに旧七帝大の完成

一八九七年（明治三〇年）、帝国大学が東京帝国大学に改称される。ようやくこの国二つめの大学となる京都帝国大学が設立されたからだ。今日の京大だ。

日露戦争後、日本は大規模な予算を投じての教育拡充を決断する。一九〇七年（明治四〇年）に東北帝国大学、一九一一年（明治四四年）に九州帝国大学、一九一八年（大正七年）に北海道帝国大学が設置される。この時点で、日本には大学が五つ。他にはない。日本の教育において、これらの大学は別格なのだ。これが旧帝大である。

右記五帝大よりもだいぶ遅れて、一九三一年（昭和六年）に大阪帝国大学が、一九三九年（昭和一四年）に名古屋帝国大学が設置される。

もともと学制発布により、全国の八大学区にそれぞれ大学を作るとしたのが一八七二年（明治五年）。のちに八大学区を七大学区に改めるも、肝心の大学はなかなかできなかった。構想から実に六七年の時を経て、七つの帝国大学が完成したのである。

ただし最後の二校が開校した時には、帝国大学以外にも多数の大学ができていた。

慶應義塾や早稲田も大正時代まで専門学校だった

例えば慶應義塾の源流を訪ねれば、江戸時代にまで遡る。例えば早稲田の源流を訪ねれば、一八八二年（明治一五年）設立の東京専門学校である。しかし慶應義塾と早稲田大学が正式に大学として認められたのは、一九二〇年（大正九年）のことだった。この二つが私立大学の認可第一号である。

慶應義塾にしても早稲田にしても、中学を卒業した男子を受け入れ、早くから大学相当の教育を行っていたが、長らく専門学校という立場に甘んじていた。

正式に「大学」を名乗れるようになったのは一九〇三年（明治三六年）。専門学校令の公布によって、一定の条件を満たせば、専門学校でも「大学」を名乗ることが許されたのだ。ただしあくまでも名称のみ。法令上の分類は専門学校のままであった。帝国大学の専売特許であった「大学」の名称が、解放されたのだ。

日本女子大学校、津田英学塾、東京女子医学専門学校などの女子専門学校も設立された。この時期多くの専門学校が発足し、のちに正式な大学へと進化していくのである。

日本の大学設立ビッグバン

一九一八年（大正七年）は日本の大学設立のビッグバン元年と言える。この時「大学令」が公布され、初めて官立大学の他に公立（府県立）や私立の大学が正式に認められるようになった。今で言う「規制緩和」である。

私立大学には大変厳しい基準が設けられたが、大学令の公布から二年にして、慶應義塾と早稲田が先鞭を着けた。明治、法政、中央、日本、國學院、同志社がこれに続いた。以後堰を切ったように、私立大学の設立ラッシュとなる。大正時代だけで二二の私立大学が発足した。

その代表として、慶應義塾の歩みを、中等教育に相当する現在の慶應義塾普通部および高等学校の変遷に注目して、後ほど詳しく紹介する。

同じ時期、東京高等工業学校が官立の東京工業大学になるなど、官立の単科大学も盛んに作られた。新潟、岡山、千葉、金沢、長崎、熊本、愛知など全国に国公立の医科大学ができたのもこの時期だ。

しかしこの時、女子の大学はまだ認められていない。日本女子大学校にしても津田英学塾にしても、法令上は依然専門学校のままだった。女子大学が正式に認められるには、太平洋戦争終戦を待たなければならなかった。

昔、教師はエリートだった

戦前、女学校を卒業し、さらに上を目指したい女子生徒は、主に女子専門学校に通った。一方で、女性が社会的地位を得るためのごく限られた手段の一つが、師範学校を経て教師になることだった。「子供を育てることは女性の得意分野」との発想から、教師という職業だけは明治初期から男女対等に開かれていたのである。女学校から女子高等師範学校に通うのが、女子としてのいわばエリートコースであった。

男子にとっても、大学ビッグバン以前の大学は限りなく狭き門だった。帝国大学の次のエリートコースとして、やはり高等師範学校があった。

一八七二年(明治五年)の学制発布に先駆けて東京に師範学校が作られた。全国に学校を作るに当たって教員がいなければ話にならないからだ。その後紆余曲折の制度変更を経て一八九七年(明治三〇年)に、終戦まで続く師範学校制度の基盤が固まる。歴史的変遷についてはあまりに複雑なので割愛し、ここでは基本的な用語だけ整理しておく。

師範学校は大きく三つに分類できる。師範学校、高等師範学校、女子高等師範学校である。師範学校は小学校の教員を養成する学校。高等師範学校と女子高等師範学校は中等学校および師範学校の教員を養成する学校。

師範学校には高等小学校卒業者もしくは中学校および高等女学校の卒業者が進んだ。つまり中等教育から高等教育にまたがる教育に相等する。高等師範学校および女子高等師範学校には師範学校の他中学校および高等女学校の卒業生が進んだ。つまり高等教育レベルに相当する。

師範学校は北海道および各府県に一校以上設置されることになった。高等師範学校と女子高等師範学校は当初東京に各一校官立のみとされていたが、中等学校教員需要の急増により、のちに広島や奈良にも設置され、さらには帝国大学や官立専門学校でも教員免許の授与が認められるようになっていく。

師範学校には幼稚園や小学校が附設されることも多かった。教育実習のためである。これが現在も各地にある国立大学附属小学校の始まりである場合が多い。

師範学校の流れを汲む中等教育機関としては、筑波大学附属駒場、お茶の水女子大学附属、東京学芸大学附属を後ほど紹介する。

これらは分類上国立であり、学費の安さも魅力であるが、もともと独立性が強く、学校運営のあり方は公立高校よりもむしろ私立に近い。二〇〇四年には独立行政法人化もなされており、実態はさらに私立に近くなってきている。

正統から異端が生まれ、異端が正統になる――慶應義塾〈普通部・高等学校〉（神奈川県・私立）

一八五八年、中津藩士・福澤諭吉が築地に洋学を学ぶ私塾を興したのがその起源。中津藩は現在の大分県。福澤は、長崎でオランダ語の基礎を学び、緒方洪庵が開いた大阪の適塾で蘭学を学んでいた。『福翁自伝』の中で福澤は、「政治との距離が近くてとかく立身出世が目の前にちらつく江戸ではなく、比較的自由な町人の町大阪で目的なしの勉強をできたことが幸せだった」などと書いている。世間に知れ渡る偉人でありながら権力におもねらなかった福澤の生き様を物語っている。

一八六八年（慶応四年・明治元年）、私塾を慶應義塾と名付けた。この時に書かれた『慶應義塾之記』には「会社」「同社」「社中」「吾党の士」などと強い同志意識を表す言葉が多用されている。慶應義塾では今日でも関係者すべてを「社中」と呼ぶように、強い同志意識は創立以来の伝統なのだ。

もともとは藩校で学ぶくらいの青年を指導していたと考えられる。今で言えば中等教育に当たる。一八九〇年（明治二三年）に「大学部」を発足させる。一八九六年には財政難に陥るがこれを乗り越え、一八九八年に幼稚舎、普通学科（翌年、普通部に改称）、大学科の一貫教育体制を整える。

一九二〇年（大正九年）、私立の大学としては早稲田と並んで第一号で認可を受ける。いわゆるエスカレーター式と言われる一貫教育が特徴だ。しかし戦後はそこに多様性が加わった。中等教育に限れば、中学校は普通部と中等部、湘南藤沢中等部の三つ、高校は高等学校、女子高等学校、志木高等学校、湘南藤沢高等部、ニューヨーク学院の五つある。すべての学校に共通の理念が貫かれているのと同時にそれぞれの学校に個性がある。すべての学校が独立した存在という思想があるので、「附属校」という言い方はしない。

その中でもここでは、普通部と高等学校の教育に焦点を当てる。

戦前、慶應義塾の中等教育は普通部が担っていた。いわゆる旧制五年制中学であった。戦後、新学制に伴う改組で、多くの旧制五年制中学は高校または中高一貫校へとスライドしたが、普通部は中学にスライドした。慶應義塾大学予科の流れを汲む慶應義塾高等学校が作られたからだ。

慶應義塾と言えばペンが交差する校章が有名だが、実は普通部の校章だけペンが細い。そして「一八七三」の文字が刻まれている。公式には慶應義塾の一貫教育体制が整った一八九八年（明治三一年）を起点としているが、普通部については、東京市に開学の届け出をした一八七三年（明治六年）や、「普通部」の名称がはじめて使われた一八八九年（明治二二年）を起源とする考え方もある。もともと慶應義塾が中等教育相当の私塾から始まったことを考えると、普通部こそが慶應義塾の直系と言えなくもない。普通部にはそんなこだわりがあるのだろう。

戦後新学制の下で認可を申請したところ、「普通部」の名称が紛らわしいとして却下された。一〇カ月間も保留されたが普通部も譲らず、ついに役所が折れた。なぜそこまでこだわったのか。「普通部の『普通』は凡庸という意味ではない。『人間なら誰もが身に付けておかなければならない基本的な、普遍的な』という意味である」と山崎一郎普通部長は教えてくれた。

「普通部には旧制中学以来の『芯』みたいなものがある」と山崎部長は言う。「芯」とは何か。「男子校ということもあり、時にバカらしいことをしてみる自由な雰囲気」と山崎部長。高校受験がないことも自由な雰囲気の前提になっているだろう。

「高校受験はないが、『実学』で生徒を鍛える。福澤の言う実学とは世に出てすぐに役に立つ技術のようなものではない。実証科学のこと。すなわち学問。コツコツとリベラルアーツの基礎に取り組む生徒もいれば、早くから大きなチャレンジをする生徒もいる。受験がない代わりに何かしら生徒を刺激する機会を創出するのが我々の役割」と山崎部長は語る。エスカレーター式とは言うが、中学生でも「再修制度」がある。留年だ。

勉強以外に生徒が活躍する場として、部活の他に八〇年以上続く「労作展」がある。生徒自らテーマを決め、夏休みを中心に自由な創作活動を行い発表するのだ。絵画や書などの芸術作品はもちろん、科学のレポートや文学作品なども提出される。

普通部一〇〇年に当たる一九九八年、これからの一〇〇年を始めるに当たっての所信表明とも言える取り組みを始めた。それが「目路はるか教室」である。普通部の卒業生を招いてその生き様に触れる授業である。

普通部一〇〇年を迎えるに当たって、何がこの学校最大の財産なのかと考えた。そして卒業生以上のものはないという考えに至った。単なる単発の卒業生講演会ではない。各界の最前線で活躍する卒業生が真剣に授業を行うのだ。職場見学を伴う場合もある。卒業生と教員で運営委員会を組織して、総力戦で企画する。二〇年後、三〇年後の自分を卒業生の生き様に重ね合わせ、少しでも近づいてほしいという思いがある。

普通部の生徒の大半は日吉キャンパス内にある慶應義塾高等学校に進学する。その校舎は文字通りの白亜の城。一九三四年から大学予科の校舎として使われていたものをそのまま譲り受けている。正面玄関の上、右から左に読む「慶應義塾高等學校」の文字がさらに歴史を感じさせる。

通称は「塾高《じゅくこう》」。一学年七〇〇人と、慶應義塾中に五つある高校の中でも最も規模が大きい。男子校ということもあり、校風は自由。大学のカフェや売店も利用できる。制服を着ている以外は大学生とほとんど変わらないキャンパスライフを享受できる。

有名な卒業生を挙げれば切りがないが、例えば俳優の石原裕次郎。最近では大学生でありながらサッカー日本代表に選ばれた武藤嘉紀選手も同校OBだ。スマートでありながら豪快な人が多いイメージが私にはある。

大学予科の伝統を継承しているので、自ずと教養主義の高校となった。文系理系の区別なく、必要な教養をすべて学ばせる。大学受験はないから、教養教育に三年間すべてを使える。

「社会の先導者を育成することが慶應義塾全体の理念。リーダーになるためには世の中を俯瞰《ふかん》できなければいけない。そのためにはオールラウンドな知識が必要」と阿久沢武史主事は説明してくれた。

通常授業以外の教養セミナーも多彩だ。落語を楽しむ「塾高寄席」、中国の映画を鑑賞する「日吉電影節」など文化的なものから、「恐竜学者というお仕事」「国立天文台見学会」「南極教室」「火山の鼓動を聞く」などのサイエンスものまで、大学との共催も併せれば月に一回以上の頻度で開催される。生徒の知的好奇心を刺激する。さらに、二〇一四年から、慶應の四つの高校合同で、アメリカやイギリスの学校に一年間留学できる制度を作った。費用はすべて慶應義塾が負担する。普通の高校では考えられないほどに恵まれている。

二〇〇三年に推薦入試を導入してからはさらに多彩な才能が入学してくるようになり、それが他の生徒たちの刺激にもなっている。

新制高校としての開設から数えると二〇一八年で七〇年。それを記念して、図書館を中心とした新校舎を建設予定。海外の学校との交換プログラムも企画中。在学生に対し資金的な援助をするための基金も、卒業生の力を借りて立ち上げる予定だ。きっとすぐに、普通の高校では考えられない多額の寄付金が集まるのだろう。

さらに開設七〇年事業の一環として、「正統と異端の協育《イノベーション》」をテーマに新たな教育プログラムを構築中。「福澤諭吉は、『文明の進歩は全て異端妄説から始まっている』と『文明論之概略』で書いている。その精神に立ち戻る考えだ」と羽田功校長。

初めは異端だと思われたものが、そのうち正統と認められるようになることで文明は進化する。しかし異端が生まれるためには前提として正統がなければならない。正統から異端が生まれ、異端が正統になっていく。そのサイクルを塾高の新しい教育のイメージとしているのだ。変わらないものがあるから変わり続けることができる。変わり続けるから変わらずにいられる。

まさに伝統校の矜恃である。

本当の厳しさを教えるための自由――筑波大学附属駒場（東京都・国立）

校風は自由そのもの。制服はない。夏ならTシャツと短パンがほとんど。昼休みには、中庭などで寝そべりながら弁当を突くのどかな風景がそこかしこで見られる。昼休みには近くのコンビニに買い出しに出掛けてもいい。携帯電話やパソコン持ち込みに関する制限もない。すべては自分で判断する。それが筑駒のルールだ。

ラフなのは生徒だけではない。教員も裸足につっかけという出で立ちで授業を行っていたりする。とにかくのんびりした雰囲気が漂う学校なのだ。

しかし授業には活気がある。

「教科書に書いてあることは、読めば理解できてしまう生徒ばかり。ドリルなんてやらせてもつまらなくてすぐに飽きてしまう。どんどん難しい問題を与えて、自分たちの力で解かせて、競わせる。できる奴は尊敬され、できなかった奴は悔しがって次がんばる。せっかく学校にみんなで集まって勉強しているのだから、そういうスタイルのほうが面白い」

と、数学のベテラン教員は笑う。

社会の授業では、暗記よりも思考法の習得を優先する。だからすべての範囲を満遍なく教えるのではなく、深く掘り下げるところは徹底的に掘り下げ、その他の部分に関しては

「自分で同じように考えてみなさい」とするスタイル。テストではとにかく答案用紙いっぱいに書かせる。

中三と高二では、「総合的な学習の時間」を利用して、それぞれ「テーマ学習」「ゼミナール」という探究学習を行う。およそ受験とは関係ないが、高度にアカデミックな内容の講座が用意される。教員が生徒に各講座の魅力をプレゼンして生徒を集める。

筑波大学との関係を活かして、大学の授業を体験させてもらったりもする。

国際数学オリンピック、各種国際科学オリンピック、国際哲学オリンピックなど、国際的な舞台で桁違いの活躍をする生徒がぞろぞろいるのも頷《うなず》ける。脅威の大学合格実績はそのおまけのようなものなのだ。

一学年の人数は一六〇人程度と、一般的な学校に比べればだいぶ少人数であるにもかかわらず、東大合格者数が一〇〇人を超える年も多い。卒業生数当たりの東大合格率で言えば、実はダントツのナンバーワンである。

もともとは東京農業教育専門学校の教育実習、実験、実証の場として、附属農業学校として設立されるはずだった。東京農業教育専門学校は東京帝国大学農学部附設の農業教員養成所が独立したもの。しかし戦後の学校制度の変更により、東京農業教育専門学校附属中学校として開校するに至った。つまり筑駒のルーツは帝大にあると言える。

一方で、一九四九年、国立学校設置法により、東京農業教育専門学校が東京教育大学に包括される。東京教育大学は、戦前の東京高等師範学校を母体としてできたもの。一九五〇年附属駒場高等学校開校。さらに一九五二年、東京農業教育専門学校閉鎖に伴い、東京教育大学附属駒場中学校・高等学校に改称。一九七八年、東京教育大学が筑波大学に移管。この時に現在の名称、筑波大学附属駒場中学校・高等学校となる。

このことから、筑駒は戦前の二大エリートコースであった東京帝国大学と東京高等師範学校のハイブリッドであり、かつ文字通りの専門学校の系譜も継ぐ、ユニークな生い立ちの学校と言える。

もともとは地域の農家の子息に対し、農業教育を行う予定であったのに、地域の発展に伴いそのニーズが消滅。一九六二年には普通科のみに転換された。東大駒場キャンパスの近くにあり、しかも今でも学校近くに水田があり、そこで田植えや稲刈り、脱穀などを実際に行う「水田学習」が伝統となっているのはこういった経緯ゆえである。

校名に「駒場」が挿入されたのは、もともと筑波大学の附属であった筑波大学附属中学校・高等学校（以下、筑附）が大塚にあったからである。筑附の中学校から高校への内部進学枠が約八割程度しかなく、完全な中高一貫校ではないのに対し、筑駒は、中高一貫教育の研究をその役割とした。また、筑附は共学であるのに対し、筑駒は男子校である。

さすがは教育を研究する学校。生徒の学力だけでなく、体力、人格形成、心の成長などについても、定量的な調査を行っている。教員の勘に頼るのではなく、エビデンスを重視しているのだ。例えば中一で入学した時の筑駒生の体力偏差値の平均は四二。もやしっこと言われても仕方がない。しかし、中三になる頃には偏差値が五五に。つまり全国平均を上回ることが分かっている。文化祭への参加意欲やそれが人格形成に与える影響も数値化している。

音楽祭、体育祭、文化祭が三大行事。音楽祭ではクラス対抗で合唱の力を競う。「男の子が合唱?」と思うかもしれないが、女子の目を気にせず、合唱にも全力で取り組めるのが男子校の魅力でもある。合唱にはチームワークが必要だ。中学生のうちは担任が仕切る場面も多いが、高校生ともなると、自分たちでクラスをまとめ上げていく力を身に付ける。

体育祭は二日にわたっていわゆる「オリンピック方式」で開催される。体育館でバスケットボールをやっている間に、グラウンドではサッカーの試合をやり、剣道場では剣道の試合をやるなど、学校全体を効率良く利用して、同時進行で競技を行うのだ。プロのイベント屋さんも舌を巻くほどの「仕切り力」「段取り力」が発揮される。

文化祭においては、各種機材の移動や配置から、電源供給のインフラ作りまで生徒が行う。使用する電力を計算し、ブレーカーが落ちないように使用時間を割り振ったりもする。

夏休みなどには、レポートや自由研究的な宿題が課される。これがまたマニアックな力作ぞろいである。理科の教員でもある濱本悟志副校長は、生物のスケッチを見て、目を細める。「これなんて、よく描けている」。時々手を抜く生徒もいるけれど、そんな時に濱本副校長は「これが本当に君の実力か、それならいいんだ。でも、そうじゃないのなら、君は自分自身を許せるのか」と問う。それ以上は言わない。しかしこれ以上厳しい言葉はないだろう。生徒は本当の意味での「恥」を知る。

筑駒に来るような生徒に、実力の差はほとんどないといっていいだろう。自分の納得がいくまでやりきらないと気持ちが悪いと感じるか、手を抜けるところはできるだけ手を抜いて楽をしようと思うか。それが大きな違いを生む。

生活面にしても、学習面にしても、徹底的に自由。しかしそれは生徒を甘やかすためではない。自分を甘やかしたくなる心と戦うための訓練だ。筑駒の自由は、本当の厳しさを教えるための自由なのだ。

自ら伸びようとする意欲と力――お茶の水女子大学附属（東京都・国立）

「すごく自由」「びっくりするほど緩い」。たまたま話した生徒たちからは一様にこれらの言葉が聞かれた。一方で「自己管理をしないといけない学校」との意見も聞かれた。また、お茶の水女子大学に通う卒業生は、「自分を抑えなくていい。かといってあえて特別なことをする必要もない。ありのままの自分でいれば、それがそのまま自己主張になると学んだ」と振り返る。

お茶の水女子大学キャンパス内にある。築約八〇年の校舎全体に、使い込まれた骨董品《こっとう》のごとき美しさがある。しかし生徒たちには、一般にイメージされる女子校のかしこまった雰囲気はあまり感じられない。ひと言で言えば元気がいい。活気がある。「男子生徒がいない分、生徒たちはありのままの自分を出せるというか、遠慮しないところがある。時々目に余ることもあるけれど……」と石出みどり教諭は笑う。

創立は一八八二年（明治一五年）。しかし前史がある。

一八七二年（明治五年）に設立された日本初の官立女学校がその起源と考えることもできる。また、お茶の水女子大学の起源である東京女子師範学校は一八七四年（明治七年）に設立されている。明治初期の政治的混乱の中で廃校・再興・組織改編を繰り返し、東京女子師範学校附属高等女学校となったのが一八八二年（明治一五年）ということ。その後も幾度か名称は変更されるが、一九〇八年（明治四一年）以降は東京女子高等師範学校附属高等女学校。

東京女子高等師範学校は中等教育の教員を養成する官立学校の最高峰だった。その教育実践の場として附属高等女学校は存在した。つまり日本全国の女子中等教育の模範が、常にここで示されていたわけだ。しかも、高等女学校時代の学校は華やかなものであったらしい。校舎玄関の前には皇后・皇族の行啓に備えての車寄せがあり、生徒を送迎する車夫が場所取りで争ったという。制服も五種類の中から選べた。皇室とのつながりも強かった。校歌は明治天皇の后である昭憲皇太后の御歌がもとになっている。

戦後、お茶の水女子大学附属高等学校に改組する。お茶の水女子大学そのものは、教員養成のための大学ではなくなったが、現在でも附属高校の役割は、「高等学校教育の理論および実際に関する研究並びにその実証をするとともに、学生に教育実習を行わせることを目的とする」と定められている。

最近ではその一環として、高大連携も強められている。大学教員が高校で授業を行ったり、高校生が大学の授業を聴講できたりする仕組みがある。また二〇〇八年からは、高大連携特別入試制度も設けられている。逆に言えば、それまで特別な入試制度はなかった。ここが私立大学附属高校との大きな違いである。国立の場合、附属と言ってもエスカレーター式ではないのだ。二〇一四年、お茶の水女子大学への進学者は一割にも満たない。

卒業生には、女性解放運動家の平塚雷鳥、映画字幕翻訳家の戸田奈津子、宇宙飛行士の山崎直子などがいる。

基礎・基本、自主・自律、教養主義が教育目標。

生活面においては、「自主・自律の『自主』に関しては入学早々に身に付けるが、『自律』はなかなか……。三年かけてようやく身に付く」と石出教諭。多彩な学校行事において、一人ひとりが自分の責任で運営に携わっていく場合が多いことを、自律心獲得の機会として挙げる。

学習面においては、レポート課題や発表が多い。テストの点ではなくレポートの質や発表のスキルで、生徒たちは自分の成長を自覚できるという。ある生徒は「校風が自由なだけでなく、勉強も自分のしたいようにさせてくれる。『勉強ってこんなに楽しいんだ』とこの学校で気付けた」と話してくれた。

生徒たちに共通する傾向は何かと聞くと、「自ら伸びようとする意欲と力がたくましいこと」と荻原万紀子教諭。「授業中、一年生であっても友達の意見を否定することも辞さず、より良い考察に向かっていく努力を惜しまない」とも言う。教員が無理に仕向けなくても、生徒たちが自然にそうなっていく文化が醸成されているのであろう。

また、それを可能にしているのが女子校という環境だ。国立大学附属でありながら女子校であることへの批判はあるが、「思春期の一時期に女子だけでのびのびと過ごせる期間があることの重要性は、生徒たちを見ていれば分かる」と菊池美千世副校長。女子同士が、時には角を突き合わせながらお互いを磨き合う文化がここにはあると言う。

段差と刺激と仕掛けを与え、生徒たちをかき回す――東京学芸大学附属（東京都・国立）

見るからに歴史を感じさせる荘厳な校舎は、角地に合わせたカーブが印象的なデザイン。その周りを銀杏《いちょう》の巨木が取り囲む。校門脇の守衛所までレトロな趣がある。

母体である東京学芸大学の起源は一八七三年（明治六年）の東京府小学教則講習所にまで遡ることができる。正規の師範学校の設立が間に合わず作られた小学校教員養成機関である。

一九四九年、東京府小学教則講習所の系譜を継ぐ東京第一師範学校をはじめとする六つの府立師範学校が合併して、東京学芸大学となった。「学芸大学」とは「リベラルアーツ・カレッジ」の訳語。当時は全国の教員養成大学が名乗っていたが、一九六六年、法改正により一律に「教育大学」に変更された。しかし、東京にはすでに東京教育大学（現在の筑波大学）があったため、東京学芸大学のみに「学芸」の名称が残された。

戦前の各師範学校に附属していた国民学校（小学校）が、新学制によって改組する時、その初等科が新制小学校に、高等科が新制中学校にスライドした。

東京学芸大学傘下には、小学校、中学校、大学がそろっているのに、高校がない。そこで一九五四年に附属高等学校が作られた。現在の校舎は約八〇年前に建てられた東京学芸大学下馬本部の建物を引き継いでいる。

設立当時から「本物教育」を標榜した。教科書だけでなく、本物に触れる体験を重んじたのだ。その伝統は今でも、野外実習、地理実習、社会見学実習などの教科行事の形で続いている。

「塾では受けられない授業」が自慢。そしてたくさんのレポートを書かせる。まさにリベラルアーツである。

附属中学でも理念は同様。しかし全員が内部進学できるわけではない。三つの附属中学からの内部枠は二一四人。確率は半分弱。林正太副校長はこれを「段差を伴った連携教育」と称する。現在学芸大附属には、二つの幼稚園、四つの小学校、三つの中学校、一つの中等教育学校、一つの特別支援学校、そしてこの附属高等学校がある。

文部科学省のスーパーサイエンスハイスクールであり、スーパーグローバルハイスクールのアソシエイト校でもある。「単発のイベント的なことを実施するのではなく、各教員が自分の担当科目の中で、スーパーサイエンス的なものに取り組めないか、スーパーグローバル的なことは何なのかを考えて、普段の授業の中にこそ、その趣旨を取り込むようにしていきたい。さらに教員同士で情報を共有し、教科横断型のカリキュラムを築き上げていきたい。そしてその成果をいろいろな学校に還元していきたい。それが学芸大学の本来の存在意義でもあるから」と林副校長は意気込む。

学芸大附属高校には入口と出口の儀式があると林副校長は言う。入口とは、一年の一学期に行う四泊五日の林間学校だ。二日目と四日目にそれぞれ登山する。心身ともにつらさを味わう。「数値では測れない教育的効果がある」と林副校長。これを乗り越えた経験が三年間の学習の核になる。そこに、三年間の様々な経験が結び付いていく。

出口は三年生九月の「辛夷祭《こぶし》」。文化祭である。特に各クラス七五分間にもおよぶクラス演劇が名物だ。受験を間際に控えているが、クラス全員が関わる。そこには当然葛藤もある。しかしこんな言葉もある。「辛夷を制する者は受験を制す」。辛夷祭に全力を注いだ者は、大学受験においても好成績を残すという言い伝えがあるのだ。辛夷祭を終えると、大学受験モードに突入。そこから一気に加速する力を「辛夷エンジン」と呼んでいる。

辛夷エンジンでの巻き返しがほんの一歩のところで間に合わないこともある。しかし浪人も含めれば約九割が第一志望に進学するという。自分の決めた目標を妥協しないのもこの生徒たちの特徴だ。教員も「等身大受験をするな、背伸び受験をしろ」と発破を掛ける。

「一見無意味に思えることに意味を見出せるかどうか。それができれば、たとえ浪人してもそこに意味を見出し、自己肯定感につなげられる。そうなるためにはたくさんの苦しみや迷いや葛藤を経験し、乗り越えなければいけない。その機会が林間学校であり辛夷祭であったりする。その意味で、『この学校にはたくさんの小石があるからできるだけ拾っておけ』と生徒たちに言う。たくさん拾っておけば、夢の層が厚くなるから」と林副校長。

「ここにやってくる生徒はみんな高い素質を持っている。教員がすべきは、段差と刺激と仕掛けを与え、彼らをかき回してやること。そうすれば、生徒たちは絶対に自ら伸びていく」と教員が生徒を信じる文化がある。それが学芸大学附属の魅力だと私は感じた。

第六章　大正・昭和初期生まれの学校

大正時代に盛り上がった学歴信仰

第一次世界大戦中日本は空前の好景気に沸いた。工業生産額が農業生産額を上回り、産業構造が変化した。人口も急増していた。明治初期に約三三〇〇万人だった日本の人口は大正末期には約六〇〇〇万人に。増加した人口の多くは大都市の第二次産業、第三次産業に吸収されていった。サラリーマンの大量出現である。女性の職場進出も盛んになった。大都市には鉄筋コンクリートの建物が建ち並ぶようになり、西洋風の文化が大衆化した。一九二〇年（大正九年）の時点で就学率が九九％を超えた。文明開化、近代化の波が、ようやく庶民にも浸透したのである。

世界的な民主主義的風潮の影響を受けた「大正デモクラシー」の気運の中で、「平民宰相」と呼ばれた原敬が首相になったのは一九一八年（大正七年）。選挙権も大幅に広げられた。明治維新以来続いた藩閥政治や一部特権階級による社会運営は終焉に近づいていた。大衆の時代がやってきた。勉強すれば、出自に関係なく、いい学校に行って、いい会社に入って、いい暮らしができる。みんながそう思うようになった。

それに伴い、より高度な教育の機会が広く求められるようになった。

救世主としての旧制七年制高校

増加の一途をたどる中学校や高等女学校の生徒たちに高等学校の門戸を開くため、「大学令」や「改正高等学校令」が出されたのがまさに一九一八年（大正七年）。この時点で高等学校は全国に、一高から五高を含む合計八校しかなかった。生徒は合計しても六七九二人。大学は、東京、京都、東北、九州、北海道の五帝大しかなかった。

大学令によって、私立大学が認められ、慶應義塾大学や早稲田大学ができたことは第五章で述べた通り。これにより私立公立合わせて約四〇の大学ができた。同時に、改正高等学校令が出された。改正高等学校令は、旧来の高等学校を廃止して、高等科三年、尋常科四年から成る七年制の高等学校にするというもの。ただし、高等科三年だけの高等学校の設置も認めた。中学校を四年まで修了すれば高等学校の高等科に進めるとした。

それまで、小学校を出てから大学に行くには中学校から過激な高校入試を経て高校に進まなければならなかった。高校入試浪人が大勢出た。そこをスムーズに接続する狙い。つまり小学校から大学へのバイパスを設けたのである。小学校卒業者には、中学校と高等学校尋常科の二つの進路ができた。

もしも旧制七年制高校がもっとあったなら

一九二〇年（大正九年）、日本は戦後恐慌に陥る。追い打ちを掛けるように、関東地方を激震が襲った。一九二三年（大正一二年）の関東大震災だ。国家の財政は悪化したが、一部財閥や大事業家の力も借りて、全国に新しいタイプの高等学校が誕生した。

官立では、松本、山口、松山など、一九二三年（大正一二年）までに七つの高等学校が新設された。公立は、富山、大阪、東京に新設された。私立では、武蔵、甲南、成蹊、成城の四校ができた。

このうち、公立の三校と私立の四校はすべて七年制の体制をとった。官立では東京高等学校だけが七年制で、あとは高等科のみ三年制の高等学校となった。

当時、高校を卒業すればほぼ一〇〇％帝国大学に進める仕組みだった。つまり、一二歳で七年制の高校に入学すれば、その時点でほぼ帝国大学への進学が確定したことになる。それが一方では教養主義を促進したが、一方ではエリート意識や自由すぎる校風を生んだ。七年制高校には一種独特の空気があった。

特に東京帝国大学に多数の卒業生を送り込んだのが武蔵だった。今も旧制七年制高校の名残を感じさせる武蔵の教育については後ほど詳しく述べる。

本当はもっとたくさんの七年制高校を設立する構想だったのではないかと考えられる。しかし戦後恐慌のせいで計画が縮小したのだろう。結局七年制高校は稀有な存在としてその名をこの国の教育史に残した。この時もしもっと多数の七年制高校ができていたら、もしかしたら学校制度は大きく変わっていたかもしれないと私は思う。もっとスムーズに小学校から大学までが接続され、入試のあり方も違ったかもしれない。

ちなみに私立の四校はいずれも戦後、高等科を大学に尋常科を中高一貫校にスライドした。公立では、例えば東京の府立高等学校が戦後は都立大学と都立大学附属高等学校になった。現在、都立大学は首都大学東京に、都立大学附属高等学校は桜修館中等教育学校にそれぞれ名称を変えている。

戦前最後の学校創立ラッシュ

高まる教育熱の中で、中等教育の需要もますます高まり、中学校や高等女学校は増えた。一九一七年（大正六年）の時点で中学校三二九、高等女学校三九五。それが一九三六年（昭和一一年）には中学校五五九、高等女学校九八五に増えた。

この時期に設立され今に続く学校に、桜蔭、川村女子、品川女子、東大寺、灘などがある。桜蔭、東大寺、灘の三校の生い立ち、歩みについてはこの後紹介する。

しかしこれ以降、日本には戦争の足音が近づく。尋常小学校は国民学校に名前を変える。学校における集団勤労作業も課されるようになる。生徒たちは学徒動員に駆り出され、幼い子供たちが学童疎開で親元を離れて暮らさなければならなくなる。教育どころではなくなっていく。

次にこの国で新しい学校が多く作られるようになるには、終戦を待たねばならなかった。

「教育とは何か、学問とは何か」を発信する――武蔵（東京都・私立）

二〇一四年の中学入試の理科では、プラスチックの容器に入った水と油が配られた。それを振ってどうなるか、観察して気付いたことを書かせる問題。これが武蔵名物、「お土産問題」だ。入試が終わったらその「もの」を持って帰っていいので「お土産」と言われている。

磁石であったり、ネジであったり、画鋲《がびょう》であったり、身近なものがお土産になる。知識ではなく、物事を科学的に見る姿勢、好奇心、そしてそれを人に分かりやすく説明する表現力を試している。自分の頭で考えず、すぐに「で、結局答えはなんですか？」と言うような子供には武蔵は向いていないということ。教育理念である「自調自考」の素養を試す問題と言える。

武蔵大学と隣接しており、大学の売店や図書館も利用できる。キャンパス内には小川が流れ、雑木林があり、なぜかヤギまでいる。里山のような環境だ。制服はない。校則もない。教員の身なりも自由。校長も髭と長髪という風貌である。

のびのびとしていながらそれでいてアカデミックな校風はまさに旧制七年制高校としての生い立ちに起因する。

一九一八年（大正七年）、当時の文部省は「改正高等学校令」を出し、七年制の高校を全国に作ると宣言する。しかし一九二〇年（大正九年）、第一次世界大戦後の恐慌の影響で国の財政は急激に悪化する。国は財閥や大事業主に私立学校設立の協力を要請した。それに応えたのが東武鉄道オーナーの根津嘉一郎だった。現在の貨幣価値に換算して一〇〇〇億円近い私財を投じて、武蔵を作った。これがこの国初めての私立七年制高校となった。

当時、旧制五年制中学校を経由して高校に入り、そのまま大学に進むのが通常のルート。旧制の高校は現在の高校とは意味合いが違う。大学の教養学部に相当する教育を行っていた。現在に例えれば、東大の駒場キャンパスが当時の旧制高校に当たる。七年制高校に通うということは、それをすっ飛ばしていきなり東大の三年生に入学できるようなもの。画期的な仕組みだった。

七年制高校に入れた時点で帝国大学への入学がほぼ確定する。「旧制五年生中学の生徒たちが血眼になって三年制の旧制高校入学のための受験勉強をしているのに、七年制高校の生徒たちは自由を謳歌しすぎ」、「バンカラすぎる」との批判もあった。しかし、武蔵はちょっと違った。イギリスのパブリックスクールを模し、スノッブな雰囲気があった。勉強については相当に厳しかった。東京帝国大学に多数の卒業生を送り込み、評判になった。

さらに、「自由なる学問の府」としての気骨はたいしたもので、戦時中においても国や軍からの命令をたびたび無視した。

戦後、前半四年に当たる尋常科が武蔵高等学校中学校になり、高等科が武蔵大学になった。「中学校・高等学校」ではなく「高等学校中学校」としているのも七年制高校の系譜を継ぐ学校としてのこだわりだ。

しかし、普通の中高一貫校になったということは、「東大までエスカレーター」という大きなメリットを失ったということ。戦後、進学校としての武蔵の人気は一度落ちた。そこで教員たちは奮起した。小学校を回り、小学校の教員たちに武蔵の入試問題を見せ、「武蔵が目指す教育とは何か、学問とは何か」を語った。そうして地道に生徒を集めて、武蔵は再び進学校としての輝きを取り戻した。

現在恒例となっている「山上学校」と「海浜学校」は七年制高校時代から続いている行事。冒頭のお土産問題も、旧制七年制高校時代からの伝統だ。いずれも武蔵の真骨頂「本物に触れる教育」の象徴である。

「山上学校」においては、地図を見ながら予《あらかじ》め生徒たち自身が作成したルートに従って山歩きをする。「海浜学校」では、隊列を組んでの遠泳を行う。

「山歩きでは、自然を観察すれば理科の勉強にもなるし、地図を使えば社会科の勉強にもなる。遠泳をすれば泳ぎがうまくなったり、体力が付いたりする。でもそれは教育効果のごく一部でしかない。山道を歩きながら頭の中が空っぽになっていたその時間、遠泳の途中で不安に襲われたその体験、それらすべてが生徒の心の中に内在化して、その人らしさの一部になった時、それが本当の教養になる。そういう原体験を積む前に、いきなり『学問するぞ』というのはあり得ない」と梶取弘昌校長は言う。

普段の授業でも本物に触れることを重視する。例えば地学の実験では、半年かけて鉱石を研磨する。顕微鏡で見て、それが何なのかを特定するためだ。出来合いのサンプルを買えば一時間で終わることではある。しかしあえて時間のかかる作業を自分で体験してみることで、本当の意味で「科学者の感覚」が身に付く。知識を増やすことよりもその感覚を磨くことのほうが大事だと、武蔵は考えているのだ。その時間が無駄ではないことは、JAXAの「はやぶさ」プロジェクト中核メンバーのうち四人も武蔵OBであったことからも分かるのではないだろうか。

「総合的な学習の時間」を利用して行われる「総合講座」では、教科横断のユニークな講座が多数開かれる。梶取校長は「教員の裏技を生かす授業」とこれを評する。校内でヤギが飼われているのも「総合講座」の一環だ。

各学期末には「特別授業」なるものも開かれる。例えば「心理学について学びたい」とか「エンジンを作ってみたい」とか、生徒のリクエストに教員が応える形でテーマを決める。教員の得意分野を活かして、生徒が学びたいことを学ぶ機会にするのだ。

職員室がなく、教員の机は各教科の研究室にあるというのも大学と同等の教育を行っていた七年制高校時代の名残。ゼミ形式の授業もある。教員の裁量は今でも大きい。生徒だけでなく、教員も自由なのだ。

国際教育にも早くから取り組んできた。英語の他に中三から第二外国語を学ぶ。第二外国語の成績が良い生徒は、高二の三学期終了時から二カ月間、学んだ言語を母国語とする国へ「国外研修」に行くことができる。四半世紀以上も続いている。ただし目的は語学の完成ではない。「プライドを捨て、世界と触れ合って、自分の中の未発達の部分を少しでも成長させること。それが真にグローバルな人になるということ」と梶取校長。

このところ以前ほどの東大合格者数が出ていないことが指摘されることもあるが、武蔵の教育の成果は大学入試に表れるのではない。もっと先を見据えた教育を行っている。しかし「大学進学も大切。教養主義と大学進学は相反するものではない」とも梶取校長は言う。かつては「面倒見の悪さ」が武蔵のある種の売りだった。しかし近年は基礎学力の確立を意識して指導している。ある保護者は、「思ったよりずっと面倒見が良くてびっくりした」と証言する。

「変わらないために変わり続けようと思う。そして武蔵の学びを全国に広めたい。武蔵の宣伝をするという意味ではない。『教育とは何か、学問とは何か』を世の中に発信することが、私たちの社会的責任だ」と梶取校長は意欲を語ってくれた。

本書の狙いも、まさにそこにある。

品性と学識を兼ね備えた人間であれ――桜蔭（東京都・私立）

関東大震災翌年の一九二四年（大正一三年）、東京女子高等師範学校（現在のお茶の水女子大学）の同窓会「桜蔭会」が設立した。つまり、明治以来日本の女子教育をリードしてきた女子師範学校の伝統を、間接的ではあるが引き継いでいるのだ。

当時女性として国内最高峰の教育を受けた桜蔭会会員は、震災後の混乱の中、未だ女子教育が十分とは言えない状況を憂い、社会報恩として女学校の設立を決めた。

女性解放運動が盛んであった頃である。母校・東京女子高等師範学校とは別に、官による女性教育の足らざる部分を拡充したい思いもあったのだろう。

初代校長・後閑キクノが桜蔭会内での選挙によって選ばれたのも、婦人参政権獲得運動が始まったばかりであった当時の世相を反映している。

国内最高峰の女性教員たちが集まった。筆頭の後閑は、昭和天皇の后・香淳皇后が皇太子妃に内定した時に、教育主任を務めるなどの経歴の持ち主だ。彼女の言葉「学べや学べ、やよ学べ」はいかにも有名。

「礼と学び」が建学の精神。品性と学識を兼ね備えた人間になれということ。

ある卒業生は、桜蔭で聞いた次の言葉を今でも心に刻んでいると言う。「あなたたちは、社会に出て、どんな組織に属しても、中心になっていく人たち。会社でも、学校のPTAでも。自分でそうするつもりがなくても、自然とそうなる」。

「先生は私たちに、そういう自覚を持って、人のため行動できる人になってほしいと考えていたのではないか。そして女性であっても、リーダージップをとることに躊躇するなと伝えたかったのではないか」と、その卒業生は回想する。

生徒の気質は総じてまじめ。一芸に秀でた天才型人間を育てると言うよりは、どちらかと言えばコツコツと努力ができるバランスの取れた人を育てる校風だ。

中三では「自由研究」がある。中二の学年末に自分でテーマを決め、資料・文献を集め、一年をかけて分析・研究する。最後は自分の考えも含めて論文にまとめる。

高二では「女性学」という授業がある。女性であることについて議論し、理解を深め、人生を思い描く。

建学の精神とも通じる「礼法」は、中学の三年間と高二で必修だ。受験とは直接的には関係ないが、生徒たちは「礼法」の成績が良いと特に嬉しいのだそうだ。女性としての誇り、桜蔭生としての誇りを感じるのだろう。

女子は理科系が苦手という一般的な偏見を覆し、理系進学者が約六割。医学部を目指す生徒も多い。各種科学オリンピックで日本代表を輩出するなど、進学実績以外の活躍も華々しい。文化祭では「サイエンスストリート」が名物。生物部や化学部、物理部などの理系の部が、日々の活動内容を展示したり、小学生来場者に楽しい実験を体験させたりしている。

勉強を大学受験に結びつける指導はしていない。

現在でこそ東大合格者上位一〇校の常連だが、多くの生徒が東大を目指すようになったのは一九八〇年代から。「共通一次」が開始され、それで好成績を取る生徒が多く、東大を受けてみる生徒が増え始めた。

それまでは時代的に、女子が東大に行くことにまだ抵抗もあったのだろう。もともと東大合格の実力は十分に持っていながら、東大に行こうとする生徒が少なかったのだ。当時学校としても「東大に行け」という指導はしていなかったし、今もしていない。入試制度の改革で、「東大に行く」という道がたまたまできたので、後輩たちも自然にその道を通るようになったのだ。

卒業生には、少子化・男女共同参画大臣も務めた政治家の猪口邦子やタレントの菊川怜、実業家の経沢香保子などがいる。各界における桜蔭卒業生の活躍を見る限り、女性の活躍の場に限界などないように見える。

創立当時に桜蔭会会員が思い描いていた女子教育が、今まさに実現していると言っていいのではないだろうか。

生徒たちを信じ、好き勝手にやらせてみる——東大寺（奈良県・私立）

制服はない。災害の時に走って避難できる格好であればいいというのが服装の目安。頭髪に関する制限もない。ピアスもＯＫ。自由な校風を標榜する学校は多いが、東大寺に漂う自由の薫りは特に鮮烈だ。

その名の通り、一九八六年までは奈良の大仏で有名な東大寺の境内にあった。経営母体は現在でも東大寺。地元の勤労青少年を対象に一九二六年（大正一五年）、東大寺の境内で始められた夜間学校がその起源。文化の大衆化が進み、教育熱が高まる中で、仕事のために十分な教育が受けられない青少年たちに学ぶ場を提供するのが目的だった。文字通りの寺子屋のごとき学校だった。名称は金鐘中等学校に決まった。その後、金鐘中学校となり、戦後は金鐘高校となった。

一方で、一九四七年、戦後の新学制の下で、青々中学校が設立された。青々中学校の校長は金鐘高校の校長の清水公照が兼務した。広島高等師範学校（現在の広島大学）出身のプロ教師と、奈良女子高等師範学校（現在の奈良女子大学）の名誉教授が協力した。

一九五〇年代後半から、近隣に私立公立の学校が整備拡充されるようになる。このままでは学校が存続できなくなるかもしれないという危機感があった。また当時、奈良女子大学附属中学校・高等学校が中高一貫教育で成果を上げていた。それに倣い、青々中学校にも高校を設けた。

一九六三年、金鐘高校を東大寺学園高等学校定時制、青々中学校を東大寺学園中学校とし、東大寺学園高等学校を新設した。ここから中高一貫教育が始まった。

人口増加と教育熱の高まりから、生徒数は増えた。東大寺境内にあったこぢんまりとした校舎では手狭になり、一九八六年、校地を移動する。それに伴い定員も大幅に増やした。

移転直後、東大寺は進学校として全国的に注目されるようになる。きっかけとなったのが、「東大・京大ダブル受験」だった。

一九八七年「A日程B日程方式」と言って、東大と京大の両方を受験することが可能になった。初年度両方に合格した受験生は全国で約一五〇〇人。特に関西勢に有利だった。本来の本命である京大合格を決めてからダメ元くらいの気楽な気持ちで東大を受験できる。一方、関東の受験生からしてみれば、本命の東大受験前にわざわざ京都まで行って受験するのは負担であった。

東大寺では、一九八六年に二一人だった東大合格者数は、一九八七年に三八人になった。さらに一九八八年には六四人で一〇傑入りし、注目を浴びた。一九八八年の東大・京大ダブル合格者ランキングでは、灘五九人、開成三七人に次ぐ三位三六人だった。

この時のことを清水優教頭は、「期せずして注目を浴びたのであり、当初から学園が目指したものではない」と言う。

一九八九年には再び入試制度が変更され、東大合格者数は控えめにはなるが、この時期を境に、東大寺の東大志向は強まった。京大と東大の両方に多数の合格者を出す学校になったのである。さらに国公立大医学部進学者も多い。最近では卒業生の約八割が、東大・京大・国公立大医学部のいずれかに進学している。全方位型の進学校と言える。

「そんなにみんな医者になってどうする」と言うくらいに医学部を目指す生徒が多い年も

ある。しかし「学校側からは大学名を挙げての受験指導はしない」というのが東大寺の進路指導の暗黙のルールだ。生徒の実力に対し、志望校のレベルが高い場合には、「これだけやれ」と言って、そのギャップを埋めるための課題を具体的に示す。

普段の授業でも特段大学受験は意識しない。夏休み明けの九月には「課題テスト」があり一学期の内容を復習しておかなければならないとか、小テストでつまずきの見られる生徒に個別に指導するなどの手当てはあるが、目的は基礎学力の確立。受験対策ではない。その代わり、定期テスト前には部活の先輩が後輩に勉強を教えるという微笑《ほほえ》ましい文化がある。

とにかく教員は生徒のやることに口を出さない。生徒たちを信じ、思う存分好き勝手にやらせてみる。それにより生徒の本領が発揮され、生徒たちは自分の殻を打ち破ることができる。これが東大寺流の男の子の育て方だ。

東大寺では行事も修学旅行も生徒がすべてを決めて実行する。生徒に任せる。それが放任主義と言われてしまうこともあるが、布村浩二教諭は「違う」と言う。

生徒に任せるということは、あらゆるトラブルを想定し、ハラハラドキドキしながら見守るということ。時には臨機応変なフォローも必要だ。生徒たちの自由を確保するために、実は教員は大きな負荷を引き受けているのである。何でも教員が決めていいのなら、そのほうが楽だ。それでも生徒に任せるのは、生徒たち自身が自分の限界に挑戦し達成感を味わうことが成長につながると考えているからだ。

生徒たちもとことんやる。あられもない姿で卒業アルバムの写真を撮ろうとしたり、海外修学旅行先で記念撮影のぼったくりにひっかかったり……。これに付き合うには、まず教員一人ひとりに、心の余裕がなければいけない。

その点、東大寺の教員は約九割が専任で、しかも担当授業数も少ない。教員が楽しみながら生徒を指導できるようにあえて余裕を持たせているのだ。教員も自由で、それぞれに個性的な授業を行っている。時には生徒たちと一緒にバカをする。担当教科以外の得意分野も積極的に生徒に披露するように心がけている。人間としての幅を広げる重要性を感じ取ってほしいからだ。

東大寺の教員たちは、教師である前に一人の大人として、生徒にとってのロールモデルであろうとしているのだ。誠に男子校らしい文化だと私は思う。

日本一どころか世界一を目指せる学校――灘（兵庫県・私立）

中学の教室を覗くと無骨な木の机と椅子が並んでいる。だいぶ年季が入っている。灘名物「机椅子」である。机と椅子がセットになって固定されており、座る位置を調整できない。旧制中学時代からの伝統である。始業や終業を知らせるチャイムはけたたましい。チャイムと言うよりはブザーである。これも旧制中学時代からの伝統。学級委員のことは未だに「級長」と呼ぶ。これも伝統である。

「変えなきゃいけないところは変えるけど、変える必要のないところは変えない」が学校のスタンス。というわけで未だに旧制中学の匂いがプンプンするのである。

創立は一九二七年（昭和二年）。阪神間の人口は急増したが、中学校の設立が追いつかず、県立神戸一中（現在の神戸高校）の入試は超難関化した。その状況の解消のために、地元に新規の私立中学校を設立しようという気運が高まった。そこでスポンサーになったのが、地元の豪商「山邑家」と二つの「嘉納家」だった。「山邑家」は江戸時代に清酒を発明した酒蔵。「櫻正宗」で知られる。二つの「嘉納家」は「菊正宗」と「白鶴」で有名な、これまた酒蔵だ。灘は「灘の酒」で有名な酒蔵が作った学校ということだ。

これで土地や建物は用意できる。しかし学校はそれだけでは作れない。魂を吹き込む建学者が必要だ。それを買って出たのが、嘉納家の分家筋に当たる嘉納治五郎。「講道館」を開いた近代柔道の祖としてその名を知る人も多いだろうが、実は彼こそ一八九三年（明治二六年）から二三年半もの間、東京高等師範学校（現在の筑波大学）の校長を務め、教員養成という側面から日本の中等教育を育ててきた人物だ。時に文部参事官も兼務し、教育改革にも取り組んだ。軍隊式の学生寮の規則を改革して学生に自由の気風を与えたり、授業に体育を取り入れたり、部活の概念を導入したりしたのも彼の業績である。

高等師範学校の校長に就く前は熊本の五高の校長をしていたというから、あるいは済々黌の教育も研究していたかもしれない。麻布の創設者である江原素六とも交流があったようだ。言わば日本中の中等教育を知り尽くした人物である。

灘の海を仰ぐのどかな牧草地に、その彼が、理想の中学校を開いた。それが旧制灘中だ。実は治五郎、もともと自分の理想の私立中学を作りたいという構想を抱いていたのだ。官の制約の下では限界があることを身をもって感じていたのだろう。

校是は「精力善用」「自他共栄」とした。治五郎が柔道の修行を通して見出した信念だ。「精力善用」は持てる力を最大限に出し切る姿勢。「自他共栄」は助け合い、譲り合う精神を意味している。

初代校長として、東京高等師範学校の教え子である眞田範衞に白羽の矢を立てた。「灘中を日本一の学校にする」。眞田もこれを受けた。

そうはいっても神戸一中の補完校としての立場に変わりはない。近くに一足先にできた私立の甲陽や甲南もあった。優秀な生徒を集めるのは簡単ではなかった。眞田は生徒を徹底的に鍛えた。成績別にクラスを分けた。一年生に関しては席順も成績で決めたという証言も残っている。

相当に鼻柱の強い人物だったらしい。戦時中は軍の指導に逆らい英語の授業を続けた。空爆を避けるため校舎を黒く塗れという指示にも背いた。逆に戦後は、ある卒業生の証言によると、GHQから禁止されていた教育勅語の朗読を続けたという。占領軍への反発だったのかもしれない。

しかし終戦後間もなく眞田はチフスに罹り志半ばで病死する。二代目清水実校長の下で、新制中学校・高等学校としての船出を迎えた。

全国の旧制中学校が新学制による改組で混乱した時期である。そこに乗じて清水は賛否両論の大技を繰り出す。

新学制への変更に当たり、GHQは三原則を打ち出していた。総合制、男女共学、学区制である。

神戸でも学区制が敷かれ、共学化も決定した。五学年が三学年に縮小するので、新制高校の下に一時的な附属中学を作り、二年・三年在学生が高校に進学するまでの間をつなぐ移行措置がとられた。

しかし、せっかく神戸一中に入学したのに学区外に住んでいるからという理由で他校への転校を余儀なくされる生徒が多数出た。男女共学を嫌う家庭も多かった。そこで、神戸一中をはじめとする県下のナンバースクールの生徒たちを、無試験で灘に迎え入れたのだ。

これにより、正規の入試を経て入学した生徒の他に、約五〇人の優秀な生徒を獲得できた。彼らが新制灘の四期生、五期生として目覚ましい大学進学実績を残した。七期生を出す頃には県下トップ校になっていた。

一度上昇気流に乗ればそこからは早い。一九六〇年には東大合格者数一〇傑に入り、一九六八年ついに日比谷の首位を奪う。治五郎や眞田が何度も口にした「日本一の学校にする」が少なくとも進学面では実現したのだ。

ところでなぜ関西にありながら、東大への進学者が多いのか。それは、創立当初から治五郎の教え子である東京高等師範学校出身の教員を多く採用していたからではないかと考えられる。教員から東京の話を聞き、日本一の大学である東京帝国大学に自分も行くのだと思うようになる文化があったのだろう。

『銀の匙』を超スローリーディングする授業で有名になった、橋本武元教諭も東京高等師範学校から一九三四年に灘に赴任した。

東大合格者数日本一になった直後、全国の高校を高校紛争の嵐が襲う。灘でも三日間すべての授業を取りやめて、学校のあるべき姿について話し合った。この前後に、服装や髪型の自由が認められた。罰則を伴う校則は撤廃した。週一回はホームルームを設け、生徒たちが自由に議論する権利が保証された。一〇〇点満点評価だった成績表は一〇段階評価に改められた。成績順の発表はなくし、分布表を配付するだけにした。

生徒の意思を尊重する校風が、灘の伝統の一部となった。その代わり、「灘校生らしくあれ」が不文律となった。

高校紛争を通して学校として一皮むけたのである。ちょうど日本一に躍り出たタイミングで、脱皮の機会があったことは好運だったのではないかと私は思う。進学実績を上げていく時には踏ん張りが必要だが、ある程度のところまで行ったら、少し緩めることも必要だ。いつまでも力みっぱなしでは長くはもたない。

学年の担当教員が学年団を組み、六年間同じメンバーでその学年を担当する仕組みもこの時できた。学年によってまったくカラーが違う。学習の進度も内容も指導方針も違う。ゆえに「灘には六つの学校がある」と言われる。

とはいっても総じて授業の進度は速い。例えば数学については中二の一学期で中学の範囲を一通り終えてしまうのが灘スタンダード。夏休みには大量の宿題が出され、休み明けにテストが待っている。高二の時点で高三用の全国模試を受ける。やはりかなり勉強はしているようだ。それももはや伝統の一部と言える。

しかし凄いのは進学実績だけではない。数学研究部は国際数学オリンピックなどで数々の賞を受賞。科学系の各研究部は各種国際科学オリンピックで世界レベルの活躍をしている。ディベート部は全国高校英語ディベート大会での優勝経験があるし、将棋部や囲碁部も全国大会の上位常連だ。

卒業生にはノーベル化学賞受賞の野依良治もいる。

日本一どころではなく、世界一を目指せる学校になってしまったのだ。

第七章　戦後生まれの星

高度経済成長期と教育の大衆化

戦後間もなく、のちに超人気進学校になるキリスト教系の学校が生まれている。神奈川の栄光学園と鹿児島のラ・サールだ。さらに一九五〇年代後半には、神奈川の聖光学院や東京の駒場東邦が作られた。

ちなみに、栄光学園、ラ・サール、聖光学院が男子校なのは男子修道会を母体としているからである。駒場東邦が男子校であるのは創立者の考えによる。この四校の歩みについては後で改めて説明する。

一九六〇年代になると、日本は高度経済成長期を迎える。人口は急激に増加した。産業構造も変化し、第一次産業から第三次産業へと人口移行が進み、都市型労働者が増えるとともに、教育熱も上がった。文化が大衆化し教育熱が盛り上がる様子は、構造的に、大正時代に似ている。

高校紛争で高校が自由化

一九六九年から一九七〇年にかけて、大学の学園紛争に影響され、全国の高校で高校紛争が流行する。ごく一部を除いては、これといった政治的主張や要求があったわけではない。受験特化型の授業の中止や頭髪・服装の自由化、せいぜい学校内での言論の自由などを求めているケースが多かった。一部の高校では生徒と警察機動隊が衝突するにおよんだが、ほとんどのケースでは生徒側が鎮圧、処罰され、収束した。以後、むしろ生徒を管理する体制を強化する学校さえあった。

しかしこれを機に、「学校は誰のものか」という問いが共有されたことは社会的な収穫だった。全国の高校生の思いは届いた。全国的に高校民主化の気運が高まる。この頃頭髪や制服の自由を認めたり、校則を見直したりした学校は多い。

しかし、自由とは両刃の剣である。

麻布、修道、灘のように、校風に自由を取り込み、その後の躍進の追い風にした学校も私立では多かった一方で、公立高校では、自由が易きに流れる傾向があった。服装や頭髪の自由化を認めただけでなく、「要求」通り大学受験指導をしなくなる学校も少なくなかった。これがこの後述べる「学歴信仰」の潮流に結果的に逆行し、全国的な規模での公立高校の凋落を早めたとの見方もできる。

学歴は「自由への通行手形」だった

一九七〇年代には全国の高校進学率が九割を超える。どんな生まれであっても、教育さえ受ければ、勉強さえすれば、いい学校に入れれば、社会の中でのし上がっていけるとする「教育信仰」が生まれた。これがいわゆる「学歴社会」の前提になっていく。

「学歴」というと現在では不平等の象徴のように捉えられやすいが、もともとは、出自をリセットする「自由への通行手形」として登場したのである。

みんなが少しでも良い「通行手形」を得たいと思うため、学歴競争が激化、大学入試は難関化。高校の序列化が進む。教育の大衆化は、機会均等の意味では好ましいことだった。しかし皮肉にも、それにより教育競争が促進された。みんなが同じレールの上を進むからこそ、そこにシビアな競争が生じてしまうのだ。

マスコミはそんな状況を盛んに批判したが、一方で、東大合格者ランキングが週刊誌の目玉企画になっていく。

上位大学への進学が高校に対する世の中のニーズになったということだ。成績上位の高校には、望む望まざるにかかわらず、「進学校」のレッテルが貼られる。的外れな批判ややっかみの対象にもなる。各高校は、本来の教育のあるべき姿と、世の中のニーズとの間で揺れ動くことになる。それが現在にも続くジレンマだ。

共通一次の導入で、大学が序列化

過熱する大学入試に対する改善策として、一九七九年、共通一次が導入された。大学入試から難問奇問を排除し、「入試地獄」を緩和するという目的であったが、実施前から批判の的となる。真の思考力を問う意味ではふさわしくないマークシート方式の導入も評判が悪かった。

「結果ますます大学・学部・学科の序列化・固定化を推進した」というのがその後の一般的な評価だ。それはさらに、大学進学実績による高校や中高一貫校の序列化を促進した。

そんな状況の中、一九八〇年代に設立され、比較的短期間のうちに全国のトップ校と肩を並べるまでに成長した新星として、千葉の渋幕と奈良の西大和にも注目してみる。

できたばかりの学校が、どのようにスタートダッシュを決め、着実に地位を向上していったのかが分かるはずだ。その姿に、往年の伝統校の生い立ちを重ねることもできると思う。

ほんわかとした校風の中に厳しさがある――栄光学園（神奈川県・私立）

大船観音の脇を抜け、長い坂を登り切ったところに栄光学園はある。校地面積は東京ドームの約二・四倍。二限と三限の間の休み時間になると、突如ラジオ体操が放送され、生徒たちは上半身裸になって体操する。創立以来続く名物「中間体操」だ。各授業の最初と最後に瞑目《めいもく》して心を落ち着けるのも、約三〇キロの道のりを制限時間以内に踏破する「歩く大会」も創立以来の伝統だ。

戦後間もない一九四七年の創立。経営母体は上智大学と同じイエズス会。初めは横須賀の日本海軍の基地跡を再利用して学校が作られた。解剖学者の養老孟司は四期生である。

初代校長は上智大学から派遣されたドイツ人のグスタフ・フォス神父だった。歌や冗談が好きだった一方で、生活指導や勉強に関しては厳しかった。敗戦直後の混乱期にありながら、強烈な個性とリーダーシップで、短期間で学校を育て上げた。開校から一七年、横須賀の土地を防衛庁に返却することになり、現校地に移転する。

大船に引っ越してから、校風がやや変わる。一九六七年、級長選出が任命制から選挙制へと変わる。一九七〇年、「オナス制度」廃止。成績によってAからCの「オナス（名誉）」を付け、各終業式に全員のオナスを発表する仕組みで、フォス神父のやり方だった。さらに翌年には、「栄光賞・栄光優等賞」廃止、中学で選挙制による学級委員制度導入、高校での校帽自由化など。校地移転が全国的な高校紛争の時期に重なったこともあり、厳しく生徒を管理した「フォス体制」からの脱却がなされたのだ。

フォスが悪役であったわけでは全然ない。生徒たちから愛され、尊敬されていた。それでも生徒たちはフォスの設けた枠を打ち破らなければいけない時期に来ていたのだ。思春期に子供が親の枠を打ち破って自己を確立していくのと同じだろう。栄光は「型に入り、型を破った」のである。そしてフォスは実質的な創立者としての役割を終える。

現在の栄光の校風には「規律的」というよりも「ほんわか」という表現のほうが合っている。それでも、生徒たちの歌好きやいたずら好きは、フォスが学校に根付かせた文化だろう。

標語は「Man for others」。「他人のための人間であれ」。人間は神から様々な能力を与えられている。その能力を可能な限り伸ばし、それを他者の幸福のために使うこと。そういう教えだ。ただし「宗教」の時間はない。

外国人教師が始めた学校だ。英語教育にも定評がある。全日本中学校英語弁論大会や全国高校生英語ディベート大会で活躍する生徒も多い。戦後の教材不足の中にあっても、理科教育にも工夫を凝らしてきた。今日では国際物理オリンピックや国際科学オリンピックでメダリストを輩出するに至っている。

二〇一四年一〇月、イエズス会を母体とする五つの学校法人が合併されると発表された。上智学院、六甲学院、広島学院、泰星学園そして栄光学園である。「栄光学園や広島学院が上智大学の附属校になる」と言う報道もあったが、それは間違い。あくまでも学校法人としての合併であり、各学校のあり方や教育内容、進路志向が変化するわけではない。

ただし、これを機に、「何かは変わる」と私は思う。揺れ動く時代の中においても本質を変えないために、変わり続ける。学校とはそういうものだからだ。

元祖「塾要らず」——ラ・サール（鹿児島県・私立）

土砂降りの午後、泥沼と化したグラウンドでは生徒たちがサッカーをしていた。サッカー部ではなさそうだ。クラス対抗の球技大会の最中だと言う。雨天決行。しかも、この後には優勝チームと教員チームが試合をすると言う。男子校らしい。泥んこになってもすぐ横の寮でシャワーを浴びて着替えることができる。「もー、こんなに汚して！」と怒る親もいない。

校名は聖ジャン・バティスト・ド・ラ・サール師に由来する。一六五一年フランスに生まれ、学校教育による社会の改革を志した人物。一六八四年にラ・サール会を開き、世界約八〇カ国で約一〇〇〇の学校を運営している。フランスの英雄シャルル・ド・ゴールもキューバのフィデル・カストロも映画俳優のブルース・リーもラ・サール出身だ。日本にはもう一つ、函館ラ・サールがある。

約四〇〇年前にフランシスコ・ザビエルが上陸したと言われる鹿児島に、一九五〇年設立された。当時は海沿いにあったが、現在のラ・サールからは波の音は聞こえない。干拓事業によって遠のいたのだ。開校と同時に寮を開設した。寮には旧島津別邸を借用した。寮があったため、広い地域から優秀な生徒を集めることができた。すぐに評判になった。初めは高校だけだったが、中高一貫教育の必要性を感じ、六年後に中学が設置された。

当時主な進学先は地元鹿児島大学や九州大学の医学部であった。しかし一九七〇年代に鹿児島ー羽田便が就航すると、東大への進学者が急増した。寮があったので、全国からも生徒が集まるようになった。

自宅通いが約四割。約六割が寮暮らし。中学のうちは異学年大部屋生活。高校生になると個室が与えられ、高三になると近隣に下宿する。近年までだいぶ年季の入った寮を使用していたが、二〇一三年に鉄筋四階建ての美しく快適な新寮が完成した。

夕食の後に毎日約三時間の「義務自習」時間がある。学習室で一斉に勉強するのだ。塾には通えない。その代わり高二以降、学校が毎週実施する「週テスト」が学習のペースメーカーになる。その試験範囲に合わせて勉強していけば、それがそのまま大学入試対策になる仕組みだ。元祖「塾要らず」の学校と言える。

毎日のタイムテーブルは決まっているし、携帯もスマホも禁止と、規律は厳しい。それでもホセ・デルコス校長は、「口うるさい女子もいない。口うるさい親もいない。同年代の男の子同士で過ごす精神的な自由は、本当に大きい！」と満面の笑みを見せる。メキシコ出身で、鹿児島のラ・サールにやってきてもう四半世紀になる。

同じ釜の飯を食った仲間の結束は固い。同窓会は全国に組織される。卒業一〇周年や二〇周年などの節目には学校に集まり、当時の担任に授業をしてもらうしきたりもある。

「離れて暮らすからこそ家族の有り難みを感じるようになるし、特に母親への思いは強くなる。たまにしか会えないから、思春期にもかかわらず、親子関係が良好な家庭が多い」と谷口哲生副校長は言う。

一二歳で息子を送り出す親の覚悟も相当なものだろう。しかし考えてみれば明治くらいまではそれが当たり前だったのだ。イギリスのパブリックスクールでは今もそれが当たり前だ。

帰ってくるたびに大きくなっていく息子を見て、親もまた、自立していくのだろう。


ものの見方考え方を合理的科学的にする――駒場東邦（東京都・私立）

夕方、学校に行くといつも、玄関正面の食堂で、運動部員たちが着替えをしている風景を目にする。原則として授業は一五時まで。放課後は部活をする約束だ。勉強もしっかりやらせるが、メリハリは付けている。

イギリスのパブリックスクールをモデルにしている。男子校ではあるがバンカラと言うよりはスマートな校風だ。教育熱心な保護者が多く、PTA活動が盛んなのも校風の一つ。PTA主催のバスツアーには平日でも、バス五〜六台分もの保護者が集まるという。そこには校長も参加し、保護者との信頼関係も強い。

一九五七年、「青少年に明るい未来への夢を持たせよう」という教育理念を実現するために、東邦大学を母体とし、当時東邦大学の理事長であった額田豊と都立日比谷高校の校長であった菊地龍道が中心となって設立した。

額田豊は自然科学系総合大学である東邦大学の共同創立者。合理主義、科学主義を旨としていた。

菊地龍道は戦後の新学制移行の混乱の中で、旧制一中の伝統を受け継ぎながら、新しい日比谷高校を作ることに手腕を発揮した名物校長であった。校長就任の挨拶では、額田の思想を踏まえ「まず第一に、理数科の教育に重点を置いて科学技術の基盤を固めることが肝要。自然科学を学ぶ者だけではなく、人文科学を学ぶ者もまた、すべてのものの見方考え方を合理的科学的にする必要がある」という主旨を述べた。

初期に掲げられた一〇方針から特徴的なものを抜粋する。「大学進学を目標とし、男子校とすること」「中高一貫教育を行うこと。ただし当分の間高校三年間の教育と併行すること」「科学教育に力を入れ、物理・化学の実験は一クラスを二分する」「英語と数学は一クラスを二分する」「全人教育の立場から、躾《しつけ》と道義の教育を重視し、非行化と不良化を防止すること」など。

戦後、共学が標準化していた中であえて男子校という形態を選択したのは、額田と菊地が戦前の男子教育に慣れ親しんでいたからだろうと推測できる。

「私立学校に対する一般評価は甚だ良くない。従って、世評を裏切るにたる立派な学校を作ること」と言う項目もあった。当時の圧倒的な都立人気を反映している。

高校一期生から京大合格者一人、二期生で東大二人を出した。七期生で早くも東大二桁を達成した。

一九七一年、高校募集をやめ、完全中高一貫校化した。これによりカリキュラムの統一が図られ、さらに学力到達度が安定した。中学からの内部進学者と高校からの入学者の感情的なしこりもなくなり、学校全体の連帯感が強化された。

大学進学実績はさらに伸びる。創立二〇周年に当たる一九七七年には東大二八人、三〇周年に当たる一九八七年には四九人、一九九七年には五五人。二〇一四年は七五人。見事に「期待」を裏切ったわけだ。

想像力や知的好奇心を育む情操教育——聖光学院（神奈川県・私立）

シンガーソングライター小田和正が『ｍｙ　ｈｏｍｅ　ｔｏｗｎ』で歌ったのが聖光学院時代の思い出。小田は三期生。聖光学院の創立五〇周年記念イベントには、小田のコンサートが開催され、生徒との共演もあった。

聖光学院の母体は一八一七年フランスでジャン・マリー・ロベール・ド・ラ・ムネ神父により創設されたキリスト教教育修士会。ローマ、フランス、カナダ、フィリピンなどに同系列の学校がある。日本には静岡聖光学院とセント・メリーズ・インターナショナル・スクールがある。

創立は一九五八年。合言葉は「紳士たれ」。どちらかと言えば規律を重んじる校風で知られている。

一九九〇年代くらいまでは、かなり勉強をさせられる学校としても有名だった。しかし進学実績が定評を得るようになると、聖光学院はさらなるステップを上がった。日々の学習、登山キャンプなど克実心を養う行事に加え、想像力や知的好奇心を育む情操教育に力を入れたのだ。「聖光塾」「選択芸術講座」「選択総合演習」「公認団体」などだ。これが校風までをも変えた。

「聖光塾」は、「里山の自然」「茶道入門」「数学特別講座」「フィッシング」「ロボットを作る」などのユニークなテーマ設定で学年を限定しない体験型学習講座。教員が、担当教科にとらわれず、自分の得意分野を活かす。年間二五講座以上開催される。

「選択芸術講座」は、「美しいものに感動する喜びは国境を越える」という理念に基づき、クラシックギターやクロマチックハーモニカの演奏、陶芸や書道、演劇などの芸術活動を体験するもの。中二の土曜日に実施される。

「選択総合演習」は、実際に社会の第一線で活躍している諸団体の協力を得て、現場のリアリティを学ぶ社会講座。中三を対象に、「ファームステイ・廃村体験」「福祉の現場を訪ねて」「郷土芸能体験」などが開催される。

決して生徒の負荷が減ったわけではない。むしろ増えた。しかし人間は視野を広げることで余裕ができるのだろう。どちらかと言えば厳しいイメージがあった学校に自由闊達の校風が流れ込んだ。

東日本大震災からたった三ヵ月後の二〇一一年六月、工藤誠一校長の呼びかけに応じた生徒たち八〇人が岩手県宮古市に行き、ヘドロ除去のボランティアを行った。「リスクを恐れていたらできなかった決断。でも未曾有の事態に対し自分たちの知恵と力を試す経験は、生徒たちの成長にもつながると考えた。これからの日本を担うリーダーを育成するためには、画一的で組織化・効率化された教育ではダメ。私学の存在意義はそこにある。その中でも特に男子校にはリスクを恐れないダイナミズムが必要」と工藤校長。

かつて青白き秀才が集うと言われた聖光学院は、今では被災地でたくましくヘドロを除去することもできる学校に進化している。進学実績は大事。しかしそれだけでは人間も学校も成長を続けられないということだろう。

教育の集大成は進学実績よりも自調自考論文――渋幕（千葉県・私立）

一九八一年、千葉県および同私立中学高等学校協会からの呼びかけに応じ、幕張A地区に高校新設を決定。一九八三年に高校が設立された。その三年後には中学も設置された。正式名称は渋谷教育学園幕張中学校・高等学校。首都圏の進学トップ校の中では数少ない共学の中高一貫校である。

渋幕の歴史はまだ三〇年ほどだが、経営母体である渋谷教育学園の歴史は一九二四年（大正一三年）渋谷区笹塚に設立された中央女学校にまで遡ることができる。中央女学校が現在の渋谷教育学園渋谷中学校・高等学校の源流であると言える。

年間学習計画の詳細を予め生徒や保護者に示す「シラバス（学習計画表）」を導入し、それを生徒のセルフチェックツールとしても活用した。授業はいつでも公開するという方針で、教員同士の研鑽《けんさん》も促した。生徒が教員を評価する制度も導入した。早くから海外研修も取り入れた。システマチックな教育体制を整えた。

一期生から東大合格者を出したため注目され、人気は急上昇。一九九八年には創立一五年目にして東大合格者が二桁になった。新設の学校がこれだけの短期間でこれだけ躍進する例は珍しく、「渋幕の奇跡」とも言われている。進学実績向上を目指す学校のロールモデル的存在となった。

一方で校則はほとんど設けず、リベラルな校風を打ち出した。英語教育には特に力を入れ、帰国生の受け入れにも積極的だった。サッカーの元日本代表田中マルクス闘莉王やアナウンサーの水卜麻美も同校出身だ。

右記のような内的施策の他、躍進の外的要因としては、二つの意味での「地の利」が挙げられる。

一つは入試日。中学受験の最激戦区である東京都と神奈川県においては、入試解禁日を毎年二月一日にするという協定がある。しかし千葉県はその協定外。東京より一足先の一月中に入試を開催できる。二月一日に男女御三家を受験するような成績上位層の多くが渋幕を受験するようになった。これにより東京方面から優秀な生徒を集められた。

もう一つはもともと千葉県が県立千葉高校（以下、県千葉）を筆頭にした公立王国であったこと。そこに中学受験の旋風を巻き起こして千葉県の優秀な生徒を集めた。二〇〇二年、東大合格者数で、渋幕は県千葉を抜く。ちなみに県千葉は二〇〇七年に公立の中高一貫校になり、世間をあっと驚かせた。渋幕の快進撃に対する危機感があったと見ても間違いではないだろう。

渋幕が掲げる教育目標であり建学の精神とも言えるものに「自調自考」がある。その成果の象徴が、高二の秋に全生徒が提出する「自調自考論文」である。高一でテーマを決定し、高二の夏休みで仕上げる。優秀作品は作品集にまとめられる。

二〇一三年度の「自調自考優秀作品集」には、「ｉＰＳ細胞の発見から五年目の現状」「現代日本の官僚体制改革案」「未利用エネルギーの最大限活用」など壮大なテーマのものから、折り紙を題材にした「連鶴設計法とそれによる立体造形について」や「箱根駅伝、５区・６区における理想の走り方」など一見柔らかいテーマに見えるものまでが掲載されている。

壮大なテーマのものはもちろん、身近なテーマに見えるものまでもが、きちんと科学的な検証に基づいてまとめられている。高校生による論文だと聞かされても信じられない。高校生の論文集としては、渋幕のそれはずば抜けてレベルが高いと私は感じる。

「この作品集のレベルが年々上がっていくのが分かる。こちらがおちおちしていられないくらい、優秀な生徒たちが多い」とある教員は嬉しそうに笑う。

「自調自考論文優秀作品集」を見て、渋幕がすでに単なる進学校ではないことを私は確信した。今後は国際化学オリンピックなどの国際的なコンテストで活躍する生徒も増えていくのではないかと私は予測する。

渋幕の「自調自考」は伊達《だて》ではない。その結果が、千葉県ではダントツ、錚々《そうそう》たる名門校にも肩を並べる、現在の進学実績なのだろう。

西大和学園の出口に有名大学の入口がある——西大和（奈良県・私立）

学校法人西大和学園設立認可が一九八五年、学校の設立が一九八六年。もともと学校法人があったわけでもない。母体となる団体があったわけでもない。まったくのゼロからのスタート。それが、たった二〇年足らずで日本屈指の進学実績を出す学校にまで成長した。

創立者は当時奈良県議会議員で文教委員を務めた田野瀬良太郎だった。文教委員として教育行政の現状を調査する中で、毎年奈良県から大阪府の私立高校へ進学する生徒の数が三〇〇〇人を超していることを知り、学校の新設を決心した。

田野瀬の学生時代、海外旅行が自由化された。それを機に、田野瀬は約一年間の海外旅行に出掛けた。学生にお金はない。ヒッチハイクで三三カ国を回った。その時の経験を通して、日本の良い点、悪い点が見えてきた。そして政治の世界に入り、日本を世直ししようと考えるに至った。二九歳で市議会議員に初当選。その後県議になる。政治家として働く中で、「国作りは人作り」を痛感するようになるわけだ。西大和学園高等学校創立時、四四歳という若さだった。

開校に当たり、学校運営の方針を定めなければならない。最初に考案された建学の趣意は次のようなものだった。

「本校は、第一に、生徒ひとりひとりが自己の能力、個性を極限にまで開発し、自己実現の喜びを感得しうるよう最善を尽くさなければなりません。それは一方では進路の面においてであります」

何が言いたいのかよく分からない。「これではダメだ、もっと振り切らなければいけない」ということになった。

結局次のようになった。

「西大和学園の出口に有名大学の入口がある。そう言われるべく、まず関関同立合格の学力はつけます。そして、その延長上に国公立大の展望も開けます」

進学校志向を明確に打ち出すことにしたのだ。ここで振り切る勇気を持ったことは、もしかしたら西大和の浮沈を決める大きな決断だったと私は思う。

一日七時限、二期制の採用で、授業時数を最大化した。英数国に関しては習熟度別授業を導入した。社会の履修科目を最少に絞り、その分一科目当たりの履修単位数を多くした。

広く浅くではなく、選択と集中による大学受験突破を狙ったのだ。

しかし開校間もなく、夏休みにもなると、「まだ物足りないのではないか」という不安が浮かんだ。「もっとなりふり構わないがむしゃらさが必要ではないか」という危機意識が生まれた。理事長、校長、教頭らで、早くも抜本的な改革に着手した。

後期授業からは学習指導体制が一段と強化された。すなわち、英数国の「ゼロアワー」の開始、模試や実力テストの綿密な分析および大学合格目標の実証的な設定などだ。ゼロアワーとは、始業前の早朝補習授業のこと。これに応じて、教員たちの自発的な放課後補習やテスト、個別指導なども増えた。徹底的な大学受験対策体制を敷いたのである。

ベンチャー企業と同じだ。どんなに高尚な理念を掲げていても、利益が出せなければすぐに潰れてしまう。最初はなりふり構わず、他との差別化を図り、やるしかない。そういう割り切りで臨んでいたのだろう。

これだけを聞くとちょっと敬遠したくなる人もいるかもしれない。しかし、開成も麻布も灘も、最初はそうだった。進学実績が安定してきてから、徐々に生徒の自主性に任せる方式に移行したのである。

一期生の大学進学実績は、国公立二五人、早慶五人、関関同立四二人。健闘した。二期生になると浪人を合わせて、国公立八五人、早慶八人、関関同立は一二七人となった。スタートダッシュは成功した。

その間一九八八年には中学校を開校。中高一貫体制にした。高校は共学だったが、中学は男子校とした。一九九二年には寮が完成。遠方の生徒も入学できるようになった。進学実績はうなぎ登りで伸びた。

勢いに乗り、一九九〇年代にカリフォルニア校や白鳳女子短大も設立した。

創立から二〇年足らず、二〇〇四年の時点で、東大と京大を合わせた合格者数では、全国四位にまで上り詰めていた。京大の現役合格者数では一位だった。まさに「西大和学園の出口に有名大学の入口」となった。

西大和への入口、すなわち中学入試でも奇策を講じていた。二〇〇三年には東京会場での入試を実施した。寮がある強みを活かしたのだ。現在は札幌、東京、東海、岡山、広島、福岡でも受験ができるようになっている。二〇一二年には入試日を二回から一回に減らし、開始時間を午後にした。同日に入試を実施する灘、甲陽の入試の後に受験できるようにしたのだ。

ここまで、なりふり構わぬ進学志向の施策ばかりを説明してきたが、進学実績が十分に高まってからは、教育内容が多角化してきている。学校として次のステップに上がったのである。

二〇〇二年スーパーサイエンスハイスクールの認定を受ける。それが現在でも続き、もう一三年目になる。さらに二〇一四年にはスーパーグローバルハイスクールにも選ばれた。進学実績だけでなく、理数教育と国際教育の両方の旗手として、文部科学省から認められたのである。

教科指導以外の教育も盛りだくさんだ。リーダー育成の三要素として「知性」「国際性」「人間性」を掲げ、それぞれにプログラムを用意している。以下、ごく一部を名称のみ紹介する。

知性に関しては、スーパー講座、サイエンス研究、卒業論文、家庭での衛星授業など。国際性に関しては、イマージョン授業、模擬国連、海外探究プログラム、多読、ヤングアメリカンズ。人間性に関しては、ボランティア活動、芸術鑑賞会、ファームステイ、富士登山など。

これらのプログラムが相互に関係し合い、有機的に結びつきつつある。若い学校が、時代の変化に柔軟に対応しながら、貪欲に新しい教育に取り組んでいる姿である。そしていずれ、これらの教育プログラムが完全に融合し、「西大和の教育」としか表現できないような形にまで昇華するのであろう。伝統ある名門校の多くも同じように進化・成熟してきたのである。

学校の進化の過程が、西大和の三〇年足らずの歴史の中に折りたたまれているように私には見える。

西大和の進化はまだまだ止まらない。二〇一四年には女子中等部を設置した。

第八章　学校改革という決断

センター試験が偏差値主義を助長!?

一九九〇年、共通一次はセンター試験にマイナーチェンジした。国公立大学だけでなく、私立大学もこれを入学者選抜に利用できるようにしたのだ。偏差値偏重による受験競争を是正するため、国公立大学だけでなく、私立大学も含めた入試改革を行うというのが建前であるが、これは明らかに矛盾している。

共通一次という画一的な統一テストによって、大学・学部・学科の序列化が進み、偏差値によってくっきりとした輪切りができてしまったという批判があったにもかかわらず、その適用範囲を私立大学にも広げたのである。状況は良くなるどころか、悪化した。さらに大学・学部・学科の序列化・固定化が進んだ。偏差値がさらに絶対的な存在になっていくのである。

大学の校風や文化、研究分野などといったものの価値が相対的に薄まる。大学名が偏差値と一対一対応し、まるで栄養ドリンクの効き目を値段で推し量るかのように、大学の価値も偏差値で推し量られる風潮が強まった。

大学は序列化、高校は下克上

明確に数値化されたモノサシがあると競争が起こる。それに大衆心理が迎合すると、昨日までは良かったものが今日は悪いと言われ、昨日までは悪かったものが今日は良いと言われるような下克上が起こりやすくなる。

良い意味での競争が起こり、序列化・固定化されていた大学のランクが変動するのであれば、共通一次試験やセンター試験の狙い通りであっただろう。しかし、変動したのは大学のランクではなくて、高校に対する評価であった。

高校においては、どこの大学に何人入れているかがことさら重要視されるようになった。逆に言えば、そこさえ結果を出せば、世間から注目されやすくなる。そこを足がかりに学校の存在感を一気に増したのが、第七章で紹介した渋幕であり西大和学園であるわけだ。

ただでさえ少子化の波が押し寄せていた。さらに、大学進学実績によるにべもない高校序列化の流れに、私立学校は巻き込まれたのである。快進撃を続ける新興勢力の存在もある。この危機をどう乗り切るか。

これまではあまり進学実績を主張してこなかった伝統校もうかうかしていられなくなった。中には入学希望者を増やすため、長い歴史や学校文化を持つ男子校や女子校が共学化する動きも見られた。それまでの伝統をほとんど否定するかのように、あるいは隠そうとしているかのように、校名まで変えてしまう学校も多かった。実際、それらの学校は母体となる学校の歴史はあっても、新しくできた学校と同じスタート地点に立っていると考えたほうがいい。

改革はリスクを伴う。特に伝統校においてその伝統を損なうリスクは計り知れない。しかし、歴史や学校文化という財産を活かしながら、学校改革を成功させた例がある。東京の私立で言えば例えば、海城、豊島岡、鷗友、品川女子、洗足学園などである。その中でも、海城、豊島岡、鷗友の学校改革については、後ほど詳しく見ていきたいと思う。

私立高校の危機感が公立高校にも飛び火

上がっていく学校があれば、下がっていく学校がある。私立学校の間にも「格差」や「二極化」が生じた。

必死に活路を見出そうとして切磋琢磨する中で、私立学校の存在感はさらに増す。一九九〇年代には、東大合格者数に占める私立高校出身者の割合が、公立高校出身者のそれを上回り、差を広げていった。それに危機感を煽られたのが公立高校であることは第一章で述べた通り。各都道府県では進学指導重点校のような学校を決め、梃子《てこ》入れを行った。成果は出ているが目覚ましいというほどではない。

一般に、私立学校は小回りが利き改革はしやすいが、公立ではしがらみが多くて難しいと言われる。実際その通りだと私も思う。しかし、公立でありながら、私立学校並みの大胆な改革を行い、見事成功させた例もある。

特に有名なのが、福岡県の県立城南高校や京都府の市立堀川高校だ。城南高校は、一九九五年から「ドリカムプラン」という進路指導方針を打ち出して改革した。数年のうちに国公立大学現役合格者数を二倍以上に増やした。堀川は、「探究科」を新設することによって、たった四年のうちに国公立大学現役合格者数を三〇倍に増やした。「堀川の奇跡」と呼ばれている。公立の学校改革の好例としては、この堀川を取り上げる。

男として本当にイケてると思う?——海城(東京都・私立)

「それって、男として本当にイケてると思う?」。中田大成教頭は生徒に時々問いかける。

海城は「新しい紳士」の育成を教育の目的として掲げている。「フェアーな精神」で物事を判断し、「思いやりの心」で人に接することができる。さらに、「民主主義を守る意思」を強く持ち、「明確に意思を伝える能力」に溢れている。そんな人物像をイメージしている。

一八九一年(明治二四年)に、古賀喜三郎が私財を投じて作った海軍予備校が始まり。建学の精神は「国家・社会に有為な人材の育成」。また、戦後中高一貫校として再スタートを切るに当たっては、教育目標を「平和的文化的国家及び社会の形成者として特に真理と正義を愛し、隣人愛にもゆる心身共に健やかな教養高き紳士を育成することを主眼とする」と定めた。それを、現代風に言い換えたものが「新しい紳士」であり、生徒たちにその美質を問う時に、「イケてると思う?」という表現を使うのだ。

海軍予備校の系譜ということもあり、かつては硬派でスパルタなイメージがあった。実際、一九八〇年代までは生徒たちを追い立てるように勉強させ、大学進学実績を保っていた。しかし東大で海城出身者の留年が目立つと指摘されたこともあり、そのやり方に保護者からも疑問の声が上がるようになった。

しかも、いつまでも東大合格者数だけを魅力としていたら、もっと「数字」を出す学校が現れたら負けるということ。それでは海城は「取り替え可能」な学校ということだ。校風や教育方針によっても強く支持される学校を目指さなければならない。そんな気運が高まった。

創立一〇〇周年を境として、一九九二年から学校改革が始まった。海城のこれまでの学校改革は大きく三期に分けられる。

第一期は一九九二年から二〇〇一年。

中学校の社会科で「社会Ⅰ・Ⅱ・Ⅲ」という科目を設定した。地理・歴史・公民の垣根を越えて社会的関心事についての疑問や問題意識を総合的に深掘りする科目だ。教科書はない。成績評価はレポートをもって行う。その集大成として中三では、原稿用紙三〇～五〇枚にもおよぶ卒業論文を書く。これに合わせて中学入試問題の質も変えた。知識を問う問題ではなく、論述問題中心にしたのだ。社会科が牽引《けんいん》役となり、授業方式や入試問題の改革は他教科にもおよんだ。

知識よりも、「課題設定・解決能力」すなわち「新しい学力」を鍛えることに軸足を置いたのである。

クラブ活動や学校行事も充実させた。教員人事に六五歳定年制を導入し、教員の新陳代謝も図った。

第二期は二〇〇二年から二〇〇七年。

この間に教育理念の「鍛え直し」が実行された。海城の教育における「不易」と「流行」が確認された。

「不易」とは、戦後の再スタート時に選び取ったリベラリズムの立場。しかも自由の前提に公正さを位置付ける「公正基底的リベラリズム」の立場・理念である。この価値を体現する「新しい紳士」に求められる能力は、公正さを常に担保するために必要な他者への想像力や人間関係である。

「流行」はグローバル化・成熟社会化が進展する現代において求められる能力。それは前提を共有しない異質な者同士がその違いを乗り越えて共生するための能力や協働の力である。

奇しくも「不易」と「流行」の双方から導き出される能力要件が一致する。中田教頭はこれをコミュニケーション能力とコラボレーション能力と呼ぶ。

具体的な教育手段を求めた結果、「プロジェクト・アドベンチャー」と「ドラマ・エデュケーション」という二つの体験学習プログラムを採用した。

プロジェクト・アドベンチャーは、屋外のアスレチック風施設などを舞台に、数人のチームで課題に取り組む中で、コミュニケーション能力やコラボレーション能力を開発するプログラム。アメリカで開発された。ドラマ・エデュケーションは、小説の場面を演じて、互いに批評し合ったりすることで、人間関係力を育むプログラム。イギリスなどで盛んに行われている。

これからの多様性の時代を生きる上で欠かせない「新しい人間力」を養う仕組みを導入したのだ。

理科では、実験・観察など生徒参加型の授業の充実を図り、「新しい学力」のための施策をさらに強化した。

第三期は二〇〇八年以降現在に続く。

二〇一一年、高校からの募集をやめ、完全中高一貫体制にした。これによりカリキュラムのさらなる効率化が実現した。高校募集をやめる代わりに、中学入試で帰国生枠を設けた。学内の多様性を増し、共生教育をさらに強化するためだ。

さらに、二〇一二年にはグローバル教育部という部署を設置。グローバル社会における真のリーダー育成に本格的に取り組むと決めた。

学校の雰囲気はがらりと変わった。

現在の海城に生徒を規律で縛ったり尻を叩いて勉強をさせたりするムードはない。ピリッとした厳しさはそのままに、生徒にできるだけの自由を与え、生徒の自主性を重んじる教育が実践されている。いわゆる名門校に共通する「おおらかさ」が感じられるようになった。

一連の改革を通して東大合格者数が減ったかと言えばまったく逆である。海城は一九九〇年代からさらに東大合格者数を増やし、二〇〇〇年代には一〇傑の常連となっている。

時代に流され、東大合格者数の維持に必死になっていた進学校が、建学の精神に立ち返り、不易と流行を見極めることで、「結果として東大に多数の合格者を出す、容易《たやす》くは取り替え不可能な学校」へと変貌を遂げたのである。

名物「運針」の精神で生徒が伸びる――豊島岡（東京都・私立）

八時一五分のチャイムが鳴ると、学校中が一斉に静まり返る。生徒たちは裁縫針を持ち、白い布に赤い糸を縫い進めていく。布は約一メートル。端まで縫い終わるとすーっと糸を抜き、また最初から縫い始める。五分間、毎朝行う。豊島岡名物「運針」だ。

竹鼻志乃校長はこれを「五分間の禅」と表現する。生徒にとっては集中力を高め、心を鍛錬する意味がある。教員にとってはその日の生徒の心の状態を察知する機会でもある。心が乱れていると、それが縫い目に表れるというのだ。

一八九二年（明治二五年）、牛込の小さな裁縫学校として始まった。運針はその伝統の象徴でもある。

創設者は河村ツネ。裁縫が得意なだけで、教育の専門家でも何でもなかった。それをキンとマサという二人の娘が支えた。三人とも未亡人だった。初めは手に職を付けるための学校という感じだったのだろう。家庭的な雰囲気とツネの熱意が評判となり、生徒が増えた。後に高等女学校となり、戦後は池袋に移動し、豊島岡女子学園中学高等学校として船出を迎えた。

しかし生徒集めは難しかった。そこで一九五〇年、高校の入試改革を決断する。公立高校との併願をしやすくするために、入学手続きの期限を、高校の合格発表の後に設定したのだ。受験生からしてみれば、豊島岡の合格を手にしておいてから、公立高校の結果を見て、ダメなら豊島岡に行くという選択ができる。受験者が増えただけでなく、惜しいところで公立高校の合格を逃した優秀な生徒が入学してきてくれるようになった。

ちなみに豊島岡の授業料は東京の他の私立に比べるとだいぶ割安だ。これも公立との併願対策の名残である。

一九六二年、新校舎に建て替え、「女子進学校を目指す」と掲げた。大学合格者数や進学先大学名を一覧にして公表したのも豊島岡が先駆けだ。受験者はさらに増え、優秀な生徒が集まるようになった。

一九八九年、今度は中学入試改革を断行する。二月一日だった入試を二月二日に移動したのだ。二月一日に女子御三家などを受験した優秀な受験生が、二日には豊島岡を受けるようになってくれた。思惑通り、優秀な生徒を集めることができた。その六年後、早慶をはじめとする難関大学に多数の合格者を出し、学校の評価は上がった。二〇〇三年には、東大合格者が初の二桁となる。

さらに、二〇〇三年からは学校の内部改革を行った。役職者を増やし、若手教員を抜擢した。風通しの良い組織に組み替えた。教務力向上のために、シラバスの策定、授業の公開、授業アンケートの実施などにも取り組んだ。教員が自己研鑽する仕組みを増やしたのである。

実際、豊島岡の教員は熱心だ。宿題の添削も丁寧だ。東大入試の翌日には教員が集まり、入試分析会を開く。その結果を冊子にまとめて生徒に配る。目的は教員が入試問題に精通するためだ。

大学受験を見据えた六年間のカリキュラムが設計されている。学習のペースメーカーは「月例テスト」。英数国を中心とした三教科について、月一回ずつ朝のホームルームの時間に五〜一〇分程度の小テストを行うのだ。つまりほぼ毎週何かしらのテストがある。英単語や古文単語などの基礎知識問題がベース。合格点に達するまで何度でも追試を行う。基礎知識の取りこぼしをゼロにするためのセーフティネットというわけだ。

中学生には定期試験の他に年二回の「実力考査」がある。中二以降は外部模試も受験する。高二になると、放課後に選択制の「実力養成講座」が始まる。夏休みには夏期講習がびっちり組まれる。

その後も順調に数字を伸ばし、今では毎年三〇人前後が東大に進学するようになった。「進学実績が上がると生徒たちの意識にも変化が生まれる。今まででであれば最初から諦めてしまう生徒が多かった高い目標でも、今は手を伸ばせば届くのだと分かってきているようだ」と竹鼻校長。

これだけしっかり勉強をさせながら、部活も全員参加がルールだ。特にコーラス部は全国レベルの実力。それでも生徒は一七時（夏は十七時二〇分）下校。教員も一七時三〇分までに全員下校しなければいけない決まりだ。私はここに今の豊島岡の凄みがあると感じる。生徒も教員もやるべきことは多い。しかしダラダラと時間をかけてやるのではなく、短時間で集中して取り組む学校文化ができているのである。

毎日限られた時間の中で地道に基礎の積み重ねを続ける。まさに「運針」の精神が貫かれ、生徒が伸びていくのだ。

安心感を与え自己肯定感を高めれば学力も伸びる――鷗友（東京都・私立）

校舎の裏手に農園がある。生徒たちはイモムシを見つけてキャーキャー言いながら、自分たちで育てた野菜を収穫する。中一と高一で「園芸」が必修だ。古くから「英語の鷗友」とも言われている。中一の最初から授業はオールイングリッシュ。中学の三年間で一〇〇万語を目標にして取り組む「多読」のプログラムもある。ミッション系ではないが、「聖書」の時間もある。「園芸」も「英語」も「聖書」も、学校のあゆみに関係している。

「鷗友」の名称は、東京府立第一高等女学校（現在の都立白鷗高等学校・附属中学校、以下第一高女）の同窓会「鷗友会」に由来する。第一高女には市川源三という、女子教育におけるカリスマ校長がいた。

市川は若くして、「女性は元来男性に劣った存在ではない。男女の違いは高度な教育を受けられるかどうかの差だけではないのか」との考えに至り、女子教育に生涯を捧げる決意をした。そして、それまでの男性向けの教育をそのまま女子に当てはめるのではなく、当時の最新の教育学の理論から「合科」なる概念を発案する。農作業や家事労働といった普段の生活の中から、学問との接点を見つけ、教科にとらわれない学びを得るというものだ。今で言う「総合的な学習の時間」の概念がそっくりそのまま当てはまる。言わば、当時の女性のためのリベラルアーツであったわけだ。

市川の教育が評判となり、第一高女は狭き門となってしまった。そこで自分の娘にも市川の教育を受けさせたいと考えた卒業生たちは、自分たちの力で学校を開き、市川を校長として招くことにした。そして一九三五年（昭和一〇年）、鷗友学園高等女学校が設立された。校訓を「慈愛《あい》と誠実《まこと》と創造」とした。

冒頭の「園芸」は、市川の「合科」の発想に基づく、創立以来の伝統である。

しかし、市川は就任からたった五年で急逝する。脳溢血《いっけつ》だった。市川の後を継いだのが、市川の愛弟子でもある石川志づだった。第一高女から女子英学塾（現在の津田塾大学）に進み、母校の英語の教師として働いていた。内村鑑三とも交流があり、キリスト者でもあった。鷗友の教育に「聖書」が取り入れられたのは石川校長の時のことである。また、津田梅子譲りの本物の英語力で、鷗友においても本物の英語教育を実践した。その思いは強く、戦時中でも頑なに英語の授業を続けたほどだ。石川は生徒からも教員からも愛される、カリスマ的存在だった。

カリスマも年齢には勝てない。一九八〇年逝去。そこから鷗友は徐々に求心力を失っていく。全国的に学校が荒れた頃。鷗友も荒れた。少子化の足音も迫っていた。共通一次試験の導入により高校の序列化も進んだ。一九八三年、中学入試偏差値は三八だった。カリスマを失った学校は、自分たちの価値を見失った。

事態を打開するため、理事長の中野ツヤが理科の教員・伊藤進を校長に抜擢。一九八六年、改革が始まった。

伊藤は「まず肯定から始めよう」を改革の合言葉にした。改革というと普通は現状の否定から始まりそうだが、そうはしなかったのだ。また、鷗友の理念を「自由と表出」の二大原則として捉え直した。「自由」の原則とは、「あれか・これかのどちらかを選択しなければならないときには自由のほうを取る」ということ。「表出」の原則とは、「教師のほうから言えば、教え込むのではなく引き出す。生徒のほうから言えば、創造的立場に立つ」ということ。

校則は最低限必要なものだけにスリム化した。管理主義的な教育観を排除し、生徒への信頼を前面に打ち出した。学習面においては毎日の小テストを開始した。無理矢理勉強させるためではない。毎日丸を付けてやり、学ぶ喜びをたくさん経験させる目的だ。

「馬を水場に連れて行くことはできても水を飲ませることはできない」という諺《ことわざ》がある。伊藤はまさに、馬を無理矢理水場に連れて行くのではなく、水が飲みたくなる環境を整えることにこそ心を砕いたのである。今風に言えば、インクルーシブリーダーシップである。

伊藤の熱意はまず数人の若手教員に伝染した。その一人が現在の吉野明校長である。若手教員たちは、他の教員たちにも危機感を共有するため、外部評価を積極的に取り入れた。偏差値が三八であるだけでなく、鴎友のイメージは「ダサイ」だった。このイメージを変えるべく、広報にも予算をつぎ込んだ。

熱意は次第に他の教員にも伝染した。「一九九〇年代に、入ってくる生徒のレベルが毎年上がり、学校の雰囲気がどんどん変わっていくのを実感した」と吉野校長は当時を振り返る。実際に大学進学実績も伸びた。改革開始から一〇年後には中学入試偏差値は五八になっていた。

きっと受験指導を強化したのだろうと思われるかもしれない。しかし実際は逆だった。生徒にとっての本当に正しい教育をすれば、結果は後から付いてくると信じ、受験特化型の学習指導にはしなかったのだ。「まずは進学実績」という方針を打ち出す学校が多かった当時の風潮の中で、これは勇気の要る決断だったと思う。

その代わりに、もう一度建学の精神に立ち返った。一人ひとりが人間として成長した延長線上に、「将来自分はこんなことをしたいからこの大学に合格するんだ」と思えるように生徒たちを導くことにした。

「もし当時、大学進学実績を第一に考えた改革をしてしまっていたら、今頃私たちは生き残っていなかったかもしれない」と吉野校長は言う。

では具体的には何をしたのか。

一九九〇年からホームルームでの「テーマ学習」を開始。「合科」に基づく新教科である。文部科学省が「総合的な学習の時間」を学習指導要領に盛り込む一二年も前のことである。それから六年後には大学進学実績がクッと伸びた。

一九九六年には「鷗友版自己同一性理論」を導入。心理学をベースにしたオリジナル理論を、六年間のカリキュラムに反映したのだ。簡単に言えば、居場所作り・集団形成、自己肯定感の育成を経て、自己実現欲求が高まるという理論である。それから六年後にはまた大学進学実績が伸びた。

二〇〇四年には、中一で約三〇人の学級編成と三日に一度の席替えルールを導入した。少人数学級で、たくさんの友達を作る環境を設定したのだ。これにより、居場所作り・集団形成がしやすくなる。エンカウンターやアサーションという心理学をベースにしたプログラムも導入した。これにより「思ったこと、感じたことを自由に話していいんだ」という雰囲気が醸成される。

安心感の中でこそ、お互いを認め合うムードが形成され、自己肯定感を高め合う集団ができる。自己肯定感が高まると、「やればできる」と思えるようになるだけでなく、競争原理も働き出す。お互いに認め合っている信頼関係があるからこそ、「負けないわよ！」「私だって！」と言い合う関係にもなれる。

徹底的に生徒を肯定し、安心感を与え、信頼関係を張り巡らせる。生徒たちの力を最大限に引き出す学校の雰囲気作りを行ったのだ。その結果が、「なりたい自分」との出会いであり、大学進学実績の伸びだった。

ここで忘れてはいけない観点がある。「自由と表出」の原則によって、自由になり、表出の機会を得たのは、生徒だけではないということだ。いや実は、生徒よりも先に各教員が内的改革を経験したのだ。

「自由と表出は生徒に対して示されたものではなく、教師自らに対しての目標だった。毎日が楽しいのは、それをひたすら実現するべく努力してきたからに違いない。変わったのは私自身だった」と、吉野校長は振り返る。

自己肯定感が高まった教員に接していれば、生徒たちの自己肯定感も上がる。やる気に満ち溢れた教員に接していれば、生徒たちの心にもやる気がみなぎる。こうして鴎友は変わったのだと私は思う。

あるいはこうも言えるだろう。「肯定から始める学校改革」とは、生徒よりもまず学校自身が自己同一性を確立し、自己肯定感を高める取り組みであったのだと。

優等生ではないリーダーを育てたい——堀川（京都府・市立）

京都の繁華街にも近い大通り沿いに京都市立堀川高校はある。直方体を連ねたような近代的なデザインの校舎は一九九九年に落成したもの。その時から「奇跡」と呼ばれる学校改革は始まった。

京都市立高等女学校として一九〇八年（明治四一年）に創立され、一九二八年（昭和三年）、堀川高等女学校に名称変更。京都の一等地にあり、上流階級の家の才女が通うような学校だった。

戦後共学化し、堀川高校となった。しかし一九七〇年代後半から、私立高校の台頭が目立つようになり、公立高校は地盤沈下を起こしていく。

当時、京都では「総合選抜」と呼ばれる高校入試制度が採用されていた。京都全域の公立高校普通科全体で決められた圏ごとに合格者を一括決定し、居住地近くの学校に振り分ける。要するに生徒は学校を選べない。私立高校に生徒を奪われ、公立高校の進学実績はみるみる落ちていった。

一九八五年それを改めたが、一度落ちた公立高校のブランドは立て直せなかった。公立高校の教員でも自分の子を私立高校に通わせるほどの状況だった。

公立高校改革の気運が高まる。一九九五年、京都市教育長の諮問機関として「京都市立高等学校二一世紀構想委員会」が立ち上がる。そして堀川を市立高校改革のパイロット校にすることが決定された。

目玉は、普通科の他に探究科という専門学科を設けたこと。中核となる専門科目を創設することで新しい教育目標を具体化するだけでなく、学区に関係なく京都府内全域から生徒を集めることも可能になった。生徒集めのために、京都市全域および京都府内も含めた中学校を回り、探究科の説明をした。一九九九年、大きな期待と注目を浴びて探究科を擁する新しい堀川高校がスタートした。

「すべては君の『知りたい』から始まる」「自立する一八歳を育む」がキャッチフレーズ。探究科の基幹科目として「探究基礎」が設けられた。「探究基礎」とは、答えがない問いに対して正しいと思える答えを導き出すための作法を学ぶ科目。一年生前期をHOP、一年生後期をSTEP、二年生前期をJUMPと、三期に分けてプログラムが組まれている。

HOP期では探究の「型」を学ぶ。講義やグループワーク、実習などを通して探究活動の進め方、成果を論文にまとめることの意義、論理的推論の方法、論文の書き方、情報収集の方法などを学ぶ。STEP期には探究の「術」を身に付ける。専門分野ごとに少人数の「ゼミ」に分かれ、実験・観察・調査計画の立て方や結果の分析方法、資料の解釈の方法、議論の仕方などを学ぶ。JUMP期には探究の「道」を知る。最終目標である論文作成に向けて、生徒それぞれが探究活動計画を作成し、ゼミ内で発表し、議論を重ね改良する。その後実験や調査活動を行い、発表する。一連の探究活動を実践し、形にするのだ。

これが生徒の「知りたい」に火を付けた。「学びの作法」が身に付いた。探究科一期生約二四〇人のうち、一〇六人が国公立大学に合格した。前年六人からの奇跡的な躍進だ。

京都府全域から生徒を集めることがこの結果を支えていることは否定できない。教員一人ひとりが研鑽を重ね通常授業の質も改善していた。しかし現場では探究科の教育方法そのものへの手ごたえを感じていた。探究基礎での学びが、通常科目においても活かせるようになってきたのである。例えば数学でも、数人のグループで議論しながら問題を解くというようなことが当たり前にできるようになった。探究基礎を通して、生徒たちは学び方を学んだのだ。

また、生徒たちが学ぶ喜びを感じ、学ぶ目的を見つけた結果、大学進学への意欲が喚起された面もあると私は思う。

探究科での成功を受けて「探究基礎」は普通科にも導入されるようになった。現在実質的に、普通科は京都市および乙訓地域の生徒の枠、探究科は京都府全域からの生徒の枠という棲み分けになっている。

校舎のすぐ近くには「本能寺の変」で有名な本能寺跡がある。二〇〇五年、そこに堀川の学校施設を含む地域の多目的施設として「本能館」が建てられた。ゼミ室やプレゼンテーションホール、実験室などがある。探究基礎のための校舎だ。さらに現在堀川は、文部科学省のスーパーサイエンスハイスクール、スーパーグローバルハイスクール、国際バカロレアの趣旨を踏まえた教育の推進に関する調査研究指定校になっている。すべて「探求」を深めるための調査研究である。

今や堀川は名実ともに京都を代表する学校だ。それが府立ではなく市立であるというところもミソだ。京都市には京都府の人口の過半数が住む。京都府に対する京都市の影響力は大きい。府の教育委員会と市の教育委員会がいい意味でライバル関係にある。堀川は市立高校改革のパイロット校であったわけだが、それが、府立高校にも私立高校にも刺激を与え、京都全体の高校が活気を帯びるようになったのだ。

古都京都には昔から朝廷の学問所などがあった。明治初期に日本で初めて庶民のための小学校ができたのも京都。京都はもともと教育先進都市としての誇りを持っていた。特に京都市では、教育長が市長になることが続くなど、市行政と教育行政の連携もいい。そんな土壌も、堀川の学校改革を支えていた。

京都では、教育の文脈において「人材」という言葉を使うのを嫌う文化もある。誰かが定めた目的のために子供をそれに合致する材料として育てるのではなく、人は学びたいことを学ぶのだという思想があるのだ。それが、探究科のキャッチフレーズ「すべては君の『知りたい』から始まる」にも合っていた。

もう一つ、改革が成功した理由として校長の裁量の大きさも指摘しておきたい。市の教育委員会は堀川の校長に改革に関する大きな裁量を与え、これを支援する体制を取った。もし現場の意見を後回しにした改革を行っていたら、成功はしていなかっただろう。改革の旗を振った荒瀬克己校長と川浪重治校長からバトンを受けた恩田徹校長は、「学校長をＣＥＯと見なすか、単なる所属長と見なすかは大きな違いだ」と表現する。

改革開始から一五年が経ち、これからの堀川は何を目指すのか、恩田校長に聞いた。

「現在、大学入試改革が議論されている。その方向性はまさに堀川の探究科の思想と軌を一にする。だから堀川はますます大学入試で有利になるという見方もあるが、実は私たちにとってはそれが目下一番の危機感だ」

どういう意味か。

「あえて大学入試とは関係ない部分で学校を変えたのに、大学入試が同じことを狙ったら、堀川がやってきたことが大学入試のための施策に見えてしまう。それに、日本中すべての学校が同じことをし始めるだろうから、堀川の独自性が独自性でなくなってしまう。だからまたその先を考えなければいけない。五割以上の人が良いと言うことをやってもそんなものはすぐに陳腐化する。二割ぐらいしか賛成してくれなくても本当におもろいことをやったほうがいい」

恩田校長は歯に衣着せず話をしてくれる。もちろん公務員であるのだが、言葉の端々に、体制側に与《くみ》することを嫌うやんちゃさが感じられる。これまでの校長も、改革を支持した教育長もそういう人たちだったらしい。

谷内秀一副校長が補足する。「今回スーパーグローバルハイスクールの指定を受けたが、実はダメかもしれないと思っていた。文部科学省がイメージするグローバルリーダーは、明確な目標を持って世界を牽引する優秀なトップリーダーだ。しかし堀川が目指すのは、どの国に行っても現地の人と一緒になって何事にも粘り強く取り組み、多様な人々をどんどん巻き込んでいけるアメーバのような人物だから」。

それを受けて恩田校長は言った。「堀川では、『優等生ではないリーダー』を育てたい」。

その言葉が、すっと私の腑に落ちた。

第九章　単なる進学校と名門校は何が違うのか？

学校のあゆみを知る意味

初対面では人を判断できない。年収や職業を知ったとしても、その人が本当はどんな人なのかを、それだけでは判断できない。付き合っていくうちに次第に分かる部分はあるが、「なるほど」と思う瞬間はむしろその人の過去を知った時ではないだろうか。口ぐせ、仕草、考え方などが、その人の背負っている過去と密接に結びついていると分かった時、その人物の本質が見えてくる。学校も同じだ。

だからここまで、各学校の生い立ちにまで遡って、その歩みを描写した。そうすることで、初めてその学校の本質が見えてくるはずだからだ。学制の変遷なども含めた。背景事情を踏まえた上で考察するほうが、各学校の本質が際立つと考えたからだ。

一九人もの首相を輩出したイギリス名門校

最後に海外にも目を向けてみる。イギリスのパブリックスクールの代名詞的存在イートン校。世界で最も有名な名門校と言っていいだろう。イギリスの政治、宗教、軍事を牛耳る学校といっても過言ではない。その意味で、オックスフォード大学やケンブリッジ大学を出るよりも、イートン出身であるほうが、価値が高いとされている。

ロンドンから列車で約四〇分。イギリス国王が住むウィンザー城の向かい、イートンの街にある。一四四〇年ヘンリー六世により設立された。現存するパブリックスクールとしては、ウェストミンスター、ウィンチェスターに次いで三番目に古い。設立当初は教師が一人しかいなかったというから、始まりは日本の藩校に近いものだったのだろう。

パブリックスクールといっても公立ではない。かつて上流階級の子息の教育は家庭教師が行うのが普通だった。それに対して、「開かれた学びの場」というような意味でパブリックスクールの呼び名が使われた。「スクール」とはもともと「教室」の意味。現在でも設立当初の教室が残っている。

パブリックスクールの多くは現在でも全寮制だ。イートンの街の中に校舎があり、複数の寄宿舎が点在している。

中心にある「カレッジ」と呼ばれる寄宿舎には、国からの奨学金を受けた約七〇人の生徒が暮らす。彼らは「キングス・スカラ」と呼ばれる。必ずしも上流階級出身者ではない。彼らは特別な試験に合格した、ずば抜けて優秀な生徒たちであり、キングス・スカラを表す「KS」の称号は、イギリス人なら誰でも知っている。墓石にも刻まれるほど名誉とされる。一二歳の試験で優秀だからといって、将来有為な人物になるかどうか分からないのではないか。しかし、「KSは別格だ」と誰もが言う。

「ハウス」と呼ばれる各寄宿舎には、国の奨学金を受けていない生徒たちが暮らす。彼らは「オピダン」と呼ばれる。オピダンは約一二〇〇人。上流階級出身者が多い。

イギリスでも大学合格者数ランキングは人気

学校では教師が各科目の授業を行うが、ハウスではハウスマスター（寮長）が保護者的な存在として生徒を指導する。絶対的な存在だ。かつてはハウスマスターの独断と偏見で入学が決められたが、最近では公正な入学試験を行うようになっている。

一三歳から一八歳の男子が学ぶ。日本で言えば中二から高三に相当する年齢だ。上位二学年では履修科目は三科目のみ。大学の専門課程に準じて大学進学の準備のみを行うのだ。かつての日本の大学予科と似た機能と言える。

ちなみにイギリスの大学入試では、まず「Aレベル」という検定試験で基礎学力を測定した上で、その成績や推薦状などによる書類審査がある。書類審査を通過した者は面接を受ける。受験生一人に対して一〇人もの大学教授が目の前に並ぶ。そして例えば「この中に一人だけロボットがいるとする。どうやって見分けるか」などの問答をする。それで合否を決める。

それなら塾に通わなくても、誰にでもチャンスがあると思うかもしれないが、甘い。実際は、大学、中等教育学校、小学校の試験にそれぞれ独特の対策があり、いい大学に行くにはいい中等教育学校を出なければならず、いい中等教育学校に入るにはいい小学校を出なければならず、いい小学校に入るにはいい幼稚園を出なければならない。社会階層があり、学歴が必要で、しかもそれらは本人の努力だけでは得られない。それがヨーロッパの社会の仕組みである。

イギリス社会は、実は日本以上に学歴に敏感だ。オックスフォードとケンブリッジにどの高校が何人入れたかが毎年新聞の特集になる。イギリス版大学進学ランキングの上位は常にイートンとウィンチェスターの争い。ウィンチェスターは学術的な分野で活躍する卒業生が多く、イートンは政界や財界などで活躍する卒業生が多い傾向がある。イートンは東大、ウィンチェスターは京大というイメージだろうか。

ウィンチェスターの生い立ちも面白い。もともとはオックスフォードの中に、経済的に恵まれない家庭の子供を受け入れるための「ニュー・カレッジ」という寄宿舎を作ったのだが、うまくいかなかった。そもそも経済的に恵まれない家庭の子供は大学までたどり着けないからだ。そこで、手前の学校としてできたのがウィンチェスターなのだ。これが成功した。

その手法を真似てできたのがイートンだ。イートンの場合はケンブリッジ大学に「キングス・カレッジ」という寄宿舎を作った。イートンの卒業生を受け入れるためのカレッジである。

幕末維新の陰にイートン校あり

ちなみにケンブリッジのスクールカラーのライトブルーはイートンのスクールカラーから来ている。東大のスクールカラーのライトブルーは、ケンブリッジを真似たと言われている。ということは、東大のスクールカラーはイートンに由来するのである。ちなみに京大のスクールカラーのダークブルーはオックスフォードのスクールカラーの真似である。

スクールカラーとはもともと、ボートレースをする時にチームを見分けるためのリボンの色に由来する。イギリスのパブリックスクールではボートとクリケットが正統派のスポーツ。イートン校ではボートかクリケットが選択必修とされている。

一つ謎が解けた。開成のボート部は一八八八年からの歴史を持つ。開成で初めて作られた部活がボート部なのである。開成だけではない。伝統校の中には古くからボート部を擁する学校が多い。なぜ日本でボートなのか、不思議だった。イギリスのパブリックスクールの文化を真似たに違いない。

それどころではない。幕末に来日した、初代英国駐日公使ラザフォード・オールコック、第二代ハリー・パークスおよび彼に仕えた書記官のアルジャーノン・ミットフォードは皆イートンの出身だった。彼らは江戸幕府の弱体化を知り、薩長に近づき倒幕を助けた。日本の歴史の大きな転換点に、イートン卒業生が関わっていたのだ。

そもそも明治以来の日本の学校制度はイギリスを手本にしていると言われている。イギリスのパブリックスクールに伝わる騎士道精神と、日本の藩校に伝わる武士道精神との融合が、日本の旧制中学であったと言うこともできるのではないだろうか。

校風ならぬ寮風がある

武蔵高等学校中学校の英語教師であり、イートン校で二年間日本語の教師をしていた経験がある岸田生馬教頭に話を聞いた。武蔵はもともとイートン校をモデルとしており、姉妹校提携をしていた時期もあったのだ。二〇年ほど前のことなので、現在とは違う部分もあるかもしれないが、貴重な話である。

イートン校出身者に共通するものは何か。

「自分は最高の友人と共に、最高の指導者から最高の教育を受けたという自信。その自信は凄まじいほどだ」

生徒のレベルはどうか。

「不透明な部分も多い進学システムがあるので、イートン校といえども想像を絶するほど出来の悪い子が入ってくることもある。日本の私立中高一貫校に比べると、生徒間の学力差は大きい」

実際にはどんな教育をしているのか。

「歴史や実績を見てしまうと驚異的な学校だと思ってしまう。実際一流の教師陣をそろえて、施設も充実している。しかし教室でやっていることは至ってオーソドクス。普通の進学校のイメージ。ただし勉強しかできないガリ勉は最も嫌われる文化がある。学力は人間の能力の一部にすぎず、それだけ伸ばすのでは不完全であると考える。あるハウスマスターは、勉強時間以外に勉強をするなと指導していた。スポーツで有名なハウスもあった」

ハウスごとに校風ならぬ寮風があるというのは面白い。

ハウスマスターの他に、チューターという指導者もいる。五年間を通しての担任兼家庭教師のような存在だ。生徒は、週に一度くらいチューターの家に行き、相談をしたり、議論をしたりする。

理念が人を離れて歩き出す

岸田教頭は「イートンの主体は何なのか?」とイートンの教員に尋ねたことがあると言

う。答えは「伝統」だった。

理事会はある。理事会のトップはイギリス王室だ。しかし理事会が学校の中身を知っているわけではない。では何がイートンを動かしているのか。「それは伝統だ」との答えだったのだ。関係者皆の中に「イートンとはこういうものだ」という共通認識がある。物事の判断基準は「イートンとしてふさわしいか、ふさわしくないか」である。

理事長や校長など一人の人間の判断に頼るのは若い組織での話。学校もあるレベルまで行くと、主体が人間を離れ、理念が一人歩きを始めると言うのだ。

「時代が変わって死んでしまう理念もあれば、どんな時代になっても生き抜く理念もある。理念には寿命があるのかもしれないが、寿命を迎えるまでは変わらないもの。寿命の長い、生命力の強い理念を学校に吹き込んだ創立者はやはり凄い」と岸田教頭は言う。

市場原理で教育を語ってはいけない理由

Aさんが持っている林檎をBさんに与えたとしたら、Aさんの林檎はなくなってしまう。当たり前だ。

食料、現金のような有形価値は人に渡せばなくなってしまう。サービス業のような労働力は、誰かにそれを提供している間には他の人には提供できない。有限なものだ。だから取り合いになる。「どれだけ必要とされているか」によって物事の価値を決めることで、ビジネスや市場原理は成り立っている。

しかし教育は違う。Aさんが教育で得たものをBさんに与えても、Aさんが持っているものは減らない。二人が持っている無形価値の合計価値は二倍になる。分け与えれば分け与えるほど世の中は豊かになる。

例えば一つのことに関して違う観点から違う意見を持っている二人が、意見が違うからといがみ合うのではなく、お互いに自分の観点と意見を出し合えば、それぞれの視野や選択肢が二倍の幅を持つようになる。

ここにこそ、教育という営みが持つダイナミズムがある。

つまり市場原理と教育の原理は根本からして違う。市場原理を拡大解釈して教育を語ってはいけないのだ。しかし多くの人はそれをやってしまう。そして理路整然と間違ってみせる。高度経済成長期以降の日本の、産業界主導の終わりなき教育改革がその証左であるし、そもそも産業界への即戦力輩出を目的にした教育システムの構築は、明治以降何度も失敗している。政府の旗振りで実業系の学校を作ろうとするのだが、実は社会的ニーズがないのである。

そもそも「即戦力を育てよう」のような短期的視野に立った理念は「生命力の弱い」理

念なのだろう。すぐにダメになる。しかも、生命力の弱い学校で育った生徒にたくましい生命力が宿るとは思えない。

教育の価値は教育されている時には分からない

そもそも教育の目的は、時間的にも空間的にもより広い視野で物事を捉え、判断する力の涵養《かんよう》であると私は思う。だから終わりはない。

例えば中高一貫教育といっても、その教育の第一の目的は生徒の人生を豊かにすることであり、六年の間に即時的に効果を発揮することではない。希望する進路を実現させたりテストの点数を上げたりすることは、教育の必要条件ではあるが十分条件ではない。

自動車教習所のように、「これを覚えればこのテストに合格する」というような即効性の高い教育に、それ以上の価値はない。同様に、「この問題集をやれば、この大学には入れる」というような教育にも、それ以上の価値はない。

つまり、「その教育にはどんな価値があるのか?」と聞いて、「これとこれだ」と明確な答えが返ってくる教育には、それ以上の価値はない。

そして、「本当に価値のある教育」の価値は、その教育を受けた者の中にその成果が表れて、時間的にも空間的にも広い視野を持てるようになるまで、本人には理解できないというのが、教育という営みが持つパラドクスである。

名門校の教員は口をそろえて言う。「この学校の教育の価値が分かるまでには、卒業してから二〇年もしくは三〇年はかかる」。

教育の成果は遅れてやってくる

それなのに、この国では、「今すぐ効果が得られる」教育が求められがちだ。そういう価値観で設計された教育を受ければ、「今すぐ効果が得られない」ものには価値がないと思い込む人が育つのは当然だ。

そういう人たちが選挙に臨むとどうなるか。それが昨今の投票率の低さに表れていると私は思う。

一票を投票しても、「どうせ何も変わらない」すなわち「今すぐ効果が得られない」。だから、「投票しても意味がない」となる。短期的視野に立った教育の「成果」である。

まったく投票しないよりも、どんな一票でも投票したほうがいい。しかし同じ一票でも、次世代、次々世代のことまでを考えて投じられた一票と、今の自分の利益だけを考えて投じられた一票では重みが違う。でも同じ一票として扱われてしまう現実がある。

より長期的な広い視野に立って物事を考え判断できる人を育てなければ、長い時間軸で見た時のその社会における「一票の精度」は下がる。朝三暮四という言葉がちょうどいい。それを繰り返せばやがて社会は衰退する。民主主義国家における教育の「成果」は、社会の衰退という形で数十年後に表れる。

目先の利益にとらわれない、本質的な教育をしていかないと、投票率は下がり、かつ、一票の精度も下がり、社会はますます衰退するということ。

「教育は未来への投資」とかよく言うけれど、それを、「優秀な技術者を輩出して日本の産業発展に役立てよう」とか、「グローバル人材を育てて国際競争力を高めよう」というような、次元の低い意味だけで捉えないでほしい。

「今の教育の質が、未来の社会全体の質を決める」という、もっと根本的な意味がある。

「自由」「ノブレス・オブリージュ」「反骨精神」

名門校のブレない教育力を目の当たりにするとやはり、今この世の中に欠けている何かがそこにある気がしてならない。それが単なる進学校と名門校を分けるものであり、名門校が名門校たる所以に当たるのではないだろうか。それは何なのか。

ここまで数々の名門校の生い立ちから現在を見てきた読者の頭もしくは心の中には、それぞれに「名門校とは何か？」の答えらしきものがすでに浮かんできているのではないかと思う。きっとこの問いに正解はない。問いそのものが動的な性質を持っていると言える。動的な問いに向き合った時、迂闊《うかつ》に正解らしきものをひねり出してはいけない。そこで思考停止に陥り、問いにおいていかれるからだ。問いに向き合ったそれぞれの人が問いを問いとして抱え続け、折に触れそれぞれの考えを持ち寄り共有することで、それぞれの視野が広がり、思考が深まる。時々結論が変化する。それを繰り返しながら、次世代に問いをつなぐ。それが動的な問いに対する正しい向き合い方だ。

そこでまず、私が拙い考察をここで述べることで一旦本書を締めくくり、その後の議論のたたき台を提供したいと思う。読者の中にある「名門校とは何か?」と照らし合わせ、「ここは同じ」「ここは違う」などと感じながら、気軽に読み進めてほしい。

私は、名門校と呼ばれるような学校に共通する特徴としてまず、「自由」「ノブレス・オブリージュ」「反骨精神」三つのキーワードを挙げたい。

なぜ名門校はリベラル・アーツを標榜するのか

ほぼ一〇〇%の学校が「自由」を標榜する。規律の厳しさで知られる学校であっても。彼らが言う自由とは、規律が緩いことではない。「自ら決めた方向へ向かって自らの力で歩む自由」とでも言えばいいだろうか。そのためには時に苦難に耐え、規律で自分を縛ることも必要であり、それとて学ぶ者の自由意思に基づくのだという考え方がある。

これこそまさにリベラル・アーツの基礎概念ではないだろうか。人間には、自由になるために学ぶ本能があるのだと私は思う。時には苦痛を感じつつも学ぶことで、実は人間は自由になっていく。自らの生き方を決定し、遂行する力を身に付けていくのだ。

だからほとんどの名門校で教養主義を謳《うた》っているのだろう。何か特定の目的のためにすぐに使えるスキルを身に付けることを目的とするのではなく、全人格的な能力の増幅、視野の拡大、思考の深化を教育の目標に掲げているのだ。

名門校とは「目」を良くするところ

教養は、単なる博識とは違う。

例えば樹齢数十年、数百年という大木を目の前にした時。瞬時にその大木の生い立ちからの物語をイメージできるかどうか。その大木がどんなものを見てきたのかを想像できるか、謙虚な気持ちでその偉大さを敬うことができるか。

物事の一瞬・一面だけを見るのではなく、物事の全体を見ると同時に細部までを見ることができ、かつ、時間的文脈も捉えることができるかどうか。「鳥の目、虫の目、魚の目」のそれぞれを働かせることができるかどうか。これが教養と呼ばれるものの正体だろう。

知識はもちろん、あらゆる経験がその人の無意識に内在化したもの。知識は時とともに忘れていくし、技術は年とともに衰えるかもしれない。しかし、「そういう世界」があることを感じた感覚の記憶は消えない。その蓄積が、鳥の目、虫の目、魚の目を開かせる。学べば学ぶほどに「目」は良くなる。同じものを見ていても、見えるものが違ってくる。目に見えるもの、言葉にしやすいものよりも、むしろ目には見えず言葉にもしにくいものにこそ価値を感じられるようになってくる。

一見無駄に見えるものの中に価値を探せるようになる。失敗や挫折の中にも教訓を見出せるようになる。成功の中にも反省点を感じられるようになる。「世の中のあらゆるものに価値がある」と分かってくる。「目」が良くなれば良くなるほど、世の中全体が豊かに見えるようになる。

一つには、名門校とはそういう人を育てる学校だと言えると私は思う。個人としての能力を引き出すという側面において。

名門校の「自由」の法則

「自由」とは、何事も他人のせいにはできないということ。それが大変心地いい。常に自由でいると、人生における瞬間瞬間に、「今、自分は他の誰でもない自分の人生を生きている」という緊張感と満足感を味わえる。だから人生が何倍にも濃密で刺激的なものとなる。

ただし、自由とは、魅力的かつ大変危険なものである。

人類は、「魅力的だが危険なもの」を使いこなしてきた。例えば火。最近ではインターネットや原発なども、「魅力的だが危険なもの」と言っていいだろう。そして、人類がこれまで手にしたものの中で最も「魅力的だが危険なもの」が「自由」であると私は思う。「動物は自由だ」と言う人がいるが、私は違うと思う。動物は、自分で生き方を選ぶ自由を持っていない。

だがしかし人類は、原発同様自由の取り扱い方を未だ体得していない。世界中で自由に基づく権利がぶつかり合い、諍《いさか》いが絶えないことがその証左だ。

「自由」こそ、学ぶ者の最終目標であり、同時に最高の教材である。表現の仕方は違えど、多くの名門校がそう訴えているように私は思う。

名門校では、未熟な生徒たちに実際に自由に触れさせてみる。生徒を疑って管理するのではなく、生徒を信じて任せてみるのが名門校に共通する姿勢だ。本書の中で紹介した学校の中にも、どこまで信じて任せてみるかという点においては各校の状況に応じて多少の差はある。しかし共通するのは「できるだけ自由に」「できるだけ信じる」という姿勢である。

多くの名門校で、長い歴史のどこかのタイミングで、生徒を信じ自由に振り切る瞬間がある。生徒もそれに応える。能力の高い教員と、能力の高い生徒がいることが前提ではあるのだが、そこに最高の目標であり教材である「自由」を与えると、生徒も教員も学校自体も勝手に伸びていくようになるのだ。そこで一皮むける学校は多い。これが名門校を名門校たらしめる一つの条件である気がする。

日本社会の「ずるい」の文化

キーワードの二つめはノブレス・オブリージュ。「恵まれた者はその恵まれた環境を最大限に活かし、自分の能力を最大限に開発する義務がある。そうして得た大きな力を社会に還元することが、恵まれた者の使命である」という意味。もともとヨーロッパのエリートに伝わる思想だ。

日本では、教育が立身出世のための手段として広まったため、教育を受けたことによる利益は、教育を受けた本人のみが享受して当然とする社会通念ができた。教育が、「勉強」という役務と引き替えに社会的優位を得る商取引」のようになった。取引条件に少しでも偏りがあれば「ずるい」と感じる。

日本の平等至上主義的教育システムは、この「ずるい」という感覚をベースに成り立ってしまっている。ノブレス・オブリージュとは相容れない。

しかしヨーロッパ階級社会は、「違い」を前提としている。それがいいことだとは私も思わない。でも違いがある以上それを認め、余剰の力を社会に還元すべきであるという思想もある。最も分かりやすいのは寄付の文化であり、高税率による社会保障制度の充実であり、それがノブレス・オブリージュの精神の一端でもあると私は思う。

日本の平等の感覚が静的な平衡を目指しているのに対して、ヨーロッパでは動的に平衡を作り出そうとしているように私には見える。

ノブレス・オブリージュは生存戦略

ノブレス・オブリージュ。これを「自分のことだけではなく、人のことも考えなさい」というような情緒的文脈だけで理解するのは間違っている。

例えば隣の国に飢えている人がいるからといって、その痛みに共感して一緒に飢えていてもしょうがない。恵まれた国の人はその恵まれた環境を活かして力を蓄え、その力で飢えている隣国を助けなければいけない。

いつか状況が逆になるかもしれない。いつどちらがそうなってもいいように、それぞれに余剰の力を蓄え、いざという時には助け合って生きていくのが、人類の生存戦略である。皆が自分のことだけを考えていても、他人に共感ばかりしていても、人類はとうの昔に滅亡していたはずだ。

そのことを肌身で実感し、いちいち損得勘定しなくても行動できるようになる反射神経こそがノブレス・オブリージュなのだろうと私は思う。

教育の範疇で極端な例えをすればこういうこと。「我が子の出来が多少悪くても、同世代の子供たちが優秀になって社会を豊かにしてくれれば、我が子が生き延び、幸せになる確率も上がる。だから我が子だけではなく、次世代を担う子供たちみんなにより良い教育環境を与えたい」。そう思えるかどうか。

つまり、教育の受益者は被教育者本人ではない。被教育者を含む共同体全体が、利益を受けるのである。

勝ち組になるために勉強するのは間違い

だが日本では、前述の通り、教育が、「勉強という役務と引き替えに社会的優位を得る商取引」のようになった。誰かが自分より良い教育を受ける機会に恵まれることは、自分にとっては損になるという感覚がはびこっている。だから一九六七年には「日比谷潰し」が実行されたし、一九九〇年の「灘叩き」も起きた。

たくさん勉強をして勝ち組になるとか、いい学校に行って安定した人生を送るとか、そういう功利的な動機のみでみんなが教育を受けるとしたら、その社会は、教育によって得た力を競い合う弱肉強食社会になってしまう。もっと効率良く勝ち残りたいのなら極端な話、最も手っ取り早いのは、自分が努力するよりも他人の努力を邪魔することになる。

しかしそんなことをしていても社会は衰退するばかり。それでは勝ち組になったところで、自分自身も共倒れになるのは自明だ。

「一番になれない環境」のメリットとは？

名門校と言われるような学校の建学の精神や教育理念のほとんどにはノブレス・オブリージュの薫りがある。それが単なる綺麗事ではなく、しっかりと生徒たちの心に染み込んでいく仕組みがある。

その仕組みが、「一番になれない環境」と「共同体意識」ではないかと私は思う。

名門校と言われるような学校に入ってくる生徒は皆優秀だ。地元の小学校や中学校では常に一番の成績で、クラスのリーダー的存在であった子供も多い。しかしひとたび名門校の教室に座れば、自分と同じような生徒がごろごろいる。「こいつにはかなわない」と思う生徒もいる。最初は多少ショックを受ける生徒もいるのかもしれない。

しかし早晩気付く。例えば数学の成績でまったくかなわなくても、理科では自分のほうが勝っているなど、人にはそれぞれに魅力があるということに。それぞれの魅力を持ち寄れば、自分たちは最強のチームになれるということに。そこに仲間に対する誇りと信頼、共同体意識が生まれる。お互いを認め合い、それぞれの自己肯定感が向上する。

学校は、無形価値共有と共同体意識涵養の場

このように、学校においては、教師から生徒へ無形価値が分け与えられるだけでなく、生徒同士でも頻繁に価値の共有化が行われる。前述の通り、教育によって得られた無形価値は、いくら分け与えても減らないから、共有すれば共有するほど学校という場に持ち寄られる価値の総量は増える。そこにいる生徒はより多くのものを受け取ることができる。

こう考えると、名門校とは、恵まれた者たちが恵まれた環境を活かして蓄えた力や価値を互いに持ち寄って、さらに高め合う場所であると言える。

究極的に言えば、そのために学校はあると私は思う。これが、ICT（情報通信技術）がどんなに発達しても学校という場はなくならないと、私が断言する理由でもある。

その過程で共同体意識も涵養される。良いものは独り占めするのではなく、皆で分け合ってこそ自分自身も含めた全体が豊かになれることに気付く。その意識は、最初は学校という共同体の中のみで感じられる。しかし学校という枠組みを飛び出せば、それが社会全体にも通用するものであると徐々に分かる。それまで蓄えてきた力を、いよいよ社会に還元する時がやってくる。ノブレス・オブリージュ実践の瞬間だ。

自らが蓄えた力を少しでも社会に還元でき、自分の行動に誇りを感じられるようになった時、初めて母校の教えの意味が実感できる。その偉大さがおぼろげに見えてくるのである。

「あなたたちは恵まれている。その環境を無駄にしてはいけない。自分を磨き、力を蓄えて、いつか社会のためになる人になりなさい」。中高時代にそう諭されて、そう信じてこられたことに感謝の念を覚える名門校出身者は多い。ノブレス・オブリージュは、彼らにとっては決して綺麗事ではないのである。

なぜ教育の独立性が大事なのか

名門校に共通する三つめの特徴として「反骨精神」も忘れてはいけない。開成にしても、麻布にしても、済々黌にしても、時代の狭間《はざま》で辛酸をなめた者が創立者であることが多い。

旧女学校においてはほとんどの場合、良妻賢母思想に対するアンチテーゼとして生まれている。戦時中においても自分の信念に忠実で気骨を見せた学校が、時代は変わっても、未だに社会に批判的視線を向けるその姿勢は変わらない。

社会を変える力になるためには、現行の社会に対して常に疑いの目を持たなければならない。教育が時の為政者の意のままになってしまったら、時の為政者に対する批判の声は上がらなくなる。だから、教育の独立性は保たれなければいけない。私立はもちろん公立も。

教育行政の役割は教育の環境を整えることであってその内容に口出しすることではない。これは民主主義の基本である。しかしこの国では教育勅語主義や良妻賢母主義など、教育の中身にまで行政が口を出してきた歴史がある。為政者が教育を管理し利用する習慣がある。それを当たり前だと思わされてしまっている人も多い。

明治初期に文部省顧問として日本の学校制度の確立に協力したアメリカ人ダビット・モルレーは、「成功する学校制度は国民の要求から自然に成長するものでなければならない」と提言している。戦後日本の教育現状を視察した米国視察団は「教師たちの最高の力量は、自由という空気の中でのみ花咲くものである。これを整備することが教育行政官というものの責務であって、その反対ではない」と、マッカーサーに提言したと言われている。どちらもその通りだと私は思う。

反骨精神がイノベーションをもたらす

福澤諭吉の言葉を借りれば、「古来文明の進歩、その初は皆所謂《いわゆる》異端妄説に起こらざるものなし」。「異端」が生まれない社会に進歩はない。現行社会を維持するリーダーも一定数必要ではあるが、現行社会を変える「異端児」としてのリーダーの育成も必要である。「異端」がなければイノベーションは生まれない。

名門校に通える人は社会の中のごく一握りである。しかし彼らは、時に社会的弱者の分まで力を尽くし、社会を変えていく義務を負っている。現行社会におもねらず、常に批判的視点を持っていなければならない。現行社会における優等生ではないリーダーとしての役割を期待されている。それが新しい時代を切り拓《ひら》き、彼らが「正統」とされた時、社会はまた一つ新しい階段を上ったことになるのである。

名門校の社会的役割の一つには、一定数の異端的リーダーを育てる機能もある気がする。

修羅場をくぐり抜けた学校にのみある「生きる力」

以上、名門校に共通する特徴として、「自由」「ノブレス・オブリージュ」「反骨精神」

の三つのキーワードについて述べた。名門校では確かにこれらの三つの要素が強い。しかし、これらだけが名門校を名門校たらしめているとは言えない。なぜならこれらの特徴は、まだ名門校とまでは呼ばれない学校にも、程度の差はあるが、当てはまる場合があるからだ。つまりこれらは名門校が名門校になるための前提条件と言える。

ではその前提の上に、名門校が名門校になるためのさらなる条件とは何か。

答えの一つに「生きる力」があると思う。生徒に「生きる力」を授けられるという意味ではなく、学校そのものの「生きる力」が強いのだ。

文化が教育を作り、教育が文化を作る。教育と文化は切り離せない。卵と鶏の関係だ。それらが一体となって、時を経て、環境に適合しながら少しずつ進化する。教育とはまさに生き物である。そして学校もまた、生き物なのである。

時代や環境によって、隆盛となる生き物があれば、絶滅の危機に瀕する生き物があるように、学校も時代や社会情勢によって盛衰を繰り返す。長い歴史の中で、時に危機に瀕したとしても、「生きる力」がたくましければ、最終的にその危機を乗り越えられる。

学校という生命体の動的平衡

学校の「生きる力」を決定するのは第一に「建学の精神」もしくは「教育理念」である。

建学の精神と言うと一般には私立学校用語になってしまうので、ここではその意味も含めて「教育理念」という言葉を使うことにする。

もともとの教育理念にどれだけの生命力があるか。それが極めて重要であることは前述の通り。教育理念とは、できたその時に輝いているだけでなく、経年変化に耐え、むしろ時を経れば経るほど輝きを増すものでなければならない。これが学校のDNAとなる。

毎年生徒は入れ替わるし、教員が変わることもある。しかしDNAが各細胞に役割を与えて生命体全体を維持するのと同じように、教育理念が新しい生徒や教員に染み込み、彼らを学校の一部として取り込んでいく。これにより学校は動的平衡を保つことができる。生物の細胞がめまぐるしく新陳代謝を繰り返すのと同じである。

その意味で、新入生は学校に入るのではない。学校の一部になるのだ。名門校においては特にその意識が強い。

シラバスはコピーできても、志はコピーできない

DNAが浸透するのは人だけではない。教育プログラムや学校行事にも、教育理念が染み込む。例えば「遠泳」という行事一つをとっても、学校によってそこに与えている意味合いは違う。ある学校では精神鍛錬であり、ある学校ではチームワークの訓練であり、あ

る学校では自己との対面であったりする。

時代によってグローバル教育だのキャリア教育だの表現活動だのと新しい教育概念が登場するが、ＤＮＡはそこにも染み込む。強力な教育理念を持つ学校なら必ず、それらを教育理念の中に位置付けることができる。学校独自の意味合いが加えられることで、グローバル教育もキャリア教育もその学校独自のものになる。それらが複雑に絡み合って絶妙なバランスを保つようになる。どこか一部分だけを切り離すことができなくなる。

「このプログラムにはこういう効果があって、あちらのプログラムはああいう成果に結びついていて……」というような直線的因果律では説明ができなくなる。全体として「○○学校の教育」と言うより他がなくなる。

それをそのままコピーして別の学校で実行したとしても決して同じ成果は得られない。シラバスはコピーできても、そこに込められた志はコピーできないからだ。

根本の部分は不変のままで、いや、根本の部分が不変であるからこそ、時代や状況に合わせて人的にもカリキュラム的にも動的平衡を保ちつつ、変化し続けることができる。

ＳＳＨやＳＧＨよりも大事なもの

様々な種類の生き物が集まって、めまぐるしく変化を繰り返し、それでも全体としては何十年も変わらないように見える「里山」の生態系をイメージすれば分かりやすい。

里山にはまず、生態系を循環させる基幹的要素がある。それが例えばブナの森であったりする。そしてその周りに大小多様な生き物が生息する。それらが互いに支え合い、里山という生態系が維持される。どこか一部だけを取り出して独立的に機能させることはできない。

多様な生き物の中には、環境の変化に対応できず、淘汰されてしまうものもある。めまぐるしく新陳代謝が行われている。ブナの森という普遍性と、様々な生物が織り成す多様性の両方があればこそ、里山は里山であり続けることができる。まさに不易流行である。

学校も同じだ。時代や社会情勢の変化に対応できるように、多様性が必要。常に様々な取り組みをし、いいものが残り、良くないものは消える。そういう新陳代謝が必要だ。一方で、基幹的要素に関しては変えてはいけない。それが建学の精神もしくは教育理念に当たる。そこがぶれるようでは学校は崩壊する。

だから、どうしても教育理念とは相容れないプログラムには拒絶反応を示す。例えば旧制七年制高校時代から大学並みの理科教育を行ってきた武蔵は、あえてスーパーサイエンスハイスクール（SSH）申請を見送った。

SSHを教育の看板に掲げる学校も多い。しかし武蔵はSSHになることによって、武蔵の教育全体のバランスが崩れることを嫌ったのだ。自律的教育システムが成熟している武蔵においてSSHのような新しい概念を取り込むことは、里山の環境に外来種を招き入れるのと同じだと判断したのだ。

また、創立当初から「使える英語教育」で知られる鷗友は、スーパーグローバルハイスクール（SGH）の申請を見送った。国が掲げる「グローバル人材」育成の目的と、鷗友自身が思うグローバル教育が一致しなかったからだ。

私はSSHもSGHも良い取り組みだと思う。特に若い学校にとっては魅力的な看板になる。それをうまく利用できるなら大いに利用すればいいと思う。しかし、真新しい看板が似合う風景とそうでない風景がある。武蔵や鷗友のような判断ができるのは、教育理念が機能している証拠だろうと私は思う。

名門校とは「生きる力」に溢れた学校

こうして生命力の強い教育理念は生き残り、鍛え直され、学校の「生きる力」は高まっていく。名門校とは「生きる力」に満ち溢れた学校だと言える。

繰り返す。学校は生き物である。もしくは生き物が集まってできる一つの生態系と言ってもいい。そして人々は、名門校の持つ生命力にこそ、本能的に惹かれるのではないか。

人間でも同じだろう。「生きる力」に満ち溢れた人は、なぜか魅力的に見える。血気盛んな若者より、人生の修羅場をくぐり抜けてきた老人のほうが「生きる力」はある。人間的な魅力もある。そういう人の周りには若い人たちが集まり、教えを請おうとする。「この人の近くにいれば、自分にも生きる力や人間的魅力が備わるかもしれない」と思わせる何かがあるのだ。それと同じだ。

逆に、新星のごとく現れて、輝きを放っていても、歴史の浅い学校が名門校とは呼ばれにくいのはそのためだ。まだ、時間の洗練を受けていない。

名門校を作るにはどうやったって時間がかかるのだ。

家庭文化が子供の学業に影響する

「生きる力」の他にもう一つ、時間がなければ得られない名門校の条件がある。「やればできる」という「成功体験」の蓄積だ。もっと簡単に言えば「東大に合格できて当たり前」「全国大会に出場できて当たり前」というような感覚だ。

設立以来、教育理念を礎に不易と流行の精神で教育に取り組み、その結果が生徒や教員の成功体験として積み重なっていく。いきなり大きな成功体験が得られることは稀《まれ》だ。小さな成功体験が積み重なり、学校全体に共有されていく。それと同時に少しずつ「当たり前」の基準が上がっていく。

この「当たり前」が、教育においては実は大きな意味を持つ。

以下、『大衆教育社会のゆくえ』（苅谷剛彦／中央公論新社）から要約して引用する。

「アメリカやイギリスでは、社会階層の低い家庭の子供がなぜ学業でも低い成果しか上げられないのかについて多くの研究が行われている。遺伝でも経済格差でもなく、家庭文化とでも言うべきものが、その後の学校での成果に影響していることが指摘されている。例えば使用する言葉が違う。中流以上の家庭の子供は、普段から副詞や接続詞を適切に使い、客観的な文章を組み立てているが、労働者階級の子供は対象と自分を同一視しがちで、単純な構文しか使わない。そのような家庭文化が学校での成果に影響を与えているというのだ。また日本の研究でも、親の収入が高くても親の学歴が低い場合には子供が高学歴を得るとは限らず、親の経済力よりも親の学歴に相関する家庭の文化的環境が子供の成績に影響していることが指摘されている。さらに、収入レベルが同じ家庭で子供の成績が同じであっても、学歴の高い親ほど子供により高い学歴を期待し、その期待を受けて、学歴の高い親の子供はより高い学歴を得ることも分かっている」

つまり、家庭での「当たり前」が、子供の学業での成果や学歴に影響を与えているということだ。これと同じことが、名門校でも起きていると考えられる。

学校とは、社会として文化を継承する場

この章の冒頭のイートン校に関する記述を思い出してほしい。

「かつて上流階級の子息の教育は家庭教師が行うのが普通だった」

かつて、イギリスをはじめとするヨーロッパ上流階級の家庭では、上流階級としての「当たり前」が家庭の中で継承されていた。下の階級に属する子供たちには、上流階級の子供たちが受ける教育を受ける機会はまったくなかった。

「それに対して、『開かれた学びの場』というような意味でパブリックスクールの呼び名が使われた」

上流階級の家庭に継承される無形価値を一般の子供たちにも継承しようとして、パブリックスクールは作られた。彼らは教室で学科を学ぶだけでなく、寄宿舎に寝泊まりし、親代わりの寮長から上流階級の文化や規範を学んだ。その機会を得られるのはごく一握りの子供たちであったが、それでも教育の門戸が開かれたことは、社会にとって大きな進歩であったに違いない。

日本の武家社会も似ていた。教育は家庭の中で行われ、文化の継承は閉じられていた。しかし一七世紀から藩校のようなものができ始め、それまで限られた家庭でしか継承され

ていなかった文化が学校という場でも継承されるようになった。

つまり学校とは、従来家庭の中だけで継承されてきた無形価値を、社会の公共財として継承していくために作られた場だと言うことができる。

名門校の「ハビトゥス」

名門校とは、長い年月をかけて積み上げられた「成功体験」の上にある「当たり前」の文化の中に生徒たちを置くことによって、彼らも当たり前にそのレベルを求め、達成するようになる環境だと言うことができる。

高学歴が当たり前とされる家庭で育った子供が当たり前のように高学歴を身に付けるのとまったく同じ要領で、社会で活躍する人物になることが当たり前とされる名門校で育った生徒が当たり前のように社会で活躍する人物になっていくのである。

まるで何十年も使い込まれた土鍋そのものに様々な種類の出汁《だし》のうまみが染み込むように、様々な種類の「当たり前」が学舎に染み込む。そしてそこにいるだけで、生徒だけではなく、教員にも多種多様な「当たり前」が染み込むようになる。一度染み込んだそれは、洗っても煎《せん》じてもなかなか抜けない。

何が「当たり前」かは、学校によって異なる。東大現役合格が当たり前という学校も、文武両道が当たり前という学校も、政界や財界で活躍するのが当たり前という学校もある。学業だけでなく、部活に対しても、行事に対しても当たり前がある。リベラル・アーツへの憧れも、ノブレス・オブリージュや共同体意識も当たり前。いろいろな「当たり前」が複雑にブレンドされて、それぞれの学校の「ハビトゥス」を醸成する。

名門校の「ハビトゥス」の中には、長い年月をかけて磨き上げられてきた教育理念、鍛え上げられてきた生きる力、積み上げられてきた成功体験が、折りたたまれているのである。その門をくぐった者には、それらが丸ごとインストールされるのだ。

生徒たちは当たり前に振る舞っているだけなのにその学校の「らしさ」を体現していく。「らしさ」を社会の中で発揮していく。社会に「らしさ」が認められていく。皆が「らしさ」を期待するようになる。さらに「らしく」振る舞おうとする。「当たり前」に突き動かされて、人生を歩むようになる。母校への愛と感謝と誇りを感じながら。

人間的成長とともに、「ハビトゥス」の中に折りたたまれていたものが、勝手に展開するのだ。

これが、名門校に棲み着く家付き酵母の正体ではないかと、私は今思っているのだが、いかがだろう。

おわりに

初春の若葉は微笑ましいし、秋の紅葉は美しい。夏は昆虫や小動物で賑わう。しかし四季の中で、冬ほど山の力強さを感じさせるものはないと私は思う。多くの木の葉は落ち、下草も枯れ、動物たちは息を潜め、動的な気配は感じない。しかし実は、来るべき春に備えて、生きる力が、解き放たれるのをじっと待っている、そんなエネルギーに満ち溢れているように感じるのだ。

だがそれも、見る人によっては、「死んでしまっている」ように見えるのかもしれない。確かに表面だけを見ているとそう見える。彼らは物事の一瞬・一面を見ているにすぎないのだが、それに気付いていていない。

そういう人たちには長い年月を経てやっと育ってきた名門校の価値も分かるまい。

教育現場を取材していると、「教育再生会議」という言葉の評判が甚だ悪い。「まるで今の教育が死んでしまっているかのような表現だ」と言うのだ。憤慨はもっともだ。問題点は多々あれど、全体として日本の教育は世界からも一定の評価を受けている。それを全否定するような表現こそ「長所を伸ばすよりも、欠点ばっかりに目を向けてしまう、日本の教育の悪いところ」の象徴に思えるのは、私だけではないようだ。

教育において、過去を全否定するような改革がうまくいかないことは、これまで名門校の歴史を見てきた私たちには自明の理と感じられるはずだ。

しかし歴史から学ばない者は、何度でも過去の過ちを繰り返す。

例えば、二〇〇七年から始まった「全国学力・学習状況調査」いわゆる「学テ」と同様のものは、一九六一年「全国中学校一斉学力調査」という名称で実施されていたことがある。この時、公表されない約束だった学校別の成績が公表されてしまった。学校単位、市町村単位での競争が生じ、大混乱を招いた。結局一九六六年、この調査自体が中止になった。それなのに今再び、「学テ」の成績の公表を求める声が上がってきている。過去の歴史を指し示したところで、彼らは「時代が違う」とでも言うのだろう。過去から学ぼうとする謙虚な姿勢はもともと持ち合わせていないのである。

また、現在議論されている教育改革案の中で、さしあたって中等教育に大きな影響を与えそうなのは、大学入試改革であろう。

二〇二一年大学入試からセンター試験が廃止されることはほぼ決まっている。代わりに基礎編と発展編の二段階の「到達度テスト」が実施されるというのが、現時点での見込みだ。高校在学中に、自分が納得できるスコアが取れるまで複数回受験できる。「一発勝負」を改める狙いだ。さらに国公立大学の二次試験では、「能力・意欲・適性を多面的・総合的に評価・判定する」ために、面接、小論文、集団討論、プレゼンテーションなどを活用したいわゆる「AO入試方式」へ移行したい考えが示されている。「脱ペーパーテスト」である。それを見越してのことだろう。東大と京大は二〇一六年から推薦入試を一部導入すると発表している。

結論から言えば、この大学入試改革が実行されれば、本書で紹介したような学校が有利になるだろう。

京都市立堀川の探究科を思い出してほしい。あるいは渋幕の自調自考論文をイメージしてみてもいい。単に知識を詰め込むのではなく、自ら課題を発見し、解決の手段を探り、論文にまとめる訓練をしていた。まさにAO型の入試対策になる。名門校と呼ばれるような学校の生徒は、自分で考え、まとめ、発表する訓練を積んでいる。脱ペーパーテスト、大歓迎なのだ。開成にしても灘にしても、「新しい入試制度はうちの生徒たちに有利」と手薬煉《てぐすね》を引いている。

さらに、到達度テストは高校在学中の好きなタイミングで受けられるので、中学のうちからそれを見越しての対策が可能な中高一貫校に有利に働くだろう。実際、灘は高二で高三用のセンター模試を受けるくらいだから、早々にハイスコアをマークしてしまう生徒が続出するのではないかと私は予測する。

これらの学校の生徒は「ペーパーテストの達人」というイメージを持たれているから、脱ペーパーテストとなれば不利になるのではないかと思った人も多かったようだが、実際は多分真逆になる。彼らはペーパーテストだけができるのではない。総合的な学力の一部として、ペーパーテストでもハイパフォーマンスを発揮できるのである。

仮に、今回の大学入試改革で名門私立中高一貫校がさらに躍進するとなるとどうなるか。「私立優位変わらず。しかし私立中高一貫校に通えるのは経済的に恵まれた家庭の子供だけ。経済格差が教育格差を生み、教育格差が経済格差を再生産する」というような紋切り型の批判が再燃するのではないだろうか。

それでまた「日比谷潰し」や「灘叩き」のようなことが起こらなければいいが。

ちなみに受験競争を緩和するため、脱ペーパーテストを試みたことは、日本の教育の歴史上何度かある。一九二七年（昭和二年）に中学校での学科試験が禁止されたことは第二章で述べた通り。一九三九年（昭和一四年）にも、中学校での学科試験が禁止された。しかしいずれも数年で元に戻った。解釈の相違、情実の介入があり、うまくいかなかった。

欧米のような階層社会を前提にした教育システムではないから、入試における不透明性はいささかも許せないのである。

大学そのものの改革も気になる。政府は大学を、学問するところではなく、職業訓練所に近いものにしたいようだ。産業界の要請を受けて実業系の学校を何度作っても結局流行らないという歴史は明治以降何度も繰り返してきたのだが。

学生の学力が下がっているのは大学が多すぎるせいだから大学を減らせという意見も飛び出している。しかし客観的に見るとどうか。

二〇一四年度文部科学省学校基本調査によれば、高校進学率は約九八・四%、過年度高卒者を含む大学進学率は五六・七%となっている（図11）。これは高いのか低いのか。OECD（経済協力開発機構）のデータによれば、日本の大学進学率はOECD平均よりも一〇%以上低い（図12）。国際的に見て、高い数字とは言えない。

大学の定員数が大学進学志願者数を超え、大学全入時代と呼ばれている状況の中、定員割れを起こすような大学では学生の学力低下が実際に起きているらしい。であればすべきは、大学を減らすことではなく、大学進学志願者数を増やすことではないかと私は思うのだが、世間の論調には「大学なんて通っても意味がない」という感じすら漂う。なんだかちぐはぐだ。

［図11］進学率・就園率の推移

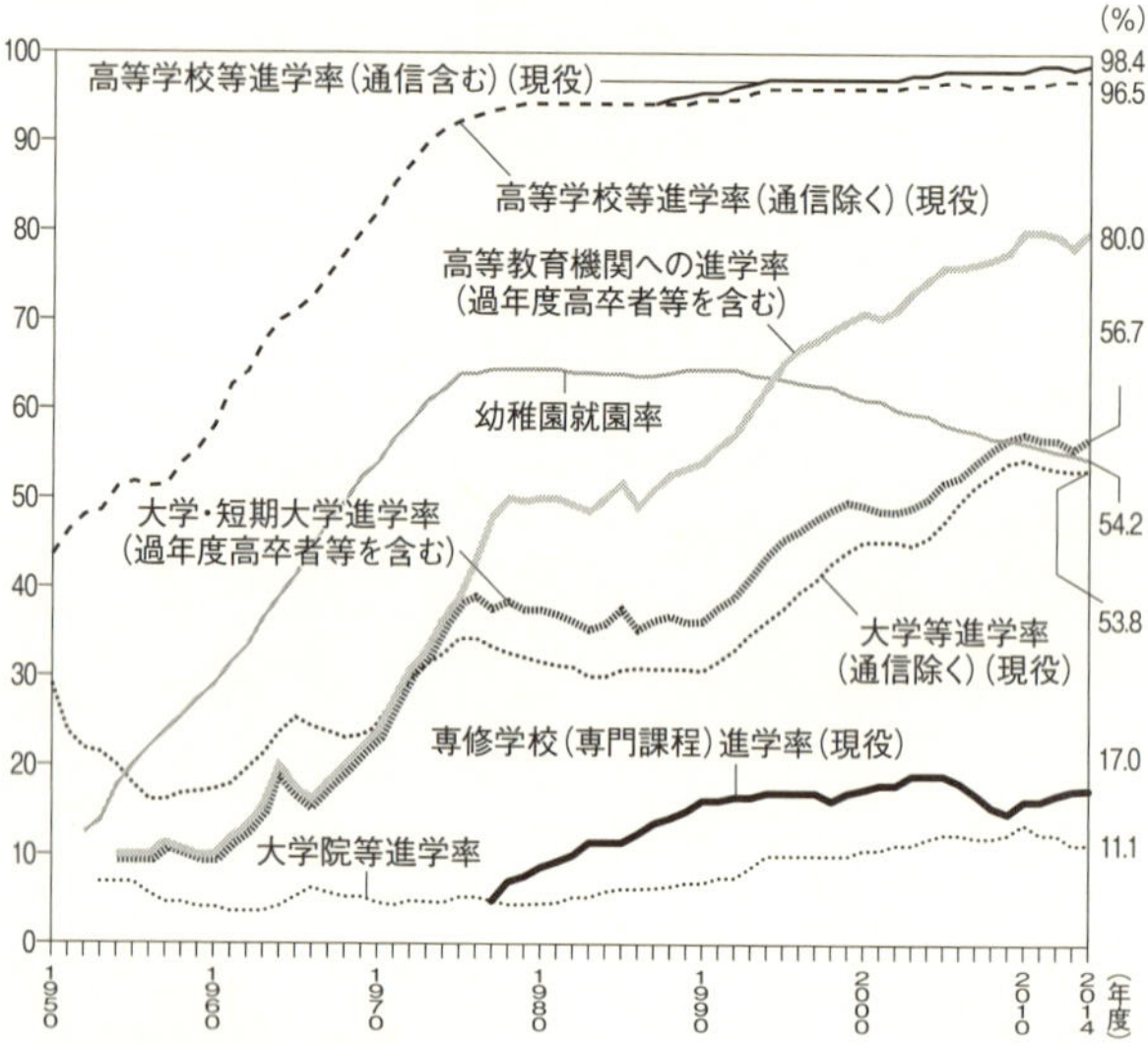

※文部科学省「学校基本調査」より。

教育については誰でも語りやすい。誰でも教育を受けた経験があるからだ。

酒場で好き勝手を言っているのなら聞き流す。しかし政府の決定に関わる立場の人間が、たった数十年前のことも知らず、教育と市場原理の違いも分からず、好き勝手を言っているのなら看過はできない。中高時代にちょっとサッカーをかじった人がプロサッカー選手にアドバイスするようなものだ。まったく的外れではないにしても的を射ていることはほとんどない。それで国家百年の計が決められてしまっては困るのである。

名門校の教育から少しでも学んでもらえればいいのにと思う。

［図12］大学進学率の国際比較

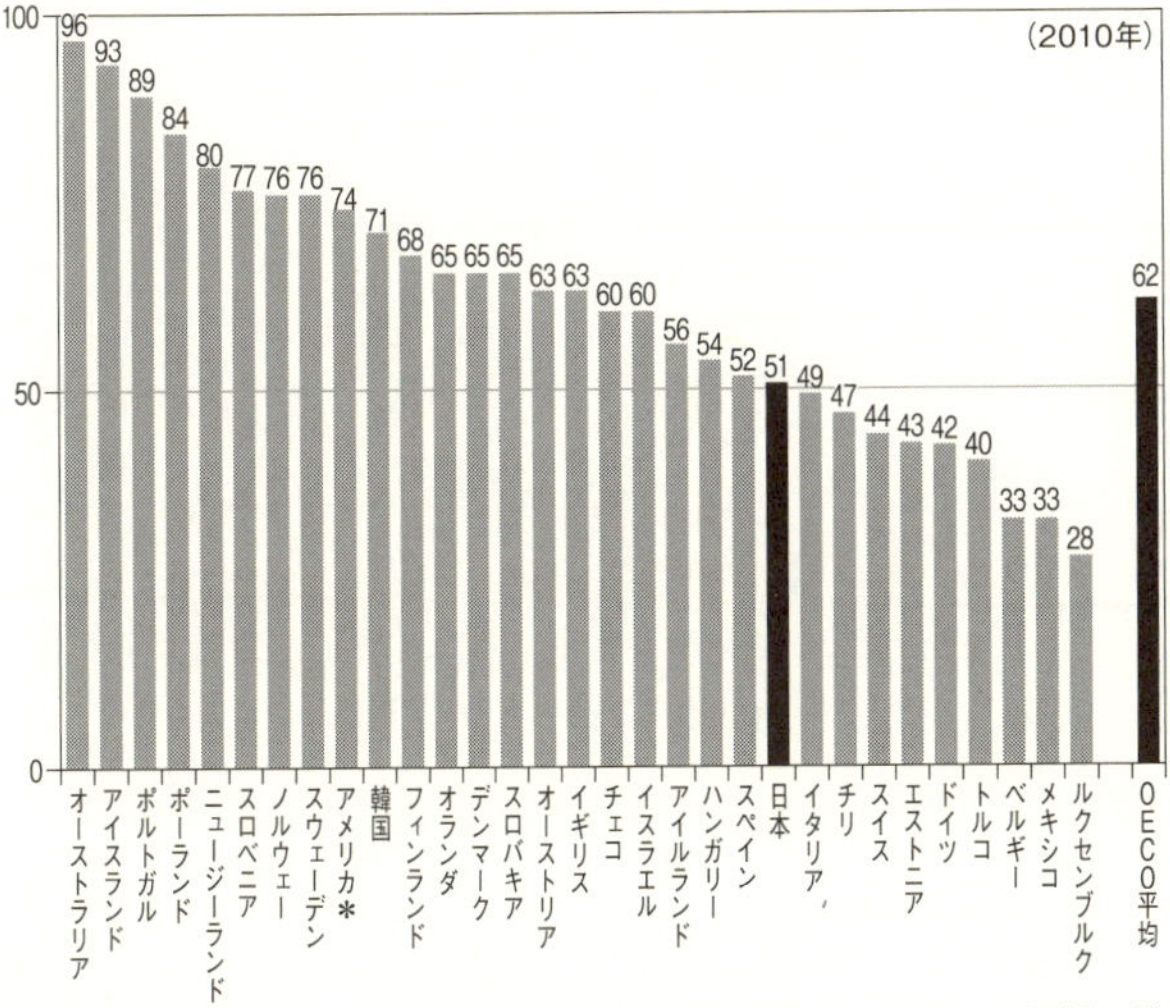

※OECD「Education at a Glance 2012」より。アメリカのみ、2年制の機関が含まれた値

＊＊＊＊

いい学校に取材に行くと、幸せな気分になれる。すべての学校が愛《いと》おしい。結婚式に出席した後の感覚に近い。たくさんの前途有望な生徒たちが、希望と不安を胸に抱きつつ、巣立っていくのがイメージできるからだ。「この学校があれば未来は明るい」と感じられるのだ。そういう学校が増えてほしいと思う。一〇〇年かかっても、二〇〇年かかってもいいから。

人間と同じで、どんな学校にも悪い部分は必ずあるのだろうが、本書ではあえてそこには注目していない。切り取るなら「いいところ」を切り取るようにしている。本書の目的は名門校の善《よ》し悪《あ》しを比較することではなく、名門校の叡智《えいち》を紹介し、「良い学校とは何か」「良い教育とは何か」を考えるきっかけにしてもらうことだからだ。教育関係者はもちろん、一般の保護者にも、名門校の教育から得られる教訓はたくさんあったはずだ。

学校の価値を偏差値や進学実績で推し量る風潮は未だ強い。そのような価値観に染まった大人は無意識のうちに、子供を、偏差値や通う学校名で評価してしまっているかもしれない。

しかし、名門校と呼ばれるほどいい学校の本質的な価値が、決して偏差値や進学実績によるものではないと、一人でも多くの人に知ってもらえれば、その風潮を少しでも改められるのではないか。子供たちも、一人ひとりの子供の可能性にもっと気付いてあげられる社会になるのではないか。子供たちも、目先のテストの点数ばかりに囚われなくなるのではないか。もっと自由な生き方を模索しやすくなるのではないか。そういう逆説的な願いこそを、本書に込めたつもりである。

名門校の教育は確かにすばらしい。しかし、みんなが名門校に行く必要はないとも私は思う。社会全体が、名門校のような空気で、子供たちを包み込んであげればいいのだ。そのためにこそ、私は本書を著した。この思いが、一人でも多くの人に届けば、幸甚だ。

二〇一五年一月

おおたとしまさ

東大・京大・国公立大医学部医学科 合格者数高校別ランキング表の見方

東京大学は1990年から2014年までの上位50校、京都大学は1990年から2014年までの上位20校の合格者数を掲載している。国公立大学医学部医学科は2005年から2014年までの合格者上位20校の合格者数を掲載している。

各大学の合格者は高校へのアンケート調査および朝日新聞出版による独自調査などによる。非公表や未集計など回答がない高校は掲載していないことがある。学校が発表している数とずれが生じることもある。校名は一部当時の名称を使用した。
※印は国立、◎印は私立、無印は公立を示す。

協力／大学通信・サンデー毎日

47都道府県別 高校偏差値ランキング表の見方

2014年度の教育開発出版株式会社のコンピュータテスト「学力診断テスト」の受験者の合否を基にして算出された合格率80％の結果偏差値上位校のランキング。高校入試を実施していても募集人数が少ないなどでデータサンプルが不足している場合には、結果偏差値が算出されず、ランキングから外れている場合がある。
※印は国立、◎印は私立、無印は公立を示す。

東京大学　合格者数高校別ランキング

■1991年

順位	設置	学校名	所在地	合格者数
1	◎	開成	東京	191
2	◎	ラ・サール	鹿児島	105
3	◎	麻布	東京	102
4	◎	灘	兵庫	101
5	※	東京学芸大学附属	東京	96
6	◎	桐蔭学園	神奈川	90
7	◎	武蔵	東京	70
7	◎	栄光学園	神奈川	70
9	※	筑波大学附属駒場	東京	65
10		千葉（県立）	千葉	61
11	◎	桜蔭	東京	59
12		浦和（県立）	埼玉	58
13	◎	東大寺学園	奈良	55
14	◎	駒場東邦	東京	51
15	※	筑波大学附属	東京	46
16	◎	巣鴨	東京	44
17	◎	久留米大学附設	福岡	43
18	◎	桐朋	東京	40
18	◎	愛光	愛媛	40
20	◎	洛星	京都	38
20	◎	洛南	京都	38
22	◎	海城	東京	36
23	◎	広島学院	広島	32
24	◎	東海	愛知	31
25		湘南	神奈川	30
25	◎	聖光学院	神奈川	30
27		戸山	東京	29
27		高岡	富山	29
27	◎	甲陽学院	兵庫	29
30	◎	白陵	兵庫	28
31		土浦第一	茨城	27
32	◎	大阪星光学院	大阪	25
33		西	東京	24
33		旭丘	愛知	24
33		岡崎	愛知	24
36	※	金沢大学附属	石川	23
37	※	大阪教育大学附属池田	大阪	22
38		東葛飾	千葉	21
39		水戸第一	茨城	20
39		千種	愛知	20
39	※	広島大学附属	広島	20
42	◎	女子学院	東京	19
42		岐阜	岐阜	19
44	◎	青雲	長崎	18
45	◎	修道	広島	17
46		札幌南	北海道	16
46	※	お茶の水女子大学附属	東京	16
46		八王子東	東京	16
46		岡崎北	愛知	16
46	◎	淳心学院	兵庫	16

■1990年

順位	設置	学校名	所在地	合格者数
1	◎	開成	東京	155
2	◎	灘	兵庫	123
3	◎	桐蔭学園	神奈川	102
4	※	東京学芸大学附属	東京	100
5	※	筑波大学附属駒場	東京	95
6	◎	麻布	東京	88
7	◎	栄光学園	神奈川	67
8	◎	武蔵	東京	65
9	◎	ラ・サール	鹿児島	64
10		千葉（県立）	千葉	62
11		浦和（県立）	埼玉	60
11	◎	桐朋	東京	60
13	◎	駒場東邦	東京	57
14	※	筑波大学附属	東京	56
15	◎	久留米大学附設	福岡	51
16	◎	桜蔭	東京	42
16	◎	東大寺学園	奈良	42
18		湘南	神奈川	41
19	◎	洛星	京都	39
19	◎	広島学院	広島	39
21	◎	愛光	愛媛	36
22		戸山	東京	35
23	◎	白陵	兵庫	30
24	◎	東海	愛知	29
25	◎	巣鴨	東京	28
26		千種	愛知	27
27		東葛飾	千葉	26
27	※	お茶の水女子大学附属	東京	26
27	◎	甲陽学院	兵庫	26
30		土浦第一	茨城	25
30		西	東京	25
32		旭丘	愛知	24
33	◎	海城	東京	23
33		高岡	富山	23
35		国立	東京	21
35	※	金沢大学附属	石川	21
37	◎	聖光学院	神奈川	19
37		富山中部	富山	19
37		岐阜	岐阜	19
37	◎	淳心学院	兵庫	19
41		水戸第一	茨城	18
42		厚木	神奈川	17
42	◎	フェリス女学院	神奈川	17
44		宇都宮	栃木	16
44		船橋（県立）	千葉	16
44		静岡	静岡	16
44	◎	大阪星光学院	大阪	16
44	※	広島大学附属	広島	16
49		小石川	東京	15
49		富山	富山	15
49	◎	修道	広島	15
49		高松	香川	15
49		熊本	熊本	15
49		宮崎西	宮崎	15

東京大学　合格者数高校別ランキング

■1993年

順位	設置	学校名	所在地	合格者数
1	◎	開成	東京	171
2	◎	ラ・サール	鹿児島	107
3	※	東京学芸大学附属	東京	104
3	◎	灘	兵庫	104
5	◎	麻布	東京	96
6	◎	桐蔭学園	神奈川	85
7	※	筑波大学附属駒場	東京	75
8	◎	巣鴨	東京	59
9		千葉（県立）	千葉	56
10	◎	駒場東邦	東京	54
11	◎	海城	東京	51
12	◎	桐朋	東京	50
13		浦和（県立）	埼玉	48
13	※	筑波大学附属	東京	48
13	◎	栄光学園	神奈川	48
16	◎	桜蔭	東京	47
16	◎	武蔵	東京	47
18	◎	洛南	京都	46
19	◎	聖光学院	神奈川	41
19	◎	久留米大学附設	福岡	41
21	◎	愛光	愛媛	40
22		岡崎	愛知	38
22	◎	広島学院	広島	38
24		旭丘	愛知	34
24	◎	白陵	兵庫	34
26	◎	東大寺学園	奈良	33
27		西	東京	31
27		高岡	富山	31
29	◎	大阪星光学院	大阪	29
30	◎	女子学院	東京	28
31	※	金沢大学附属	石川	26
32		富山中部	富山	24
32	◎	智辯学園和歌山	和歌山	24
32	◎	青雲	長崎	24
35	◎	洛星	京都	23
36		土浦第一	茨城	22
36		戸山	東京	22
36	◎	浅野	神奈川	22
36	◎	東海	愛知	22
36	◎	甲陽学院	兵庫	22
41		湘南	神奈川	21
42		水戸第一	茨城	20
42		宇都宮	栃木	20
44		札幌南	北海道	19
44	※	お茶の水女子大学附属	東京	19
44		岐阜	岐阜	19
44		高松	香川	19
44		鶴丸	鹿児島	19
49	◎	フェリス女学院	神奈川	17
49		高志	福井	17

■1992年

順位	設置	学校名	所在地	合格者数
1	◎	開成	東京	201
2	◎	麻布	東京	126
3	◎	桐蔭学園	神奈川	114
4	◎	灘	兵庫	105
5	※	東京学芸大学附属	東京	95
6	◎	武蔵	東京	85
7	※	筑波大学附属駒場	東京	81
7	◎	ラ・サール	鹿児島	81
9	◎	巣鴨	東京	78
10	◎	栄光学園	神奈川	74
11		千葉（県立）	千葉	61
12	◎	桜蔭	東京	59
13	◎	駒場東邦	東京	56
14	◎	聖光学院	神奈川	53
15	◎	東大寺学園	奈良	52
16	◎	愛光	愛媛	49
17		浦和（県立）	埼玉	47
18	◎	海城	東京	42
19	◎	洛南	京都	41
20	◎	桐朋	東京	39
21	※	筑波大学附属	東京	38
22		湘南	神奈川	33
23	◎	洛星	京都	32
24	※	金沢大学附属	石川	30
24	◎	甲陽学院	兵庫	30
26		旭丘	愛知	29
26		岡崎	愛知	29
28	◎	広島学院	広島	26
29		東葛飾	千葉	25
29		岐阜	岐阜	25
31		宇都宮	栃木	23
32		土浦第一	茨城	22
32		高岡	富山	22
32	◎	大阪星光学院	大阪	22
32	◎	白陵	兵庫	22
32		熊本	熊本	22
37		戸山	東京	21
38		水戸第一	茨城	20
38	◎	浅野	神奈川	20
38	◎	久留米大学附設	福岡	20
41		国立	東京	18
41		西	東京	18
41	◎	女子学院	東京	18
44		高松	香川	17
44	◎	青雲	長崎	17
44		鶴丸	鹿児島	17
47		高崎	群馬	16
47	◎	フェリス女学院	神奈川	16
47	◎	東海	愛知	16
50	※	お茶の水女子大学附属	東京	15
50	◎	修道	広島	15

東京大学　合格者数高校別ランキング

■1995年

順位	設置	学校名	所在地	合格者数
1	◎	開成	東京	170
2	※	東京学芸大学附属	東京	110
3	◎	桐蔭学園	神奈川	107
4	◎	麻布	東京	101
5	◎	灘	兵庫	95
6	※	筑波大学附属駒場	東京	84
7	◎	ラ・サール	鹿児島	73
8	◎	桜蔭	東京	72
9	◎	栄光学園	神奈川	70
10	◎	海城	東京	68
11	◎	巣鴨	東京	63
12	◎	洛南	京都	58
13	◎	武蔵	東京	57
14		千葉（県立）	千葉	55
14	◎	桐朋	東京	55
16		浦和（県立）	埼玉	50
17	◎	愛光	愛媛	48
18	※	筑波大学附属	東京	47
18	◎	駒場東邦	東京	47
20	◎	久留米大学附設	福岡	41
21		岡崎	愛知	40
22	◎	聖光学院	神奈川	38
23	◎	白陵	兵庫	37
24	◎	広島学院	広島	34
25		土浦第一	茨城	33
26	◎	東大寺学園	奈良	31
27	◎	青雲	長崎	29
28		高岡	富山	28
29		岐阜	岐阜	27
30		旭丘	愛知	26
31		湘南	神奈川	25
32		熊本	熊本	24
33	◎	東海	愛知	23
33	◎	洛星	京都	23
35		宇都宮	栃木	22
35	◎	浅野	神奈川	22
35		富山中部	富山	22
38		西	東京	21
38		甲府南	山梨	21
40	◎	智辯学園和歌山	和歌山	20
40		鶴丸	鹿児島	20
42	◎	滝	愛知	19
43		山形東	山形	18
43		高崎	群馬	18
43	◎	女子学院	東京	18
43	◎	甲陽学院	兵庫	18
47	※	金沢大学附属	石川	17
48		札幌南	北海道	16
48	◎	清風南海	大阪	16
48		高松	香川	16

■1994年

順位	設置	学校名	所在地	合格者数
1	◎	開成	東京	197
2	◎	麻布	東京	105
3	◎	灘	兵庫	100
4	◎	桐蔭学園	神奈川	90
5	※	筑波大学附属駒場	東京	87
6	※	東京学芸大学附属	東京	83
7	◎	ラ・サール	鹿児島	81
8	◎	桜蔭	東京	70
9	◎	栄光学園	神奈川	66
10	◎	駒場東邦	東京	65
11	◎	巣鴨	東京	64
12	◎	武蔵	東京	58
13		千葉（県立）	千葉	57
14	◎	愛光	愛媛	54
15	◎	洛南	京都	53
16		浦和（県立）	埼玉	49
17	◎	海城	東京	47
18	◎	桐朋	東京	41
19	◎	東大寺学園	奈良	40
20		岡崎	愛知	37
21	※	筑波大学附属	東京	35
21	◎	聖光学院	神奈川	35
23	◎	大阪星光学院	大阪	33
24	◎	久留米大学附設	福岡	32
25		土浦第一	茨城	30
25		岐阜	岐阜	30
25	◎	洛星	京都	30
25	◎	広島学院	広島	30
29		旭丘	愛知	29
29	◎	東海	愛知	29
31		湘南	神奈川	28
32	◎	甲陽学院	兵庫	27
33	◎	浅野	神奈川	26
33		鶴丸	鹿児島	26
35		東葛飾	千葉	25
35	◎	青雲	長崎	25
37	◎	女子学院	東京	22
37		熊本	熊本	22
39		水戸第一	茨城	21
39		時習館	愛知	21
41		高岡	富山	20
41		高松	香川	20
43		高崎	群馬	19
43	※	お茶の水女子大学附属	東京	19
43	◎	暁星	東京	19
43	※	金沢大学附属	石川	19
47		西	東京	18
47		富山中部	富山	18
47	◎	智辯学園和歌山	和歌山	18
47	◎	弘学館	佐賀	18

東京大学　合格者数高校別ランキング

■1997年

順位	設置	学校名	所在地	合格者数
1	◎	開成	東京	188
2	※	東京学芸大学附属	東京	111
3	◎	灘	兵庫	96
4	◎	桐蔭学園	神奈川	95
5	◎	麻布	東京	93
6	◎	桜蔭	東京	92
7	※	筑波大学附属駒場	東京	90
8	◎	洛南	京都	68
9	◎	巣鴨	東京	63
9	◎	ラ・サール	鹿児島	63
11	◎	武蔵	東京	58
12	◎	駒場東邦	東京	57
13	◎	栄光学園	神奈川	48
14	※	筑波大学附属	東京	46
15	◎	海城	東京	45
16		土浦第一	茨城	43
17	◎	桐朋	東京	41
18	◎	愛光	愛媛	40
19		千葉（県立）	千葉	37
20	◎	東大寺学園	奈良	36
20	◎	広島学院	広島	36
22	◎	女子学院	東京	35
22	◎	久留米大学附設	福岡	35
24	◎	白陵	兵庫	33
24	◎	青雲	長崎	33
26		浦和（県立）	埼玉	32
27		岡崎	愛知	31
27	◎	弘学館	佐賀	31
29	◎	聖光学院	神奈川	30
30		旭丘	愛知	29
31	◎	東海	愛知	28
32		時習館	愛知	25
32		高松	香川	25
34	※	お茶の水女子大学附属	東京	24
34	◎	洛星	京都	24
36		熊本	熊本	22
37		岐阜	岐阜	21
38		高崎	群馬	20
38	◎	浅野	神奈川	20
40	◎	フェリス女学院	神奈川	18
40	◎	智辯学園和歌山	和歌山	18
42	◎	城北	東京	17
42	◎	甲陽学院	兵庫	17
44		山形東	山形	16
44		東葛飾	千葉	16
44		戸山	東京	16
44		高岡	富山	16
44	◎	大阪星光学院	大阪	16
49		富山中部	富山	15
49	※	金沢大学附属	石川	15
49		修猷館	福岡	15

■1996年

順位	設置	学校名	所在地	合格者数
1	◎	開成	東京	158
2	◎	灘	兵庫	104
3	◎	麻布	東京	103
4	※	筑波大学附属駒場	東京	102
5	◎	桜蔭	東京	93
6	※	東京学芸大学附属	東京	90
7	◎	ラ・サール	鹿児島	87
8	◎	桐蔭学園	神奈川	83
9	◎	武蔵	東京	66
10	◎	洛南	京都	63
11	◎	栄光学園	神奈川	60
12	◎	巣鴨	東京	53
13	◎	駒場東邦	東京	47
13	◎	桐朋	東京	47
15	◎	海城	東京	45
15	◎	久留米大学附設	福岡	45
17		千葉（県立）	千葉	43
18	◎	聖光学院	神奈川	40
19	※	筑波大学附属	東京	37
20	◎	東海	愛知	36
21	◎	東大寺学園	奈良	35
21	◎	広島学院	広島	35
23	◎	青雲	長崎	34
24		土浦第一	茨城	32
25	◎	女子学院	東京	31
25	◎	白陵	兵庫	31
27		岡崎	愛知	30
28		熊本	熊本	29
29	◎	愛光	愛媛	27
30	◎	智辯学園和歌山	和歌山	26
31		宇都宮	栃木	24
31		浦和（県立）	埼玉	24
31		高岡	富山	24
31	◎	洛星	京都	24
35	◎	浅野	神奈川	23
35		一宮	愛知	23
37		東葛飾	千葉	22
37	◎	弘学館	佐賀	22
39		岐阜	岐阜	21
39		旭丘	愛知	21
41	※	金沢大学附属	石川	19
42		湘南	神奈川	18
42	◎	甲陽学院	兵庫	18
42	◎	修道	広島	18
42		鶴丸	鹿児島	18
46		高崎	群馬	17
46	※	広島大学附属	広島	17
48		浜松北	静岡	16
48	◎	大阪星光学院	大阪	16
48		松江北	島根	16
48	※	広島大学附属福山	広島	16
48		宮崎西	宮崎	16

東京大学　合格者数高校別ランキング

■1999年

順位	設置	学校名	所在地	合格者数
1	◎	開成	東京	165
2	◎	灘	兵庫	110
3	◎	麻布	東京	109
4	※	筑波大学附属駒場	東京	104
5	※	東京学芸大学附属	東京	103
6	◎	ラ・サール	鹿児島	71
7	◎	武蔵	東京	64
8	◎	洛南	京都	59
9	◎	桜蔭	東京	57
9	◎	栄光学園	神奈川	57
11	◎	桐蔭学園	神奈川	53
12	◎	海城	東京	52
12	◎	駒場東邦	東京	52
14	※	筑波大学附属	東京	50
15	◎	久留米大学附設	福岡	46
16	◎	巣鴨	東京	45
17	◎	聖光学院	神奈川	40
18		岡崎	愛知	35
19	◎	弘学館	佐賀	33
20	◎	広島学院	広島	32
21	◎	愛光	愛媛	31
22		土浦第一	茨城	30
22	◎	女子学院	東京	30
22	◎	白陵	兵庫	30
22	◎	青雲	長崎	30
26		浦和（県立）	埼玉	29
26	◎	東海	愛知	29
26	◎	東大寺学園	奈良	29
26		鶴丸	鹿児島	29
30		宇都宮	栃木	28
30		千葉（県立）	千葉	28
30		熊本	熊本	28
33	◎	桐朋	東京	25
33	◎	浅野	神奈川	25
35		一宮	愛知	24
36	※	金沢大学附属	石川	23
37		高松	香川	21
38	◎	江戸川学園取手	茨城	20
39		旭丘	愛知	19
40		山形東	山形	17
40		新潟	新潟	17
42	◎	フェリス女学院	神奈川	16
42		時習館	愛知	16
42		修猷館	福岡	16
45		盛岡第一	岩手	15
45		仙台第二	宮城	15
45	◎	暁星	東京	15
45	◎	城北	東京	15
45	◎	早稲田	東京	15
45		湘南	神奈川	15
45	◎	大阪星光学院	大阪	15
45	◎	淳心学院	兵庫	15
45	◎	智辯学園和歌山	和歌山	15

■1998年

順位	設置	学校名	所在地	合格者数
1	◎	開成	東京	205
2	◎	麻布	東京	101
3	◎	桐蔭学園	神奈川	96
4	◎	灘	兵庫	92
5	※	東京学芸大学附属	東京	81
6	※	筑波大学附属駒場	東京	79
7	◎	ラ・サール	鹿児島	77
8	◎	栄光学園	神奈川	63
9	◎	桜蔭	東京	58
10	◎	駒場東邦	東京	55
11	◎	海城	東京	54
12	◎	洛南	京都	53
13	◎	巣鴨	東京	46
14	◎	武蔵	東京	44
15	◎	久留米大学附設	福岡	40
16	◎	東海	愛知	39
16	◎	愛光	愛媛	39
18	◎	聖光学院	神奈川	36
19	※	筑波大学附属	東京	35
20	◎	東大寺学園	奈良	32
21		岡崎	愛知	30
22	◎	白陵	兵庫	29
22	◎	広島学院	広島	29
24		土浦第一	茨城	27
25	◎	弘学館	佐賀	26
25	◎	青雲	長崎	26
25		鶴丸	鹿児島	26
28		千葉（県立）	千葉	25
28	◎	桐朋	東京	25
28	◎	浅野	神奈川	25
28		一宮	愛知	25
28		熊本	熊本	25
33		浦和（県立）	埼玉	24
33	◎	岡山白陵	岡山	24
33		高松	香川	24
36	◎	フェリス女学院	神奈川	23
36		岐阜	岐阜	23
36		旭丘	愛知	23
39	◎	甲陽学院	兵庫	22
40		水戸第一	茨城	21
40	◎	智辯学園和歌山	和歌山	21
42		高岡	富山	20
42	※	金沢大学附属	石川	20
44	◎	洛星	京都	18
44	◎	西大和学園	奈良	18
46		盛岡第一	岩手	17
47		山形東	山形	16
47	◎	江戸川学園取手	茨城	16
47		戸山	東京	16
47		富山中部	富山	16

東京大学　合格者数高校別ランキング

■2001年

順位	設置	学校名	所在地	合格者数
1	◎	開成	東京	175
2	※	筑波大学附属駒場	東京	96
3	◎	灘	兵庫	94
4	◎	麻布	東京	87
4	◎	ラ・サール	鹿児島	87
6	※	東京学芸大学附属	東京	75
7	◎	駒場東邦	東京	68
8	◎	桜蔭	東京	67
9	◎	海城	東京	65
10	◎	巣鴨	東京	58
11	◎	栄光学園	神奈川	48
11	◎	聖光学院	神奈川	48
11	◎	桐蔭学園	神奈川	48
14	◎	武蔵	東京	45
14	◎	洛南	京都	45
16	◎	青雲	長崎	44
17	◎	桐朋	東京	37
18	※	筑波大学附属	東京	36
19	◎	愛光	愛媛	35
20		土浦第一	茨城	32
21		岡崎	愛知	31
22	◎	久留米大学附設	福岡	30
23	◎	東海	愛知	29
23		鶴丸	鹿児島	29
25		千葉（県立）	千葉	27
26	◎	大阪星光学院	大阪	25
26	◎	甲陽学院	兵庫	25
28	◎	城北	東京	23
28	◎	広島学院	広島	23
30	◎	白陵	兵庫	22
30	◎	岡山白陵	岡山	22
32		旭丘	愛知	21
32	◎	東大寺学園	奈良	21
32	◎	弘学館	佐賀	21
35	◎	浅野	神奈川	20
36	◎	西大和学園	奈良	19
36		熊本	熊本	19
38	◎	暁星	東京	18
38		高岡	富山	18
38		長野（県立）	長野	18
38	◎	智辯学園和歌山	和歌山	18
38	※	広島大学附属福山	広島	18
38		修猷館	福岡	18
44		盛岡第一	岩手	17
44		高崎	群馬	17
44	※	金沢大学附属	石川	17
47		浦和（県立）	埼玉	16
47		東葛飾	千葉	16
47	◎	渋谷教育学園幕張	千葉	16
47	◎	女子学院	東京	16

■2000年

順位	設置	学校名	所在地	合格者数
1	◎	開成	東京	166
2	◎	灘	兵庫	103
3	※	筑波大学附属駒場	東京	97
4	◎	麻布	東京	91
5	※	東京学芸大学附属	東京	86
6	◎	桜蔭	東京	74
7	◎	ラ・サール	鹿児島	73
8	◎	桐蔭学園	神奈川	58
9	◎	海城	東京	57
9	◎	洛南	京都	57
11	◎	巣鴨	東京	46
12	※	筑波大学附属	東京	45
13	◎	武蔵	東京	44
14	◎	駒場東邦	東京	39
15	◎	久留米大学附設	福岡	38
16	◎	桐朋	東京	37
17	◎	広島学院	広島	36
18	◎	栄光学園	神奈川	34
18	◎	白陵	兵庫	34
20		浦和（県立）	埼玉	32
21		土浦第一	茨城	31
21	◎	聖光学院	神奈川	31
21	◎	愛光	愛媛	31
24		岡崎	愛知	30
25	◎	浅野	神奈川	28
25		熊本	熊本	28
27	◎	城北	東京	26
27		旭丘	愛知	26
29		千葉（県立）	千葉	25
29	◎	洛星	京都	25
29	◎	青雲	長崎	25
32	◎	東海	愛知	24
32	◎	東大寺学園	奈良	24
34		水戸第一	茨城	23
34	◎	岡山白陵	岡山	23
36	※	金沢大学附属	石川	21
36		一宮	愛知	21
36	◎	西大和学園	奈良	21
36	◎	智辯学園和歌山	和歌山	21
40	◎	大阪星光学院	大阪	20
41	◎	女子学院	東京	19
42		盛岡第一	岩手	18
42		宇都宮	栃木	18
44	◎	フェリス女学院	神奈川	17
45		時習館	愛知	16
45	◎	甲陽学院	兵庫	16
45		高松	香川	16
48		高崎	群馬	15
49		山形東	山形	14
49		姫路西	兵庫	14
49	◎	高知学芸	高知	14
49		修猷館	福岡	14
49		鶴丸	鹿児島	14

東京大学　合格者数高校別ランキング

■2003年

順位	設置	学校名	所在地	合格者数
1	◎	開成	東京	181
2	※	筑波大学附属駒場	東京	112
3	◎	麻布	東京	111
4	◎	灘	兵庫	88
5	◎	栄光学園	神奈川	77
6	※	東京学芸大学附属	東京	72
6	◎	桜蔭	東京	72
8	◎	ラ・サール	鹿児島	52
9	◎	海城	東京	51
9	◎	駒場東邦	東京	51
11	◎	武蔵	東京	49
12	◎	桐蔭学園	神奈川	47
13	◎	洛南	京都	45
14	◎	桐朋	東京	44
15	◎	巣鴨	東京	40
16		岡崎	愛知	38
17	◎	聖光学院	神奈川	37
18	◎	東大寺学園	奈良	35
19	◎	愛光	愛媛	33
20		土浦第一	茨城	32
21	※	筑波大学附属	東京	31
21	◎	久留米大学附設	福岡	31
23	◎	広島学院	広島	30
24		浦和（県立）	埼玉	29
25	◎	浅野	神奈川	26
25	◎	東海	愛知	26
27		西	東京	25
27	◎	西大和学園	奈良	25
29	◎	女子学院	東京	24
29	◎	智辯学園和歌山	和歌山	24
31	◎	城北	東京	23
31	◎	白陵	兵庫	23
33		旭丘	愛知	22
34		千葉（県立）	千葉	21
34		一宮	愛知	21
34	◎	岡山白陵	岡山	21
34		熊本	熊本	21
38	◎	渋谷教育学園幕張	千葉	20
38		岐阜	岐阜	20
38		岡山朝日	岡山	20
41		高岡	富山	19
42		水戸第一	茨城	18
42	◎	江戸川学園取手	茨城	18
42		高松	香川	18
45	◎	青雲	長崎	17
45		鶴丸	鹿児島	17
47	※	金沢大学附属	石川	16
47		刈谷	愛知	16
47	◎	高田	三重	16
47	◎	甲陽学院	兵庫	16

■2002年

順位	設置	学校名	所在地	合格者数
1	◎	開成	東京	164
2	◎	麻布	東京	94
2	◎	灘	兵庫	94
4	※	東京学芸大学附属	東京	87
5	※	筑波大学附属駒場	東京	79
6	◎	ラ・サール	鹿児島	78
7	◎	桜蔭	東京	74
8	◎	巣鴨	東京	63
9	◎	駒場東邦	東京	62
10	◎	海城	東京	53
11	◎	桐蔭学園	神奈川	49
12	◎	栄光学園	神奈川	48
13	◎	洛南	京都	47
14	◎	聖光学院	神奈川	43
15	◎	久留米大学附設	福岡	40
16	◎	武蔵	東京	37
16	◎	東海	愛知	37
18		岡崎	愛知	36
19	※	筑波大学附属	東京	34
20		土浦第一	茨城	33
20	◎	広島学院	広島	33
22	◎	桐朋	東京	32
23	◎	白陵	兵庫	29
24		浦和（県立）	埼玉	28
25		一宮	愛知	26
26	◎	浅野	神奈川	24
26		鶴丸	鹿児島	24
28		旭丘	愛知	23
28	◎	愛光	愛媛	23
28	◎	青雲	長崎	23
28		熊本	熊本	23
32	◎	渋谷教育学園幕張	千葉	22
33		千葉（県立）	千葉	21
33	◎	城北	東京	21
33		富山中部	富山	21
33	※	金沢大学附属	石川	21
33	◎	西大和学園	奈良	21
38	◎	洛星	京都	20
39	◎	女子学院	東京	19
39		高岡	富山	19
39	◎	甲陽学院	兵庫	19
39		修猷館	福岡	19
39	◎	弘学館	佐賀	19
44	◎	智辯学園和歌山	和歌山	18
44	◎	岡山白陵	岡山	18
44		高松	香川	18
47		宇都宮	栃木	17
47		西	東京	17
49		東葛飾	千葉	16
49		岡山朝日	岡山	16

東京大学　合格者数高校別ランキング

■2005年

順位	設置	学校名	所在地	合格者数
1	◎	開成	東京	170
2	※	筑波大学附属駒場	東京	105
3	◎	灘	兵庫	101
4	◎	麻布	東京	87
5	※	東京学芸大学附属	東京	81
6	◎	桜蔭	東京	64
6	◎	駒場東邦	東京	64
8	◎	海城	東京	60
9	◎	栄光学園	神奈川	56
10	◎	ラ・サール	鹿児島	50
11	◎	聖光学院	神奈川	49
12	◎	桐蔭学園	神奈川	42
12	◎	洛南	京都	42
14	◎	巣鴨	東京	40
15	◎	渋谷教育学園幕張	千葉	38
16	◎	女子学院	東京	37
17	◎	武蔵	東京	34
18	※	筑波大学附属	東京	32
19	◎	東海	愛知	30
20	◎	桐朋	東京	29
20	◎	東大寺学園	奈良	29
22		岡崎	愛知	28
23		浦和（県立）	埼玉	27
24		土浦第一	茨城	26
24	◎	智辯学園和歌山	和歌山	26
24	◎	愛光	愛媛	26
27	◎	浅野	神奈川	25
27	◎	久留米大学附設	福岡	25
29	◎	岡山白陵	岡山	23
29	◎	広島学院	広島	23
31		岡山朝日	岡山	22
32		宇都宮	栃木	21
32		旭丘	愛知	21
32	◎	白陵	兵庫	21
32	◎	青雲	長崎	21
32		鶴丸	鹿児島	21
37		千葉（県立）	千葉	20
37	◎	西大和学園	奈良	20
39		西	東京	18
39		一宮	愛知	18
39		熊本	熊本	18
42	◎	大阪星光学院	大阪	17
42		高松	香川	17
42		修猷館	福岡	17
45	◎	江戸川学園取手	茨城	16
46		高岡	富山	15
46		岐阜	岐阜	15
48		高崎	群馬	14
48		日比谷	東京	14
48	◎	城北	東京	14
48	※	広島大学附属福山	広島	14
48	◎	弘学館	佐賀	14

■2004年

順位	設置	学校名	所在地	合格者数
1	◎	開成	東京	177
2	※	東京学芸大学附属	東京	93
3	◎	灘	兵庫	89
4	※	筑波大学附属駒場	東京	81
5	◎	桜蔭	東京	80
6	◎	麻布	東京	69
7	◎	駒場東邦	東京	57
8	◎	栄光学園	神奈川	49
9	◎	巣鴨	東京	48
10	◎	桐朋	東京	43
11	◎	桐蔭学園	神奈川	42
11	◎	ラ・サール	鹿児島	42
13	◎	海城	東京	40
14	※	筑波大学附属	東京	38
15	◎	洛南	京都	36
15	◎	久留米大学附設	福岡	36
17	◎	聖光学院	神奈川	32
17	◎	白陵	兵庫	32
17	◎	東大寺学園	奈良	32
17	◎	青雲	長崎	32
21		岡崎	愛知	31
22	◎	女子学院	東京	30
23		土浦第一	茨城	29
23	◎	城北	東京	29
23		旭丘	愛知	29
23	◎	広島学院	広島	29
27	◎	武蔵	東京	26
27	◎	愛光	愛媛	26
29		一宮	愛知	25
29	◎	東海	愛知	25
31		宇都宮	栃木	23
31		千葉（県立）	千葉	23
33		浦和（県立）	埼玉	22
33	◎	浅野	神奈川	22
33	◎	甲陽学院	兵庫	22
33		熊本	熊本	22
33		鶴丸	鹿児島	22
38	◎	暁星	東京	21
38	◎	岡山白陵	岡山	21
40		高岡	富山	19
41	※	金沢大学附属	石川	17
42	◎	渋谷教育学園幕張	千葉	16
42	◎	大阪星光学院	大阪	16
42		修猷館	福岡	16
45	◎	西大和学園	奈良	15
46		仙台第二	宮城	14
46		静岡	静岡	14
46		時習館	愛知	14
46	◎	智辯学園和歌山	和歌山	14
50		札幌南	北海道	13
50		甲府南	山梨	13
50		岐阜	岐阜	13
50		岡山朝日	岡山	13

東京大学　合格者数高校別ランキング

■2007年

順位	設置	学校名	所在地	合格者数
1	◎	開成	東京	190
2	◎	灘	兵庫	100
3	◎	麻布	東京	97
4	※	筑波大学附属駒場	東京	84
5	※	東京学芸大学附属	東京	72
6	◎	桜蔭	東京	68
7	◎	海城	東京	51
8	◎	聖光学院	神奈川	48
8	◎	ラ・サール	鹿児島	48
10	◎	栄光学園	神奈川	44
11	◎	駒場東邦	東京	42
11	◎	浅野	神奈川	42
13	※	筑波大学附属	東京	40
14	◎	久留米大学附設	福岡	35
15		浦和（県立）	埼玉	33
16	◎	東大寺学園	奈良	31
17	◎	渋谷教育学園幕張	千葉	30
17	◎	愛光	愛媛	30
19	◎	東海	愛知	29
20		土浦第一	茨城	28
20		日比谷	東京	28
20	◎	桐蔭学園	神奈川	28
20		旭丘	愛知	28
24	◎	巣鴨	東京	26
24	◎	武蔵	東京	26
24		岡崎	愛知	26
27		宇都宮	栃木	24
27	◎	桐朋	東京	24
27	◎	甲陽学院	兵庫	24
27	◎	白陵	兵庫	24
31	◎	渋谷教育学園渋谷	東京	23
32	◎	大阪星光学院	大阪	22
33		千葉（県立）	千葉	20
33	◎	青雲	長崎	20
35	◎	女子学院	東京	19
35	※	金沢大学附属	石川	19
35	◎	洛南	京都	19
35	◎	智辯学園和歌山	和歌山	19
35	◎	広島学院	広島	19
35		熊本	熊本	19
41		一宮	愛知	18
41		修猷館	福岡	18
43		盛岡第一	岩手	17
43	◎	城北	東京	17
43		岡山朝日	岡山	17
46		山形東	山形	16
46		水戸第一	茨城	16
46		国立	東京	16
46		西	東京	16
46		八王子東	東京	16
46		鶴丸	鹿児島	16

■2006年

順位	設置	学校名	所在地	合格者数
1	◎	開成	東京	140
2	◎	麻布	東京	89
3	※	筑波大学附属駒場	東京	86
4	◎	灘	兵庫	80
5	※	東京学芸大学附属	東京	77
6	◎	栄光学園	神奈川	70
7	◎	桜蔭	東京	68
8	◎	海城	東京	52
9	◎	ラ・サール	鹿児島	50
10	◎	駒場東邦	東京	46
11	※	筑波大学附属	東京	45
12	◎	聖光学院	神奈川	44
13		岡崎	愛知	36
14	◎	東大寺学園	奈良	35
15	◎	広島学院	広島	33
15	◎	久留米大学附設	福岡	33
17	◎	桐朋	東京	32
18	◎	武蔵	東京	30
19	◎	巣鴨	東京	29
20		宇都宮	栃木	28
20	◎	女子学院	東京	28
20		一宮	愛知	28
20	◎	洛南	京都	28
24		富山中部	富山	27
24	◎	西大和学園	奈良	27
26	◎	渋谷教育学園幕張	千葉	26
27	◎	東海	愛知	25
28		岐阜	岐阜	24
28	◎	白陵	兵庫	24
30		千葉（県立）	千葉	23
30	◎	桐蔭学園	神奈川	23
30	◎	岡山白陵	岡山	23
33	◎	甲陽学院	兵庫	22
33		岡山朝日	岡山	22
33	◎	愛光	愛媛	22
33	◎	弘学館	佐賀	22
37		土浦第一	茨城	21
37		高岡	富山	21
37	◎	青雲	長崎	21
37		鶴丸	鹿児島	21
41		金沢泉丘	石川	20
41		旭丘	愛知	20
43		西	東京	19
44	◎	江戸川学園取手	茨城	18
44		熊本	熊本	18
46	◎	高田	三重	17
47		仙台第二	宮城	16
47		浦和（県立）	埼玉	16
47	◎	暁星	東京	16
47	◎	城北	東京	16
47	◎	智辯学園和歌山	和歌山	16

東京大学　合格者数高校別ランキング

■2009年

順位	設置	学校名	所在地	合格者数
1	◎	開成	東京	138
2	※	筑波大学附属駒場	東京	106
3	◎	灘	兵庫	103
4	◎	麻布	東京	77
5	※	東京学芸大学附属	東京	74
6	◎	桜蔭	東京	69
7	◎	栄光学園	神奈川	59
8	◎	ラ・サール	鹿児島	53
9	◎	聖光学院	神奈川	49
10	◎	東大寺学園	奈良	44
11	※	筑波大学附属	東京	43
12		岡崎	愛知	42
13	◎	駒場東邦	東京	39
14	◎	久留米大学附設	福岡	38
15		浦和（県立）	埼玉	36
16	◎	海城	東京	34
17	◎	広島学院	広島	30
18	◎	洛南	京都	29
19	◎	渋谷教育学園幕張	千葉	28
20		宇都宮	栃木	27
20		千葉（県立）	千葉	27
20	◎	愛光	愛媛	27
23	◎	浅野	神奈川	25
23		富山中部	富山	25
23		一宮	愛知	25
26	◎	東海	愛知	24
27	◎	女子学院	東京	23
28	◎	巣鴨	東京	22
28	◎	桐朋	東京	22
28	◎	青雲	長崎	22
28		大分上野丘	大分	22
32		札幌南	北海道	21
32	◎	智辯学園和歌山	和歌山	21
34	◎	武蔵	東京	20
34		刈谷	愛知	20
34	◎	甲陽学院	兵庫	20
37		旭丘	愛知	19
37	◎	白陵	兵庫	19
37		岡山朝日	岡山	19
37	◎	岡山白陵	岡山	19
37		高松	香川	19
42		熊本	熊本	18
43		高崎	群馬	17
43	◎	豊島岡女子学園	東京	17
43		岐阜	岐阜	17
43	◎	西大和学園	奈良	17
43	◎	修道	広島	17
48		土浦第一	茨城	16
48		日比谷	東京	16
48	※	広島大学附属福山	広島	16

■2008年

順位	設置	学校名	所在地	合格者数
1	◎	開成	東京	188
2	◎	灘	兵庫	114
3	◎	麻布	東京	76
4	※	筑波大学附属駒場	東京	75
5	※	東京学芸大学附属	東京	74
6	◎	桜蔭	東京	59
7	◎	海城	東京	44
7	◎	聖光学院	神奈川	44
9	◎	東大寺学園	奈良	43
10	◎	栄光学園	神奈川	42
11		岡崎	愛知	40
12	◎	ラ・サール	鹿児島	39
13	◎	駒場東邦	東京	38
14	◎	渋谷教育学園幕張	千葉	35
15	◎	東海	愛知	34
16		浦和（県立）	埼玉	33
17	◎	桐朋	東京	32
17	◎	広島学院	広島	32
19	◎	洛南	京都	31
20		宇都宮	栃木	29
20	◎	浅野	神奈川	29
22		西	東京	28
22	◎	甲陽学院	兵庫	28
24		土浦第一	茨城	26
24	◎	女子学院	東京	26
24	◎	西大和学園	奈良	26
24	◎	久留米大学附設	福岡	26
28	※	筑波大学附属	東京	25
28		旭丘	愛知	25
28		時習館	愛知	25
31	◎	巣鴨	東京	22
31	◎	愛光	愛媛	22
31		鶴丸	鹿児島	22
34	◎	青雲	長崎	21
35	◎	江戸川学園取手	茨城	20
35		富山中部	富山	20
37		千葉（県立）	千葉	19
37		一宮	愛知	19
37	◎	白陵	兵庫	19
37	※	広島大学附属福山	広島	19
37		修猷館	福岡	19
42	◎	武蔵	東京	18
42	◎	智辯学園和歌山	和歌山	18
42		高松	香川	18
45		岡山朝日	岡山	17
46		高岡	富山	16
47		藤島	福井	15
47		四日市	三重	15
47	◎	高田	三重	15
47	◎	大阪星光学院	大阪	15

東京大学　合格者数高校別ランキング

■2011年

順位	設置	学校名	所在地	合格者数
1	◎	開成	東京	171
2	※	筑波大学附属駒場	東京	103
3	◎	灘	兵庫	99
4	◎	麻布	東京	79
5	◎	桜蔭	東京	75
6	◎	駒場東邦	東京	64
7	◎	栄光学園	神奈川	63
8	◎	聖光学院	神奈川	60
9	※	東京学芸大学附属	東京	58
10	◎	東大寺学園	奈良	43
11		岡崎	愛知	38
12	※	筑波大学附属	東京	36
12	◎	久留米大学附設	福岡	36
14	◎	渋谷教育学園幕張	千葉	34
14	◎	海城	東京	34
16	◎	女子学院	東京	32
16	◎	桐朋	東京	32
16	◎	浅野	神奈川	32
19		浦和（県立）	埼玉	30
19	◎	巣鴨	東京	30
21		土浦第一	茨城	29
21		西	東京	29
21		日比谷	東京	29
21	◎	ラ・サール	鹿児島	29
25	◎	武蔵	東京	28
26	◎	西大和学園	奈良	27
27	◎	城北	東京	26
28		旭丘	愛知	25
28	◎	洛南	京都	25
28	◎	甲陽学院	兵庫	25
28	◎	愛光	愛媛	25
28		鶴丸	鹿児島	25
33	◎	白陵	兵庫	24
34	◎	東海	愛知	22
35	◎	広島学院	広島	21
36		千葉（県立）	千葉	19
36		岡山朝日	岡山	19
38	◎	開智	埼玉	17
38		熊本	熊本	17
38		大分上野丘	大分	17
41		大宮	埼玉	16
41	◎	雙葉	東京	16
41		富山中部	富山	16
41	◎	青雲	長崎	16
45	◎	渋谷教育学園渋谷	東京	15
45	◎	智辯学園和歌山	和歌山	15
47		水戸第一	茨城	14
47	◎	暁星	東京	14
47	◎	攻玉社	東京	14
47	◎	早稲田	東京	14
47	※	広島大学附属福山	広島	14

■2010年

順位	設置	学校名	所在地	合格者数
1	◎	開成	東京	168
2	◎	灘	兵庫	103
3	※	筑波大学附属駒場	東京	100
4	◎	麻布	東京	91
5	◎	桜蔭	東京	67
6	◎	聖光学院	神奈川	65
7	◎	駒場東邦	東京	61
8	◎	栄光学園	神奈川	57
9	※	東京学芸大学附属	東京	54
10	◎	海城	東京	49
11	◎	渋谷教育学園幕張	千葉	47
12		岡崎	愛知	41
13	※	筑波大学附属	東京	40
14		日比谷	東京	37
14	◎	東大寺学園	奈良	37
16	◎	浅野	神奈川	36
16	◎	ラ・サール	鹿児島	36
18	◎	東海	愛知	34
19		旭丘	愛知	32
20		浦和（県立）	埼玉	29
21	◎	女子学院	東京	26
21	◎	岡山白陵	岡山	26
23		土浦第一	茨城	24
23	◎	豊島岡女子学園	東京	24
23	◎	武蔵	東京	24
23	◎	甲陽学院	兵庫	24
23	◎	久留米大学附設	福岡	24
28		岐阜	岐阜	23
28	◎	愛光	愛媛	23
30		千葉（県立）	千葉	22
30	◎	西大和学園	奈良	22
32	◎	桐朋	東京	21
32	◎	白陵	兵庫	21
32	◎	広島学院	広島	21
35		西	東京	20
35	◎	城北	東京	20
37	◎	攻玉社	東京	18
37		一宮	愛知	18
37		時習館	愛知	18
37		岡山朝日	岡山	18
41		高岡	富山	17
41		富山中部	富山	17
43		秋田	秋田	16
43		大宮	埼玉	16
43	◎	巣鴨	東京	16
43	◎	早稲田	東京	16
43		藤島	福井	16
43	◎	洛南	京都	16
43	◎	智辯学園和歌山	和歌山	16
43	◎	修道	広島	16

東京大学　合格者数高校別ランキング

■2013年

順位	設置	学校名	所在地	合格者数
1	◎	開成	東京	170
2	◎	灘	兵庫	105
3	※	筑波大学附属駒場	東京	103
4	◎	麻布	東京	82
5	※	東京学芸大学附属	東京	68
6	◎	桜蔭	東京	66
7	◎	聖光学院	神奈川	62
8	◎	渋谷教育学園幕張	千葉	61
9	◎	駒場東邦	東京	59
10	◎	栄光学園	神奈川	52
11		浦和（県立）	埼玉	46
12	◎	海城	東京	40
12	◎	ラ・サール	鹿児島	40
14	※	筑波大学附属	東京	38
15	◎	女子学院	東京	37
16		西	東京	34
17		岡崎	愛知	32
18		日比谷	東京	29
18	◎	武蔵	東京	29
18		旭丘	愛知	29
18	◎	東海	愛知	29
18	◎	西大和学園	奈良	29
23	◎	豊島岡女子学園	東京	27
23	◎	浅野	神奈川	27
25		千葉（県立）	千葉	25
25	◎	巣鴨	東京	25
27		土浦第一	茨城	24
27	◎	東大寺学園	奈良	24
27	◎	久留米大学附設	福岡	24
30	◎	桐朋	東京	23
31		国立	東京	22
32		宇都宮	栃木	21
32	◎	愛光	愛媛	21
34	◎	広島学院	広島	20
35		熊本	熊本	19
36	◎	大阪星光学院	大阪	18
36	◎	白陵	兵庫	18
36	◎	岡山白陵	岡山	18
39	◎	暁星	東京	17
39		横浜翠嵐	神奈川	17
39	◎	洛南	京都	17
39	※	広島大学附属福山	広島	17
39		修猷館	福岡	17
44	◎	芝	東京	16
45		金沢泉丘	石川	15
46	◎	攻玉社	東京	14
46		湘南	神奈川	14
46	◎	逗子開成	神奈川	14
46	◎	高田	三重	14
50		札幌南	北海道	13
50		盛岡第一	岩手	13
50	◎	江戸川学園取手	茨城	13
50	◎	市川	千葉	13
50	◎	早稲田	東京	13
50	◎	桐蔭学園（中教）	神奈川	13
50		一宮	愛知	13
50	◎	滝	愛知	13

■2012年

順位	設置	学校名	所在地	合格者数
1	◎	開成	東京	203
2	◎	灘	兵庫	98
3	◎	麻布	東京	90
4	※	筑波大学附属駒場	東京	83
5	◎	栄光学園	神奈川	70
6	◎	駒場東邦	東京	69
7	◎	聖光学院	神奈川	65
8	◎	桜蔭	東京	58
9	※	東京学芸大学附属	東京	55
10	◎	渋谷教育学園幕張	千葉	49
11	◎	海城	東京	47
12	◎	東大寺学園	奈良	42
13	◎	巣鴨	東京	41
14		浦和（県立）	埼玉	40
15	◎	久留米大学附設	福岡	35
16		旭丘	愛知	32
17		千葉（県立）	千葉	31
17	※	筑波大学附属	東京	31
19		日比谷	東京	30
19	◎	ラ・サール	鹿児島	30
21	◎	浅野	神奈川	29
21	◎	広島学院	広島	29
23		岡崎	愛知	27
24	◎	東海	愛知	26
25	◎	桐朋	東京	25
25	◎	豊島岡女子学園	東京	25
25	◎	甲陽学院	兵庫	25
25	◎	白陵	兵庫	25
29		西	東京	24
30	◎	女子学院	東京	23
30	◎	早稲田	東京	23
32		土浦第一	茨城	22
32	◎	愛光	愛媛	22
34		湘南	神奈川	21
35	◎	武蔵	東京	20
36	◎	攻玉社	東京	19
37	◎	高田	三重	18
38		前橋（県立）	群馬	17
38		大宮	埼玉	17
38	※	金沢大学附属	石川	17
38	◎	洛南	京都	17
38	◎	大阪星光学院	大阪	17
43	◎	北嶺	北海道	16
43	◎	渋谷教育学園渋谷	東京	16
43	◎	城北	東京	16
43		新潟	新潟	16
43		一宮	愛知	16
43		刈谷	愛知	16
43	◎	西大和学園	奈良	16
50		水戸第一	茨城	15
50		国立	東京	15

東京大学　合格者数高校別ランキング

■2014年

順位	設置	学校名	所在地	合格者数
1	◎	開成	東京	158
2	※	筑波大学附属駒場	東京	104
2	◎	灘	兵庫	104
4	◎	麻布	東京	82
5	◎	駒場東邦	東京	75
6	◎	聖光学院	神奈川	71
7	◎	桜蔭	東京	69
8	◎	栄光学園	神奈川	67
9	※	東京学芸大学附属	東京	56
10	◎	渋谷教育学園幕張	千葉	48
11	◎	ラ・サール	鹿児島	41
12	◎	海城	東京	40
13	◎	久留米大学附設	福岡	38
14		日比谷	東京	37
15	◎	浅野	神奈川	34
16		浦和（県立）	埼玉	33
16	◎	豊島岡女子学園	東京	33
18		西	東京	31
18	◎	東大寺学園	奈良	31
20	※	筑波大学附属	東京	29
21		岡崎	愛知	27
21	◎	東海	愛知	27
23	◎	巣鴨	東京	26
23	◎	早稲田	東京	26
25		旭丘	愛知	25
26		国立	東京	24
26	◎	女子学院	東京	24
26	◎	洛南	京都	24
26	◎	甲陽学院	兵庫	24
30		岡山朝日	岡山	23
31	◎	桐朋	東京	22
31	◎	武蔵	東京	22
31		横浜翠嵐	神奈川	22
31	◎	西大和学園	奈良	22
35		土浦第一	茨城	21
35		宇都宮	栃木	21
35		千葉（県立）	千葉	21
35	◎	攻玉社	東京	21
35	◎	大阪星光学院	大阪	21
40		新潟	新潟	20
40	◎	愛光	愛媛	20
42		水戸第一	茨城	19
43	◎	北嶺	北海道	18
43	◎	城北	東京	18
43		富山中部	富山	18
43		熊本	熊本	18
47		湘南	神奈川	17
47		岐阜	岐阜	17
49	※	広島大学附属福山	広島	16
49	◎	広島学院	広島	16

京都大学　合格者数高校別ランキング

■1992年

順位	設置	学校名	所在地	合格者数
1	◎	洛南	京都	150
2	◎	洛星	京都	93
3		北野	大阪	82
4	◎	甲陽学院	兵庫	77
5	◎	東大寺学園	奈良	72
6	◎	灘	兵庫	65
7	◎	大阪星光学院	大阪	59
8		茨木	大阪	50
9	※	大阪教育大学附属池田	大阪	47
10		三国丘	大阪	43
11		膳所	滋賀	39
12	◎	清風南海	大阪	38
12		奈良	奈良	38
14		天王寺	大阪	37
15		四條畷	大阪	36
16	◎	ラ・サール	鹿児島	31
17	※	京都教育大学附属	京都	29
18		旭丘	愛知	27
18	※	大阪教育大学附属平野	大阪	27
20		千葉（県立）	千葉	24
20		岡崎	愛知	24

■1990年

順位	設置	学校名	所在地	合格者数
1	◎	洛星	京都	116
2	◎	洛南	京都	105
3	◎	甲陽学院	兵庫	79
4	◎	東大寺学園	奈良	73
5		三国丘	大阪	59
6	◎	灘	兵庫	57
7		膳所	滋賀	52
8		北野	大阪	51
8		四條畷	大阪	51
10	※	大阪教育大学附属池田	大阪	48
11		天王寺	大阪	37
12		茨木	大阪	35
13	◎	清風南海	大阪	34
14	※	大阪教育大学附属天王寺	大阪	32
15		千種	愛知	29
16		生野	大阪	28
16		大手前	大阪	28
16	◎	大阪星光学院	大阪	28
16		奈良	奈良	28
16	◎	広島学院	広島	28

■1993年

順位	設置	学校名	所在地	合格者数
1	◎	洛南	京都	147
2	◎	洛星	京都	119
3		北野	大阪	80
4	◎	甲陽学院	兵庫	72
5	◎	東大寺学園	奈良	62
6	※	大阪教育大学附属池田	大阪	51
7		奈良	奈良	48
8		膳所	滋賀	47
8	◎	灘	兵庫	47
10		旭丘	愛知	46
11		三国丘	大阪	41
12		天王寺	大阪	36
12	◎	大阪星光学院	大阪	36
14		明和	愛知	34
15	◎	清風南海	大阪	33
16		茨木	大阪	30
16		四條畷	大阪	30
16	◎	六甲	兵庫	30
19	※	京都教育大学附属	京都	26
20	※	大阪教育大学附属天王寺	大阪	25

■1991年

順位	設置	学校名	所在地	合格者数
1	◎	洛南	京都	127
2	◎	洛星	京都	90
3	◎	東大寺学園	奈良	77
4		北野	大阪	76
5	◎	甲陽学院	兵庫	73
6	◎	灘	兵庫	51
7	◎	大阪星光学院	大阪	47
8		四條畷	大阪	46
8		三国丘	大阪	46
10		茨木	大阪	39
11		奈良	奈良	38
12	※	大阪教育大学附属池田	大阪	36
13	◎	奈良学園	奈良	34
14		生野	大阪	33
15	※	京都教育大学附属	京都	31
16		膳所	滋賀	30
16		天王寺	大阪	30
18		千種	愛知	28
18	◎	清風南海	大阪	28
20	※	大阪教育大学附属天王寺	大阪	24
20		姫路西	兵庫	24

京都大学　合格者数高校別ランキング

■1996年

順位	設置	学校名	所在地	合格者数
1	◎	洛南	京都	132
2	◎	洛星	京都	106
3	◎	甲陽学院	兵庫	83
4	◎	東大寺学園	奈良	75
5	◎	大阪星光学院	大阪	67
6		北野	大阪	63
7	※	大阪教育大学附属池田	大阪	49
7	◎	灘	兵庫	49
9		三国丘	大阪	48
10		奈良	奈良	45
11	◎	清風南海	大阪	41
12		膳所	滋賀	39
12		茨木	大阪	39
14	※	京都教育大学附属	京都	36
15		旭丘	愛知	34
15	◎	智辯学園和歌山	和歌山	34
17		長田	兵庫	32
18		明和	愛知	29
19		四條畷	大阪	27
20	◎	六甲	兵庫	25

■1997年

順位	設置	学校名	所在地	合格者数
1	◎	洛南	京都	114
2	◎	洛星	京都	95
3	◎	甲陽学院	兵庫	81
4	◎	東大寺学園	奈良	77
5		北野	大阪	57
6	◎	大阪星光学院	大阪	45
7	◎	高槻	大阪	42
8		膳所	滋賀	40
8	※	大阪教育大学附属池田	大阪	40
10		茨木	大阪	38
11	◎	灘	兵庫	37
12		長田	兵庫	36
13		三国丘	大阪	35
13		奈良	奈良	35
15		四條畷	大阪	34
15	◎	清風南海	大阪	34
17		明和	愛知	33
17	◎	智辯学園和歌山	和歌山	33
19	◎	西大和学園	奈良	31
20	※	大阪教育大学附属天王寺	大阪	29

■1994年

順位	設置	学校名	所在地	合格者数
1	◎	洛南	京都	135
2	◎	洛星	京都	88
3	◎	東大寺学園	奈良	77
4	◎	甲陽学院	兵庫	70
5		北野	大阪	67
6	◎	灘	兵庫	60
7	※	大阪教育大学附属池田	大阪	54
8	◎	大阪星光学院	大阪	51
9		四條畷	大阪	44
10		旭丘	愛知	42
10		茨木	大阪	42
10	◎	清風南海	大阪	42
13		膳所	滋賀	40
13		三国丘	大阪	40
13		奈良	奈良	40
16	◎	高槻	大阪	38
17	◎	六甲	兵庫	27
18		明和	愛知	26
18		長田	兵庫	26
18		畝傍	奈良	26
18	◎	奈良学園	奈良	26

■1995年

順位	設置	学校名	所在地	合格者数
1	◎	洛南	京都	140
2	◎	東大寺学園	奈良	99
3	◎	洛星	京都	95
4	◎	甲陽学院	兵庫	92
5		北野	大阪	53
6		茨木	大阪	51
6		四條畷	大阪	51
8	◎	灘	兵庫	47
9	◎	清風南海	大阪	44
10		膳所	滋賀	43
11	※	大阪教育大学附属池田	大阪	42
12		旭丘	愛知	41
12		三国丘	大阪	41
14	◎	大阪星光学院	大阪	37
14		奈良	奈良	37
16		明和	愛知	34
17	◎	東海	愛知	31
18	◎	六甲	兵庫	30
19		畝傍	奈良	28
20		天王寺	大阪	26
20		長田	兵庫	26

京都大学　合格者数高校別ランキング

■2000年

順位	設置	学校名	所在地	合格者数
1	◎	洛南	京都	108
2	◎	洛星	京都	94
3	◎	東大寺学園	奈良	89
4	◎	甲陽学院	兵庫	67
5	◎	大阪星光学院	大阪	58
6	◎	高槻	大阪	51
6	◎	灘	兵庫	51
8		膳所	滋賀	50
9	◎	西大和学園	奈良	46
10	※	大阪教育大学附属池田	大阪	42
11	◎	智辯学園和歌山	和歌山	39
12		奈良	奈良	38
13		茨木	大阪	37
13		北野	大阪	37
15	◎	清風南海	大阪	36
16	◎	四天王寺	大阪	35
17	◎	奈良学園	奈良	34
18		旭丘	愛知	31
19	※	大阪教育大学附属天王寺	大阪	30
19		四條畷	大阪	30

■1998年

順位	設置	学校名	所在地	合格者数
1	◎	洛星	京都	100
1	◎	洛南	京都	100
3	◎	東大寺学園	奈良	90
4	◎	甲陽学院	兵庫	76
5		北野	大阪	74
6	◎	大阪星光学院	大阪	69
7		旭丘	愛知	50
8	※	大阪教育大学附属池田	大阪	48
9		膳所	滋賀	42
9	◎	西大和学園	奈良	42
11		奈良	奈良	40
12	◎	清風南海	大阪	39
13		三国丘	大阪	38
14	◎	灘	兵庫	36
15		四條畷	大阪	32
15	◎	高槻	大阪	32
17	◎	智辯学園和歌山	和歌山	29
18	◎	六甲	兵庫	28
19		茨木	大阪	27
19		天王寺	大阪	27
19	◎	白陵	兵庫	27

■2001年

順位	設置	学校名	所在地	合格者数
1	◎	洛南	京都	116
2	◎	洛星	京都	90
3	◎	東大寺学園	奈良	82
4	◎	甲陽学院	兵庫	76
5	◎	西大和学園	奈良	75
6	◎	灘	兵庫	46
7	◎	大阪星光学院	大阪	44
8		膳所	滋賀	40
9		旭丘	愛知	39
9	※	大阪教育大学附属池田	大阪	39
9		北野	大阪	39
9		奈良	奈良	39
13		茨木	大阪	37
14	◎	智辯学園和歌山	和歌山	34
15	◎	高槻	大阪	32
16	◎	四天王寺	大阪	29
17		天王寺	大阪	28
17		長田	兵庫	28
19	※	大阪教育大学附属天王寺	大阪	27
20	◎	清風	大阪	26
20	◎	清風南海	大阪	26

■1999年

順位	設置	学校名	所在地	合格者数
1	◎	洛南	京都	116
2	◎	東大寺学園	奈良	94
3	◎	甲陽学院	兵庫	86
4	◎	洛星	京都	82
5	◎	大阪星光学院	大阪	69
6	◎	清風南海	大阪	55
7	◎	西大和学園	奈良	50
8		北野	大阪	49
9		奈良	奈良	46
10		旭丘	愛知	41
11	◎	灘	兵庫	39
12	※	大阪教育大学附属池田	大阪	36
12	※	大阪教育大学附属天王寺	大阪	36
14		膳所	滋賀	32
15	◎	東海	愛知	31
16		茨木	大阪	29
16		天王寺	大阪	29
16	◎	高槻	大阪	29
16	◎	六甲	兵庫	29
20		長田	兵庫	27
20	◎	神戸女学院高等学部	兵庫	27
20	◎	智辯学園和歌山	和歌山	27

京都大学　合格者数高校別ランキング

■2004年

順位	設置	学校名	所在地	合格者数
1	◎	洛南	京都	103
2	◎	東大寺学園	奈良	92
3	◎	洛星	京都	91
4	◎	西大和学園	奈良	86
5	◎	甲陽学院	兵庫	63
6	◎	大阪星光学院	大阪	59
7		膳所	滋賀	52
8	◎	灘	兵庫	44
9		北野	大阪	42
10		堀川	京都	40
11		茨木	大阪	37
12		三国丘	大阪	36
12	◎	清風南海	大阪	36
14	※	大阪教育大学附属池田	大阪	33
14	◎	智辯学園和歌山	和歌山	33
16		奈良	奈良	32
17		天王寺	大阪	31
17	◎	清風	大阪	31
19	◎	四天王寺	大阪	30
19	◎	高槻	大阪	30

■2002年

順位	設置	学校名	所在地	合格者数
1	◎	洛南	京都	103
2	◎	洛星	京都	96
3	◎	甲陽学院	兵庫	79
4	◎	東大寺学園	奈良	78
5	◎	西大和学園	奈良	69
6	◎	大阪星光学院	大阪	58
7	◎	智辯学園和歌山	和歌山	49
8		北野	大阪	48
9		膳所	滋賀	40
9	◎	灘	兵庫	40
11	◎	四天王寺	大阪	37
11	◎	清風南海	大阪	37
13		奈良	奈良	35
14		茨木	大阪	34
15	※	大阪教育大学附属池田	大阪	33
16		天王寺	大阪	31
17		四條畷	大阪	30
18		旭丘	愛知	29
19	◎	清風	大阪	27
20	※	京都教育大学附属	京都	24
20		大手前	大阪	24

■2005年

順位	設置	学校名	所在地	合格者数
1	◎	洛南	京都	116
2	◎	西大和学園	奈良	95
3	◎	東大寺学園	奈良	84
4	◎	甲陽学院	兵庫	76
5	◎	洛星	京都	73
6	◎	灘	兵庫	54
7		膳所	滋賀	52
7	◎	大阪星光学院	大阪	52
9		天王寺	大阪	41
9	◎	清風南海	大阪	41
11		北野	大阪	40
12		奈良	奈良	39
13	◎	四天王寺	大阪	37
14	※	大阪教育大学附属池田	大阪	32
15		長田	兵庫	31
15	◎	智辯学園和歌山	和歌山	31
17	◎	東海	愛知	30
17		堀川	京都	30
17	◎	明星	大阪	30
20	※	京都教育大学附属	京都	28
20	◎	清風	大阪	28

■2003年

順位	設置	学校名	所在地	合格者数
1	◎	洛南	京都	101
2	◎	東大寺学園	奈良	91
3	◎	洛星	京都	79
4	◎	甲陽学院	兵庫	69
5	◎	西大和学園	奈良	66
6	◎	大阪星光学院	大阪	57
7	◎	灘	兵庫	55
8	◎	智辯学園和歌山	和歌山	50
9		膳所	滋賀	43
10		旭丘	愛知	40
11	※	大阪教育大学附属池田	大阪	37
12		北野	大阪	36
13		長田	兵庫	35
14	◎	清風南海	大阪	34
15	◎	高槻	大阪	33
16		天王寺	大阪	31
16	◎	六甲	兵庫	31
18	◎	東海	愛知	28
19		三国丘	大阪	27
20	◎	清風	大阪	25
20		奈良	奈良	25

京都大学　合格者数高校別ランキング

■2008年

順位	設置	学校名	所在地	合格者数
1	◎	洛南	京都	85
2	◎	東大寺学園	奈良	83
2	◎	西大和学園	奈良	83
4	◎	甲陽学院	兵庫	69
5	◎	洛星	京都	62
6		北野	大阪	56
7	◎	大阪星光学院	大阪	53
8		奈良	奈良	49
9		堀川	京都	48
10		膳所	滋賀	46
11		天王寺	大阪	39
12		長田	兵庫	34
13		茨木	大阪	33
14		三国丘	大阪	31
15		大手前	大阪	28
15	◎	明星	大阪	28
17	◎	大阪桐蔭	大阪	27
18	◎	四天王寺	大阪	26
19	※	京都教育大学附属	京都	24
20		時習館	愛知	23
20	◎	灘	兵庫	23
20	◎	智辯学園和歌山	和歌山	23

■2006年

順位	設置	学校名	所在地	合格者数
1	◎	洛南	京都	101
2	◎	西大和学園	奈良	95
3	◎	甲陽学院	兵庫	86
4	◎	東大寺学園	奈良	78
5	◎	洛星	京都	60
6	◎	大阪星光学院	大阪	59
7	◎	清風南海	大阪	54
8	◎	灘	兵庫	51
9		奈良	奈良	46
10		北野	大阪	43
11		膳所	滋賀	37
12		天王寺	大阪	32
13	※	京都教育大学附属	京都	31
13		堀川	京都	31
15	◎	四天王寺	大阪	30
16	◎	智辯学園和歌山	和歌山	29
17		三国丘	大阪	28
17		長田	兵庫	28
19		茨木	大阪	27
19	◎	明星	大阪	27
19	◎	広島学院	広島	27

■2009年

順位	設置	学校名	所在地	合格者数
1	◎	洛南	京都	105
2	◎	西大和学園	奈良	75
3	◎	東大寺学園	奈良	66
4	◎	洛星	京都	62
5	◎	甲陽学院	兵庫	59
6		北野	大阪	57
7		天王寺	大阪	50
8		堀川	京都	47
9		膳所	滋賀	45
10	◎	大阪星光学院	大阪	42
11	◎	大阪桐蔭	大阪	41
12		大手前	大阪	38
13	◎	灘	兵庫	37
13		奈良	奈良	37
15		茨木	大阪	32
15	◎	清風南海	大阪	32
17	◎	清風	大阪	31
18		岐阜	岐阜	30
18	※	京都教育大学附属	京都	30
20	◎	高槻	大阪	29

■2007年

順位	設置	学校名	所在地	合格者数
1	◎	洛南	京都	98
2	◎	東大寺学園	奈良	79
3	◎	西大和学園	奈良	75
4	◎	洛星	京都	66
5	◎	大阪星光学院	大阪	62
6	◎	甲陽学院	兵庫	57
7		膳所	滋賀	47
8		奈良	奈良	45
9		天王寺	大阪	43
10		堀川	京都	42
11		北野	大阪	40
12	◎	清風南海	大阪	36
13	◎	高槻	大阪	35
14	◎	灘	兵庫	33
15	◎	智辯学園和歌山	和歌山	32
16	◎	四天王寺	大阪	31
17	◎	大阪桐蔭	大阪	30
17		長田	兵庫	30
19	※	京都教育大学附属	京都	28
19	※	大阪教育大学附属池田	大阪	28
19		茨木	大阪	28
19		大手前	大阪	28
19		三国丘	大阪	28

京都大学　合格者数高校別ランキング

■2012年

順位	設置	学校名	所在地	合格者数
1	◎	洛南	京都	85
2	◎	東大寺学園	奈良	70
3	◎	甲陽学院	兵庫	67
4	◎	西大和学園	奈良	66
5		堀川	京都	62
6	◎	大阪星光学院	大阪	56
7		北野	大阪	55
8	◎	洛星	京都	51
8		天王寺	大阪	51
10	◎	大阪桐蔭	大阪	50
11		膳所	滋賀	48
12		大手前	大阪	39
13	◎	灘	兵庫	34
14		旭丘	愛知	33
14		奈良	奈良	33
16	◎	清風南海	大阪	30
17		三国丘	大阪	28
18	◎	東海	愛知	26
18	※	大阪教育大学附属池田	大阪	26
18		茨木	大阪	26
18	◎	高槻	大阪	26

■2013年

順位	設置	学校名	所在地	合格者数
1	◎	洛南	京都	88
2	◎	西大和学園	奈良	82
3	◎	東大寺学園	奈良	70
4		北野	大阪	65
5	◎	大阪桐蔭	大阪	64
6		天王寺	大阪	56
7	◎	大阪星光学院	大阪	53
8	◎	洛星	京都	52
9	◎	甲陽学院	兵庫	51
10		堀川	京都	49
11		膳所	滋賀	44
12	◎	灘	兵庫	41
13		旭丘	愛知	36
14		大手前	大阪	35
15		奈良	奈良	33
16	◎	清風南海	大阪	30
17		西京	京都	29
18		明和	愛知	28
19		岐阜	岐阜	27
20		四日市	三重	26
20		三国丘	大阪	26
20		神戸	兵庫	26
20		長田	兵庫	26

■2010年

順位	設置	学校名	所在地	合格者数
1	◎	洛南	京都	83
1	◎	西大和学園	奈良	83
3	◎	甲陽学院	兵庫	76
4	◎	東大寺学園	奈良	71
5	◎	洛星	京都	47
6		堀川	京都	45
7		北野	大阪	44
8		膳所	滋賀	42
8		奈良	奈良	42
10	◎	四天王寺	大阪	40
11	◎	大阪桐蔭	大阪	39
12	◎	大阪星光学院	大阪	38
13	◎	清風南海	大阪	35
13	◎	灘	兵庫	35
15		大手前	大阪	34
15		長田	兵庫	34
15	◎	智辯学園和歌山	和歌山	34
18		旭丘	愛知	33
19		天王寺	大阪	31
20		西京	京都	28
20		茨木	大阪	28

■2011年

順位	設置	学校名	所在地	合格者数
1	◎	洛南	京都	88
2	◎	西大和学園	奈良	83
3	◎	東大寺学園	奈良	65
4	◎	洛星	京都	63
5	◎	甲陽学院	兵庫	62
6		天王寺	大阪	61
7		膳所	滋賀	57
8	◎	大阪星光学院	大阪	53
9		北野	大阪	51
10	◎	大阪桐蔭	大阪	46
11		大手前	大阪	45
11	◎	灘	兵庫	45
13		堀川	京都	40
14	◎	清風南海	大阪	36
15		神戸	兵庫	28
15	◎	帝塚山	奈良	28
15	◎	智辯学園和歌山	和歌山	28
18		奈良	奈良	27
19		三国丘	大阪	26
20		旭丘	愛知	25
20	◎	東海	愛知	25

京都大学　合格者数高校別ランキング

■2014年

順位	設置	学校名	所在地	合格者数
1	◎	洛南	京都	79
2	◎	西大和学園	奈良	74
3		北野	大阪	71
4	◎	洛星	京都	63
5	◎	大阪星光学院	大阪	58
5	◎	東大寺学園	奈良	58
7	◎	甲陽学院	兵庫	54
8		膳所	滋賀	49
9		天王寺	大阪	47
9	◎	清風南海	大阪	47
11		堀川	京都	46
11	◎	大阪桐蔭	大阪	46
13	◎	東海	愛知	34
14	◎	灘	兵庫	30
14	◎	六甲	兵庫	30
16		旭丘	愛知	29
16		大手前	大阪	29
18		三国丘	大阪	28
19		明和	愛知	26
19		姫路西	兵庫	26
19		奈良	奈良	26

国公立大学　医学部医学科合格者数高校別ランキング

■2007年

順位	設置	学校名	所在地	国公立大医学科合格者数（うち東大理III）
1	◎	ラ・サール	鹿児島	85(6)
2	◎	東海	愛知	74(1)
3	◎	灘	兵庫	65(11)
4	◎	洛星	京都	51(1)
5	◎	甲陽学院	兵庫	49(3)
6	◎	滝	愛知	47
7	◎	開成	東京	45(11)
7	◎	東大寺学園	奈良	45(1)
9	◎	洛南	京都	44
9	◎	青雲	長崎	44
11	◎	大阪星光学院	大阪	43(1)
11	◎	愛光	愛媛	43
11		熊本	熊本	43
14		札幌南	北海道	42
15	◎	智辯学園和歌山	和歌山	41
16	◎	四天王寺	大阪	39
17	◎	高田	三重	38(1)
18		岐阜	岐阜	37
19	※	金沢大学附属	石川	36
19	◎	久留米大学附設	福岡	36(1)

■2008年

順位	設置	学校名	所在地	国公立大医学科合格者数（うち東大理III）
1	◎	東海	愛知	83(2)
2	◎	灘	兵庫	71(19)
2	◎	ラ・サール	鹿児島	71(2)
4	◎	開成	東京	58(15)
5	◎	愛光	愛媛	57(2)
6	◎	久留米大学附設	福岡	54
7	◎	東大寺学園	奈良	53
8	◎	甲陽学院	兵庫	51
9	◎	洛星	京都	48
10		旭丘	愛知	47(1)
10	◎	青雲	長崎	47
12	◎	智辯学園和歌山	和歌山	45(3)
13	◎	南山	愛知	43
14	◎	桜蔭	東京	36(3)
14	◎	洛南	京都	36
14	◎	四天王寺	大阪	36(1)
17		札幌南	北海道	35
17	◎	広島学院	広島	35(1)
19	◎	西大和学園	奈良	34(2)
19		高松	香川	34

■2005年

順位	設置	学校名	所在地	国公立大医学科合格者数（うち東大理III）
1	◎	灘	兵庫	82(21)
2	◎	ラ・サール	鹿児島	78(3)
3	◎	東海	愛知	67
4	◎	愛光	愛媛	61(2)
5	◎	洛南	京都	55(1)
5		熊本	熊本	55
7	◎	四天王寺	大阪	51
8	◎	東大寺学園	奈良	46
9	◎	洛星	京都	44
9	◎	智辯学園和歌山	和歌山	44(1)
11	◎	開成	東京	40(7)
12	◎	久留米大学附設	福岡	38
13		岐阜	岐阜	36
13	◎	滝	愛知	36(3)
13	◎	大阪星光学院	大阪	36
16		札幌北	北海道	35
16		新潟	新潟	35
18	◎	桜蔭	東京	34(4)
18	◎	青雲	長崎	34
20	◎	甲陽学院	兵庫	33
20		鶴丸	鹿児島	33

■2006年

順位	設置	学校名	所在地	国公立大医学科合格者数（うち東大理III）
1	◎	東海	愛知	86(2)
2	◎	灘	兵庫	69(13)
3	◎	ラ・サール	鹿児島	60(3)
4	◎	開成	東京	55(14)
4	◎	東大寺学園	奈良	55(2)
6		熊本	熊本	53
7	◎	四天王寺	大阪	44
8	◎	青雲	長崎	43(1)
9	◎	桜蔭	東京	42(3)
10		札幌南	北海道	41
11	◎	智辯学園和歌山	和歌山	40
12	◎	洛星	京都	39
13	◎	愛光	愛媛	38(1)
14	◎	洛南	京都	37(1)
15	◎	海城	東京	35
15	◎	大阪星光学院	大阪	35(1)
17		旭丘	愛知	34(1)
17	◎	広島学院	広島	34(2)
19	◎	滝	愛知	33
19	◎	甲陽学院	兵庫	33

国公立大学　医学部医学科合格者数高校別ランキング

■2011年

順位	設置	学校名	所在地	国公立大医学科合格者数(うち東大理III)
1	◎	東海	愛知	95(2)
2	◎	灘	兵庫	88(17)
3	◎	ラ・サール	鹿児島	69(3)
4	◎	久留米大学附設	福岡	57(1)
5	◎	青雲	長崎	55
6	◎	西大和学園	奈良	51(1)
7	◎	東大寺学園	奈良	49(3)
8	◎	桜蔭	東京	48(2)
8	◎	開成	東京	48(6)
8		熊本	熊本	48(1)
11		札幌南	北海道	46(1)
12	◎	洛南	京都	45(1)
12	◎	四天王寺	大阪	45
14	◎	広島学院	広島	42
15	◎	甲陽学院	兵庫	41(1)
16	◎	智辯学園和歌山	和歌山	40
17		仙台第二	宮城	39
17		新潟	新潟	39
17	◎	高田	三重	39(1)
17	◎	愛光	愛媛	39(2)

■2012年

順位	設置	学校名	所在地	国公立大医学科合格者数(うち東大理III)
1	◎	東海	愛知	99(2)
2	◎	洛南	京都	78(4)
2	◎	ラ・サール	鹿児島	78(4)
4	◎	灘	兵庫	74(16)
5	◎	東大寺学園	奈良	72(1)
6	◎	開成	東京	56(11)
7	◎	久留米大学附設	福岡	54(1)
8	◎	大阪星光学院	大阪	53
8	◎	甲陽学院	兵庫	53(1)
10	◎	広島学院	広島	51(1)
11	◎	青雲	長崎	50
12		熊本	熊本	49
13	◎	南山	愛知	46(1)
14		新潟	新潟	45
14	◎	智辯学園和歌山	和歌山	45
16	◎	桜蔭	東京	44(7)
16	◎	高田	三重	44(1)
16	◎	四天王寺	大阪	44(1)
16	◎	愛光	愛媛	44(1)
20		仙台第二	宮城	43

■2009年

順位	設置	学校名	所在地	国公立大医学科合格者数(うち東大理III)
1	◎	東海	愛知	96(1)
2	◎	ラ・サール	鹿児島	89(2)
3	◎	洛南	京都	76(6)
4	◎	東大寺学園	奈良	70(1)
5	◎	灘	兵庫	68(15)
6	◎	久留米大学附設	福岡	64(1)
7	◎	愛光	愛媛	52(3)
8	◎	大阪星光学院	大阪	51
9	◎	青雲	長崎	49(1)
10		札幌南	北海道	47
10	◎	桜蔭	東京	47(3)
12	◎	四天王寺	大阪	46
12	◎	甲陽学院	兵庫	46(1)
14	◎	開成	東京	45(4)
14	◎	広島学院	広島	45(2)
16	◎	洛星	京都	43
16	◎	智辯学園和歌山	和歌山	43(1)
18		浜松北	静岡	39
19	※	東京学芸大学附属	東京	36(2)
20		札幌北	北海道	35
20		秋田	秋田	35(2)
20		新潟	新潟	35(1)
20		岐阜	岐阜	35
20	◎	滝	愛知	35(1)

■2010年

順位	設置	学校名	所在地	国公立大医学科合格者数(うち東大理III)
1	◎	東海	愛知	112(2)
2	◎	灘	兵庫	93(21)
3	◎	ラ・サール	鹿児島	89(6)
4	◎	桜蔭	東京	66(8)
5	◎	四天王寺	大阪	61
6	◎	東大寺学園	奈良	60(1)
7	◎	洛南	京都	57(1)
8	◎	愛光	愛媛	55(1)
9		熊本	熊本	54
10	◎	大阪星光学院	大阪	52(1)
11	◎	久留米大学附設	福岡	51
12	◎	高田	三重	46(1)
13	◎	智辯学園和歌山	和歌山	45
14	◎	開成	東京	44(6)
14	◎	甲陽学院	兵庫	44
16	◎	青雲	長崎	43
16	◎	昭和薬科大学附属	沖縄	43
18		札幌南	北海道	42
19		新潟	新潟	40(1)
20	◎	海城	東京	39
20	◎	滝	愛知	39(1)

国公立大学　医学部医学科合格者数高校別ランキング

■2013年

順位	設置	学校名	所在地	国公立大医学科合格者数（うち東大理III）
1	◎	東海	愛知	101
2	◎	灘	兵庫	91(27)
3	◎	洛南	京都	88(2)
4	◎	ラ・サール	鹿児島	81(4)
5	◎	東大寺学園	奈良	64(1)
6	◎	久留米大学附設	福岡	63(1)
7	◎	四天王寺	大阪	59
8		熊本	熊本	55(1)
9	◎	開成	東京	53(8)
10	◎	愛光	愛媛	52(1)
10	◎	青雲	長崎	52(1)
12		札幌南	北海道	48
12		新潟	新潟	48
12	◎	甲陽学院	兵庫	48
15	◎	西大和学園	奈良	47
16	◎	広島学院	広島	46(2)
17	◎	昭和薬科大学附属	沖縄	45
18		仙台第二	宮城	44
18	◎	洛星	京都	44
20	◎	桜蔭	東京	42(4)
20	◎	海城	東京	42(3)

■2014年

順位	設置	学校名	所在地	国公立大医学科合格者数（うち東大理III）
1	◎	東海	愛知	114(3)
2	◎	ラ・サール	鹿児島	98(4)
3	◎	洛南	京都	82(6)
4	◎	東大寺学園	奈良	80
5	◎	甲陽学院	兵庫	66
6	◎	開成	東京	61(8)
7	◎	灘	兵庫	60(12)
8	◎	久留米大学附設	福岡	59
9		新潟	新潟	53(2)
10	◎	愛光	愛媛	50(1)
11	◎	四天王寺	大阪	49
11	◎	青雲	長崎	49
13		仙台第二	宮城	45
14	◎	大阪星光学院	大阪	44
14	◎	西大和学園	奈良	44
16		札幌南	北海道	43(2)
16		秋田	秋田	43
16	◎	南山	愛知	43
16	◎	白陵	兵庫	43(1)
16	◎	昭和薬科大学附属	沖縄	43

47都道府県別高校偏差値ランキング

■山形県

順位	設置	学校名	偏差値
1		山形東・普通科	64
2		山形南・理数科	62
3		鶴岡南・普通科、理数科	60
3		山形西・普通科	60
3		山形南・普通科	60
3		米沢興譲館・普通科、理数科	60

■福島県

順位	設置	学校名	偏差値
1		白河・理数科	68
1		福島・普通科	68
3		安積・普通科	67
3		橘・普通科	67
5		安積黎明・普通科	66

■茨城県

順位	設置	学校名	偏差値
1	◎	茨城キリスト教学園・国立特進・学業特待SI種	68
2	◎	江戸川学園取手・医科	67
2	◎	常総学院・αコース・特待S	67
2		土浦第一・普通科	67
5	◎	土浦日本大学・学力I種特待	66
5		水戸第一・普通単位制	66

■栃木県

順位	設置	学校名	偏差値
1		宇都宮・普通科	65
2		宇都宮女子・普通科	63
3		栃木・普通科	61
4		宇都宮東・普通科	60
4	◎	佐野日本大学・普通科特別進学コースαクラス	60
4	◎	白鷗大学足利・普通科特別選抜コース	60

■群馬県

順位	設置	学校名	偏差値
1		高崎・普通科	64
1		前橋・普通科	64
3		高崎女子・普通科	63
3		前橋女子・普通科	63
5		太田・普通科	62

■北海道

順位	設置	学校名	偏差値
1		札幌北・普通科	64
1		札幌南・普通科	64
3		札幌西・普通科	63
4		釧路湖陵・理数科	62
5		旭川東・普通科	61
5		札幌市立札幌旭丘・普通科単位制	61
5		札幌東・普通科	61
5	◎	函館ラ・サール・普通科	61

■青森県

順位	設置	学校名	偏差値
1		八戸・普通科	66
1		弘前・普通科	66
3		青森・普通科	64
4		青森東・普通科単位制	61
5		五所川原・理数科	59
5		八戸北・普通科単位制	59
5		弘前南・普通科単位制	59

■岩手県

順位	設置	学校名	偏差値
1		盛岡第一・普通科、理数科	67
2		水沢・普通科、理数科	65
2		盛岡第三・普通科	65
4		一関第一・普通科、理数科	64
4		黒沢尻北・普通科	64
4		花巻北・普通科	64

■宮城県

順位	設置	学校名	偏差値
1		仙台第二・普通科	68
2		宮城第一・理数科	66
3		仙台第一・普通科	65
3		宮城第一・普通科	65
3		宮城野・総合学科	65

■秋田県

順位	設置	学校名	偏差値
1		秋田・普通科、理数科	67
2		大館鳳鳴・普通科、理数科	64
2		能代・普通科、理数科	64
2		横手・普通科、理数科	64
5		秋田南・普通科	63

47都道府県別高校偏差値ランキング

■東京都

順位	設置	学校名	偏差値
1	◎	開成・普通科	75
1	◎	慶應義塾女子・普通科	75
1	※	筑波大学附属駒場・普通科	75
4	※	お茶の水女子大学附属・普通科	74
4	※	東京学芸大学附属・普通科	74
4	◎	早稲田実業学校・普通科（女子）	74
7	※	筑波大学附属・普通科	73
8	◎	早稲田大学高等学院・普通科	72
8	◎	早稲田実業学校・普通科（男子）	72
10	◎	青山学院・普通科（女子）	71
10		国立・普通科（男子）	71
10	◎	豊島岡女子学園・普通科	71
10		西・普通科（男子）	71
10		日比谷・普通科（男子）	71
15	◎	青山学院・普通科（男子）	70
15		国立・普通科（女子）	70
15	◎	国際基督教大学・一般生入試	70
15	◎	桐朋・普通科	70
15		西・普通科（女子）	70
15		日比谷・普通科（女子）	70
15	◎	明治大学付属明治・普通科	70

■神奈川県

順位	設置	学校名	偏差値
1	◎	慶應義塾・普通科	72
2	◎	慶應義塾湘南藤沢・普通科	70
2		横浜翠嵐・普通科	70
4		湘南・普通科	69
5	◎	桐光学園・女子部・普通科SA（特進）コース	68
5		柏陽・普通科	68
5	◎	山手学院・普通科理数コース	68
8		川和・普通科	67
8	◎	桐光学園・男子部・普通科SA（特進）コース	67
10		厚木・普通科	66
10		横浜緑ヶ丘・普通科	66

■山梨県

順位	設置	学校名	偏差値
1		甲府南・理数科	71
2		甲府東・普通科理数コース	65
3		甲府第一・英語科	64
3		吉田・理数科	64
5		北杜市立甲陵・普通科単位制	63

■埼玉県

順位	設置	学校名	偏差値
1	◎	慶應義塾志木・普通科	72
2	◎	早稲田大学本庄・普通科	71
3	◎	栄東・普通科東医クラス	69
3	◎	西武学園文理・普通科エリート選抜東大クラス	69
5		浦和・普通科単位制	68
5		大宮・理数科	68
5	◎	立教新座・普通科	68
8		浦和第一女子・普通科	67
8		大宮・普通科	67
8	◎	春日部共栄・普通科選抜コース	67
8	◎	栄東・普通科アルファクラス	67
8	◎	淑徳与野・普通科選抜A	67
8	◎	淑徳与野・普通科選抜B	67

■千葉県

順位	設置	学校名	偏差値
1	◎	渋谷教育学園幕張・普通科	72
2	◎	市川・普通科	71
2		千葉・普通科	71
4	◎	東邦大学付属東邦・普通科	70
5	◎	昭和学院秀英・普通科	68
5		東葛飾・普通科	68
5		船橋・普通科単位制	68
8	◎	芝浦工業大学柏・普通科	67
8		長生・理数科	67
8		船橋・理数科	67

47都道府県別高校偏差値ランキング

■福井県

順位	設置	学校名	偏差値
1		藤島・普通科	66
2		高志・理数科	65
3		高志・普通科	64
3		武生・理数科	64
5		武生・普通科	63

■岐阜県

順位	設置	学校名	偏差値
1		岐阜・普通科	65
2		大垣北・普通科	64
3		岐阜北・普通科	63
4		加茂・理数科	62
4		多治見北・普通科	62

■愛知県

順位	設置	学校名	偏差値
1		旭丘・普通科	67
2		岡崎・普通科	65
2		名古屋市立向陽・普通科	65
2		明和・普通科	65
5		時習館・普通科	64
5		名古屋市立菊里・普通科	64

■三重県

順位	設置	学校名	偏差値
1		四日市・普通科国際科学コース	68
2		伊勢・普通科国際科学コース	66
3		桑名・理数科	65
4		四日市・普通科普通コース	64
5	◎	鈴鹿・普通科6年制編入	63

■滋賀県

順位	設置	学校名	偏差値
1		膳所・理数科	68
2		膳所・普通科	67
3		彦根東・普通科	65
4		石山・普通科	63
5	◎	比叡山・普通科III類・併願	60
5		守山・普通科	60

■長野県

順位	設置	学校名	偏差値
1		長野・普通科	64
1		松本深志・普通科	64
3		飯田・理数科	61
3		屋代・理数科	61
5		上田・普通科	60
5	◎	佐久長聖・普通科I類	60
5		野沢北・理数科	60
5	◎	松商学園・普通科特別進学コース	60
5		松本県ヶ丘・普通科	60

■静岡県

順位	設置	学校名	偏差値
1		清水東・理数科	67
1		浜松北・普通科	67
3		静岡・普通科	66
4		沼津東・理数科単位制	65
4		富士・理数科	65

■新潟県

順位	設置	学校名	偏差値
1		新潟・理数科	69
2		長岡・理数科	67
2		新潟・普通科	67
4		高田・理数科	66
5		高田・普通科	65
5		長岡・普通科	65
5		新潟南・普通科理数コース	65

■富山県

順位	設置	学校名	偏差値
1		富山中部・探究科学科	69
2		富山・探究科学科	68
3		高岡・探究科学科	67
3		富山中部・普通科	67
5		高岡・普通科	66
5		富山・普通科	66

■石川県

順位	設置	学校名	偏差値
1		金沢泉丘・理数科	68
2		金沢泉丘・普通科	67
3		小松・理数科	66
4		小松・普通科	65
5		金沢二水・普通科	64

47都道府県別高校偏差値ランキング

■奈良県

順位	設置	学校名	偏差値
1		奈良・普通科	68
2		畝傍・普通科	66
3		奈良市立一条・数理科学科	65
4		郡山・普通科	64
5		奈良市立一条・人文科学科	63

■和歌山県

順位	設置	学校名	偏差値
1		桐蔭・数理科学科	67
2		桐蔭・普通科	64
3		向陽・普通科	63
4	◎	開智・普通科SI類コース・併願	60
5		海南・海南校舎・教養理学科	58

■鳥取県

順位	設置	学校名	偏差値
1		米子東・普通科生命科学コース	60
1		米子東・普通科普通コース	60
3		鳥取西・普通科	59
3	◎	米子北・普通科特別進学コース	59
5		倉吉東・普通科	57

■島根県

順位	設置	学校名	偏差値
1		出雲・理数科	62
1		松江北・理数科	62
3		松江南・理数科	57
4		大田・理数科	56
5		浜田・理数科	55
5		益田・理数科	55

■岡山県

順位	設置	学校名	偏差値
1		岡山朝日・普通科	62
1	◎	就実・普通科特別進学コースハイグレードクラス	62
3		岡山城東・普通科国際教養分野	59
3		岡山城東・普通科単位制	59
3		岡山操山・普通科単位制	59
3		倉敷青陵・普通科	59

■京都府

順位	設置	学校名	偏差値
1		京都市立堀川・探求学科群:人間探究、自然探究科	71
2		京都市立西京・エンタープライジング科	68
2		嵯峨野・京都こすもす科自然科学系統	68
4		嵯峨野・京都こすもす科人間科学系統	67
4	◎	洛南・普通科海パラダイム(α・β)・併願	67
4	◎	立命館宇治・普通科普通コース・併願	67

■大阪府

順位	設置	学校名	偏差値
1		北野・文理学科	72
2		天王寺・文理学科	71
3		茨木・文理学科	70
3		大手前・文理学科	70
3	◎	清風南海・普通科3ヶ年特進コース・併願	70
3		三国丘・文理学科	70
7		生野・文理学科	69
7		岸和田・文理学科	69
7		北野・普通科	69
7		高津・文理学科	69
7		四條畷・文理学科	69
7		豊中・文理学科	69

■兵庫県

順位	設置	学校名	偏差値
1	◎	灘	75
2		小野・普通科自然科学系コース	67
2		神戸・総合理学科	67
2		長田・普通科	67
2		姫路西・普通科	67
6	◎	関西学院・普通科・一般	66
6		兵庫・普通科総合人間系コース	66
8		明石北・自然科学科	65
8		加古川東・理数科	65
8		神戸・普通科	65
8		姫路東・普通科	65
8		御影・普通科総合人間系コース	65

47都道府県別高校偏差値ランキング

■高知県

順位	設置	学校名	偏差値
1		高知追手前・普通科科学コース	59
2		高知追手前・普通科人文コース	58
3		高知西・英語科	56
4		高知西・普通科	52
5		高知小津・理数科	51

■福岡県

順位	設置	学校名	偏差値
1		修猷館・普通科	65
1		筑紫丘・理数科	65
3		筑紫丘・普通科	64
3		福岡・普通科	64
3		明善・理数科	64

■佐賀県

順位	設置	学校名	偏差値
1	◎	弘学館・普通科	68
1	◎	早稲田佐賀	68
3		佐賀西・普通科	63
3	◎	東明館・普通科	63
5		致遠館・理数科	61

■長崎県

順位	設置	学校名	偏差値
1	◎	青雲・普通科	69
2		長崎西・普通科理系コース	63
3		長崎西・普通科普通コース	60
3		長崎北陽台・理数科	60
5	◎	海星・普通科ステラ・マリスコース	58
5		長崎北陽台・普通科	58

■熊本県

順位	設置	学校名	偏差値
1		熊本・普通科	68
2		済々黌・普通科	66
3		第二・理数科	63
4		第二・普通科	62
5		第一・普通科英語コース	60

■広島県

順位	設置	学校名	偏差値
1	※	広島大学附属福山・普通科	71
2	※	広島大学附属	70
3	◎	如水館・S類	62
3		広島市立基町・普通科普通コース	62
5	◎	近畿大学附属広島高校東広島校・ADIIコース	60
5		広島・普通科	60

■山口県

順位	設置	学校名	偏差値
1		徳山・理数科	62
1		山口・理数科	62
3		下関西・理数科	60
4		下関西・普通科	58
5		岩国・普通科～学区外	57
5		宇部・普通科	57
5		山口・普通科	57

■徳島県

順位	設置	学校名	偏差値
1		徳島市立・理数科	66
2		脇町・普通科	59
3		富岡西・普通科	55
3		富岡西・理数科	55
5		富岡東・普通科	54

■香川県

順位	設置	学校名	偏差値
1		高松・普通科	65
2		丸亀・普通科	63
3		観音寺第一・理数科	60
3		高松市立高松第一・普通科	60
3		高松西・普通科	60

■愛媛県

順位	設置	学校名	偏差値
1	◎	愛光	72
2		松山東・普通科	64
3		今治西・普通科	63
3		西条・理数科	63
3		松山南・理数科	63

■大分県

順位	設置	学校名	偏差値
1		大分上野丘・普通科	68
2	◎	大分東明・普通科特別進学コース特進クラス	65
3		大分舞鶴・普通科・理数科	64
4		大分豊府・普通科	60
4		中津南・普通科	60

■宮崎県

順位	設置	学校名	偏差値
1		宮崎西・理数科	67
2		宮崎大宮・文科情報科	64
3		宮崎大宮・普通科	60
4		都城泉ヶ丘・理数科	59
5		延岡・メディカル・サイエンス科	58

■鹿児島県

順位	設置	学校名	偏差値
1	◎	ラ・サール・普通科	72
2		鶴丸・普通科	66
3	◎	志學館	65
4		甲南・普通科	64
4	◎	樟南・普通科文理コース	64

■沖縄県

順位	設置	学校名	偏差値
1	◎	沖縄尚学・東大・国公立大医学科コース	65
2		開邦・理数科	63
3		開邦・英語科	60
3		球陽・理数科	60
5		向陽・理数科	59

参考文献

〈書籍〉

『47道府県の名門高校』（八幡和郎／平凡社）
『池上彰の「日本の教育」がよくわかる本』（池上彰／ＰＨＰ研究所）
『医療詐欺』（上昌広／講談社）
『栄光学園物語』（山本洋三／かまくら春秋社）
『男たちの修道』（井川樹／南々社）
『学制百二十年史』（文部省／ぎょうせい）
『学制百年史』（文部省／帝国地方行政学会）
『奇跡と呼ばれた学校』（荒瀬克己／朝日新聞出版）
『高校が生まれ変わる』（中井浩一／中央公論新社）
『高校紛争　１９６９－１９７０』（小林哲夫／中央公論新社）
『子どもの教育の歴史』（江藤恭二監修／名古屋大学出版会）
『生物と無生物のあいだ』（福岡伸一／講談社）
『大衆教育社会のゆくえ』（苅谷剛彦／中央公論新社）
『中学受験のひみつ』（安田賢治／朝日出版社）
『中高一貫校』（日能研進学情報室／筑摩書房）
『東大合格高校盛衰史』（小林哲夫／光文社）
『ニッポンの名門高校』（別冊宝島編集部編／宝島社）

『偏差値だけに頼らない私立中学選び』（杉山由美子／ＷＡＶＥ出版）
『むかし〈都立高校〉があった』（奥武則／平凡社）
『名門高校人脈』（鈴木隆裕／光文社）
『名門中学の作り方』（本間勇人／学習研究社）
『名門復活　日比谷高校』（長澤直臣、鈴木隆祐／学習研究社）
〈雑誌〉
『日経Kids+』『ducare』『週刊ダイヤモンド』『週刊東洋経済』『週刊朝日』『サンデー毎日』など
〈自著〉
『名門中学の子どもたちは学校で何を学んでいるのか』（ダイヤモンド社）、『名門中学の入試問題を解けるのはこんな子ども』（日経ＢＰ社）、『男子校という選択』（日本経済新聞出版社）、『女子校という選択』（日本経済新聞出版社）、『中学受験　注目校の素顔　開成中学校・高等学校（同シリーズ、麻布、武蔵、灘、女子学院、豊島岡、鷗友）』（ダイヤモンド社）など
〈データ提供〉
大学通信、教育開発出版
〈各校学校史および学校資料提供〉
開成、麻布、県立浦和、済々黌、修猷館、鶴丸、修道、女子学院、雙葉、神戸女学院、浦和第一女子、慶應普通部、慶應高等学校、筑波大附属駒場、お茶の水女子大附属、東京学芸大附属、武蔵、桜蔭、東大寺、灘、栄光、ラ・サール、駒場東邦、聖光学院、渋幕、西大和、海城、豊島岡、鷗友、堀川

おおたとしまさ
育児・教育ジャーナリスト。1973年東京生まれ。麻布高校卒業、東京外国語大学中退、上智大学卒業。リクルートから独立後、数々の教育誌のデスクや監修を歴任。中高教員免許、小学校教員経験もある。『男子校という選択』『女子校という選択』『中学受験という選択』（以上、日本経済新聞出版社）、『名門中学の子どもたちは学校で何を学んでいるのか』（ダイヤモンド社）、『名門中学の入試問題を解けるのはこんな子ども』（日経BP社）など著書多数。

朝日新書
501
名門校《めいもんこう》とは何《なに》か？
人生を変える学舎の条件

2015年2月28日第1刷発行
2015年4月10日第3刷発行

著　者　おおたとしまさ

発行者　首藤由之
カバーデザイン　アンスガー・フォルマー　田嶋佳子
印刷所　凸版印刷株式会社
発行所　朝日新聞出版
〒104-8011　東京都中央区築地5-3-2
電話　03-5541-8832（編集）
　　　03-5540-7793（販売）

Published in Japan by Asahi Shimbun Publications Inc.
ISBN 978-4-02-273601-7
定価はカバーに表示してあります。

落丁・乱丁の場合は弊社業務部（電話03-5540-7800）へご連絡ください。
送料弊社負担にてお取り替えいたします。

朝日新書

福島原発、裁かれないでいいのか

古川元晴
船山泰範

福島原発事故は、国会の事故調査委員会で「明らかに人災」とした。だが東京地検は「不確かな危険まで想定すべき義務はない」と二度目の不起訴処分にした。このまま終わらせていいのか。京都地検の元検事正と刑法学者が、原発事故の矛盾を考える。

名門校とは何か？
人生を変える学舎の条件

おおたとしまさ

「単なる進学校」と「名門校」とは何が違うのか？　旧制中学・高校、藩校、女学校、明治・大正生まれの伝統校から、新興勢力校まで考察し、これからの学校のあり方を問う。旧7帝大、国公立大医学科合格者数高校別ランキング等も収録。

吉田松陰――久坂玄瑞が祭り上げた「英雄」

一坂太郎

松陰は、幕末、多くの志士を育てた人物として尊敬されている。だが、実はそれは松蔭の実像ではない。愛弟子で義弟の久坂玄瑞が松陰の死後、尊王攘夷の旗印として松陰を利用したからだ。山口在住の著者が資料をもとに、祭り上げていく過程をつづる。

素数はなぜ人を惹きつけるのか

竹内　薫

素数は多くの数学者・科学者たちを魅了してやまない。時に彼らは、人生の全てをリーマン予想などの未解決問題に捧げるほど。本書は、ベストセラー『99・9％は仮説』の著者が、文系にもわかりやすく魅惑に満ちた素数の世界を解説する。

型破り　マラソン攻略法
必ず自己ベストを更新できる！

岩本能史

厚底シューズで走ってはいけない。ストレッチ不要、腹筋はローラーで鍛えよ！　人気ランニングチームを主宰する指導者が独自の理論で通説を覆す。初心者から中堅ランナーまで、フルマラソンが速くなる効率的なトレーニング方法も徹底指南。